房地產叢書 66

不動產估價學

游適銘博士◎編著

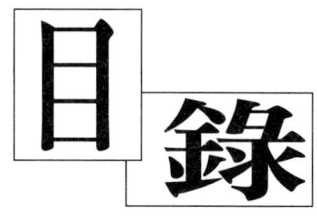

再版序：如何準備不動產估價考試 ……………………… 5

第一章 導論 …………………………………………… 13
　第一節　緒論 ………………………………………… 13
　第二節　用詞定義與估價原則 ……………………… 32
　第三節　不動產價格影響因素 ……………………… 42

第二章 不動產估價作業程序 ………………………… 49
　第一節　估價作業程序 ……………………………… 49
　第二節　估價報告書 ………………………………… 60

第三章 不動產估價方法 ……………………………… 65
　第一節　比較法 ……………………………………… 65
　第二節　成本法 ……………………………………… 83
　　　　　第一部分　建物及土地成本價格 ………… 83
　　　　　第二部分　土地開發分析法 ……………… 125
　第三節　收益法 ……………………………………… 146

第四章 不動產估價應用 ……………………………… 199
　第一節　宗地估價 …………………………………… 199
　第二節　房地估價 …………………………………… 221
　第三節　土地改良物估價 …………………………… 238
　第四節　權利估價 …………………………………… 241
　第五節　租金估計 …………………………………… 262

3

第五章　公部門估價 ································ 271

第一節　地政機關區段價法 ······················ 271
第二節　路線價估價 ····························· 298
第三節　公有財產及農地估價 ···················· 308

附錄一　估價數學六大公式 ························ 315
附錄二　不動產估價測驗題集錦 ···················· 318
附錄三　國際評價準則 2024 年版介紹 ··············· 332
附錄四　不動產證券化估價報告書範本 ·············· 334
附錄五　不動產估價技術規則 ······················ 340
附錄六　地價調查估計規則 ························ 375
附錄七　土地徵收補償市價查估辦法 ················ 384
附錄八　房價推估調查估價表 ······················ 393
附錄九　美國、歐盟、日本、韓國與我國之
　　　　不動產估價制度比較 ······················ 397
附錄十　不動產估價實務參考解答 ·················· 404

參考書目 ·· 413

再版序：
如何準備不動產估價考試

> 本次113年12月再版，除了延續先前內政部修正不動產估價技術規則及土地徵收補償市價查估辦法外，主要為配合我國正式加入國際評價準則委員會（IVSC）及2024年IVS新發布修正，也將個人近年到訪十多個國家城市政府機關估價單位拜訪及參與國內各類估價報告審議相關實務經驗納入。

壹、前言

　　日前報載'師'字備中，不動產估價師名利前程僅次於醫師，勾勒出不動產估價師發展遠景，引起社會各界賢達對此行業之興趣。當然國家專業證照制度，欲當不動產估價師，即需先考上國家考試。自從九十年第一次考試，以百分之一錄取率塑造了不動產估價師考試之高難度，迄今雖舉辦了二十多次高考、三次特考後，僅有880位考試合格之不動產估價師。即使考取後尚需二年估價經驗始得開業，截至113年10月底，也僅有5百多位開業，臺北市開業1百多位最多、其他五都臺中市、新北市、高雄市、桃園市及台南市漸具規模。顯見國家考試對於不動產估價師設立高門檻，欲成為估價師則需先通過各項考試科目。

貳、不動產估價師考試科目

不動產估價師考試科目有以下七科：
●共同科目
1. 國文（論文與閱讀測驗）
●專業科目
1. 民法物權與不動產法規（包括不動產估價師法、土地法、平均地權條例、土地稅法及其附屬法規）
2. 土地利用法規（包括區域計劃法、都市計劃法、都市更新條例、土地徵收條例及其附屬法規）
3. 不動產投資分析
4. 不動產經濟學
5. 不動產估價理論
6. 不動產估價實務

考選部亦體認不動產估價師考試範圍博大精深，造成考生困擾。自九十四年一月起實施命題大綱，作為典試委員命題方向，以下即就九十七年所修正各科說明命題大綱及準備方向。

參、各科準備方向

壹、國文（作文與測驗）

作文約佔四成，大體而言作文要考取高分，不外乎掌握起承轉合四字訣，多背一些古人至理名言之樣板文句，以及歷史典故俾伺機套入文章之中為獲取高分之不二法門。

測驗約佔六成，測驗考生對古文解讀能力，除非有心重溫中學時代品嚐中國文學之美，否則只能憑國學素養應答，即使投入效果似乎有限。

貳、民法物權與不動產法規（包括不動產估價師法、土地法、平均地權條例、土地稅法及其附屬法規）

一、民法物權（約佔25%）
　　（一）民法物權編及民法物權編施行法
二、不動產法規（約佔75%）
　　（一）不動產估價師法及不動產估價師法施行細則
　　（二）土地法及土地法施行法（第一編至第三編）
　　（三）平均地權條例及平均地權條例施行細則
　　（四）土地稅法及土地稅法施行細則
　　（五）不動產估價技術規則及地價調查估計規則

　　本科建議可於市面上多方博覽最適合自己閱讀、整理歸納易於吸收之參考書籍。由於不動產估價師考試係高考層級，重思考推理申論，就歷次考題看來，僅讀法條顯有不足，平常蒐集學者專家對相關議題發表之文章甚為重要。另既為申論題，答案即無所謂絕對，建議正反意見多方闡述，方符合「申論」本意。

參、土地利用法規（包括區域計劃法、都市計劃法、都市更新條例、土地徵收條例及其附屬法規）

一、區域計畫法、都市計畫法及其附屬法規（約佔50%）
　　（一）區域計畫法及其施行細則
　　（二）都市計畫法
　　（三）非都市土地使用管制規則
二、都市更新條例、土地徵收條例及其他法規（約佔50%）
　　（一）都市更新條例及其施行細則
　　（二）都市計畫容積移轉實施辦法
　　（三）土地徵收條例及土地徵收條例施行細則
　　（四）區段徵收實施辦法

與不動產法規相同，由於不動產估價師考試係高考層級，重思考推理申論，平常蒐集專家學者對相關議題發表之文章，閱讀做好整理歸納之參考書籍甚為重要，避免僅讀法規條文過於單薄。另重點預測方面，土地徵收條例、都市更新條例及其附屬法規中涉及估價內容條文應多加留意。

肆、不動產投資分析

一、基本理論（約佔75%）
　　　（一）不動產特性與市場分析
　　　（二）不動產投資分析程序
　　　（三）不動產投資財務可行性分析
　　　（四）現金流量折現分析
　　　（五）風險分析
　　　（六）不動產投資與融資、稅務、通貨膨脹

二、不動產投資應用（約佔25%）
　　　（一）不動產投資組合
　　　（二）住宅及商用不動產投資分析
　　　（三）不動產證券化
　　　（四）不動產信託

　　鑑於以往幾次考試命題方向，貸款本金利息計算、淨現值法、內部報酬率之應用，及市場分析絕對是重點。另隨著不動產證券化條例立法，不動產證券化亦不可輕忽。由於上述內容多需仰賴計算，本科即規定可攜帶計算機，但以基本功能（以往簡章列明：＋.－.×.÷.√.%.M.三角函數.對數.指數功能），且不具儲存程式功能（即不能有：1.文、數字編輯功能；2.超出 MR、MC、M+、M-之數據儲存功能；3.使用者儲存程式或內建程式功能；4.發聲、列印報表及內建振動器；5.外插擴充卡、紅外線等通訊功能；6.外接電源功能。）為限。考選部訂有「國家考試電子計算器審查作業要

點」，允許之型號可上考選部網站查詢。

因此要習慣以簡易計算機進行運算。不動產投資常用的估價數學六大公式（複利現價率、複利年金現價率、貸款常數、複利年金終價率、償債基金率）之應用，若考題未附錄附表可供查閱，硬要以簡易計算機進行運算，幾次方之運算功能只好要熟練，當然公式需熟記，估價理論及實務亦可派上用場。建議坊間相關參考書盡量參閱，讓自己應考時多點東西可以發揮。

伍、不動產經濟學

一、基本理論
　　（一）不動產經濟概論（二）不動產市場供給
　　（三）不動產市場需求（四）不動產租金與價格
　　（五）地價理論
二、土地與不動產
　　（一）土地使用與區位（二）土地使用規劃與管制
　　（三）公共財及財產權
三、不動產經濟應用
　　（一）不動產稅賦（二）不動產管理

準備方向建議參考歷屆相關考試考古題，地租理論、區位理論為基本命題趨勢。土地經濟學尤重經濟圖形分析，面對題目需盡量以「圖形套繪」，方能獲取高分。另時勢題型亦需留意。

陸、不動產估價理論

一、估價原理及基本概念（約佔75%）
　　（一）形成不動產價格之因素及原則
　　（二）不動產估價程序
　　（三）估價方法

（四）路線價估價
　　（五）大量估價
二、各種估價（約佔25%）
　　（一）房地估價
　　（二）土地改良物估價
　　（三）不動產租金與權利價值之評估
　　（四）宗地估價
　　（五）高層建築物估價

　　不動產估價理論內容儘管有其深度，惟此科是用心準備回報較為顯著之一科。因此本科務請全盤瞭解估價內容，一來準備一科發揮兩科（理論及實務），二來既欲成為不動產估價師，估價能力自是專業本位。

　　準備上需熟悉不動產估價技術規則，因不動產估價技術規則係主管機關訂定法規，自然要奉為絕對準繩。當然估價理論博大精深，不動產估價技術規則不可能涵蓋，估價理論欲與世界接軌，國際評價基準、美國及日本估價做法介紹之參考書籍已成為近年出題主流。雖然內容多元繁雜，筆者所著「不動產估價理論與實務」已加以重點整理，值得參閱。另本科既重理論，各種計算公式之原理及推導亦須掌握。而本科既明定包括高層建築物估價，因此大樓估價所需掌握之樓層別效用比及地價分配率概念應為重點。

柒、不動產估價實務

一、總論
　　（一）市場價值之評估基礎（二）非市場價值之評估基礎
　　（三）估價報告書之製作（四）估價師之行為規範
二、各論
　　（一）實質財產估價（二）租賃利益估價（三）廠房、機械、設施估價（四）無形資產估價（五）動產估價

（六）企業估價（七）估價標的中有害及有毒物質之考量（八）含文化資產之不動產估價（九）農業財產估價（十）特殊性財產（如高爾夫球場、大飯店、遊樂場等）估價（十一）財產稅目的之大量估價（十二）都市更新權利變換估價（十三）土地徵收補償價估價（十四）土地重劃估價（十五）基地持分價值評估（十六）土地分割、合併、交換估價（十七）權利價值評估（十八）基準地估價（十九）不動產証券化目的估價（二十）估價報告書審查

前幾次考試都要考生製作一份估價報告書之題型已定調，因此考生於熟記不動產估價技術規則所規定不動產估價報告書應記載之十四個項目、不動產估價作業程序及各種估價方法估價程序，作為估價報告書撰寫的架構主軸，再以技術規則規定的內容於報告中充分發揮，前兩三次下來也都能獲取高分。然而，自從92年估價實務考題出現後，題目條件之繁雜、計算解題之冗長已甚難應付，97年配合本科命題範圍廣遍各類型估價之修正方向，考題以都市更新權利變換型態出現，已跳脫以往一般通案估價，邁向個案專業估價。唯有熟記解題架構、解題技巧、平常多以計算機實際演練，參考本書解答練出作答速度，方為獲取高分不二法門。

最後記得要驗算，既然整份報告充滿各種計算過程，就別忘記一再反覆確認。

本科考試時間為四個小時，鈴聲一響就得長期抗戰，為避免中途想上洗手間逼自己提前交卷，因此建議當天喝水應節制。四小時時間應充分運用，視給分分配標準應答，如估價報告書格式完整程度為十分，考生寫作重點應盡量著眼於各種方法計算部分，以免報告書應記載事項第十一點價格形成之主要因素分析就將一般因素、區域因素及個別因素撰寫太多，導致第十二點估價方法沒時間寫就得不償失了。

肆、不動產經紀人估價概要考試重點

考選部對估價概要命題重點有二：1.影響不動產價格之因素及原則。2.不動產價格、租金之評估方法及其運用要領。準備上搭配本書內容，瞭解不動產估價技術規則，並把握測驗題題型即可爭取高分。

伍、準備心態上之建議

最後以下四點與各位互勉：
一、要有計畫循序的準備：因為要準備的內容實在不在少數，若沒有一套讀書計畫確實貫徹執行，不免多落得沒唸完甚至缺考的結局，因此一定要有計畫循序的準備。
二、要有實事求是的精神：唯有確實了解所有考試相關法規內容才不會忘記，所讀的東西亦才會成為自己的一部份。
三、要有奮鬥到底的意志：如果很早就開始準備，近考試時雖不免近關情怯顯得彈性疲乏，記得務必堅持到最後一刻，考試當天每堂課之前的休息時間尤其是決勝關鍵，持續準備直到鐘響上戰場。
四、要有孤注一擲的決心：大部分人因為工作繁忙，無法全心準備而唸不完，心想今年試考累積讀書心得明年再來。倒不如有破釜沉舟的決心，勉勵自己一次考上，抱持這樣的意志才能使自己於考前達到最巔峰。

以上提供個人初淺見解及心得分享，記得作答時要掌握條列分明的原則，並祝大家金榜題名！

游適銘　謹識 113.11

第一章　導論

第一節　緒論

壹、為何需要不動產估價

據統計我國國富淨額 310.6 兆、平均每戶家庭資產淨額 1746 萬元，房地產 551 萬元。食衣住行育樂為人生六大基本需求，此六大需求以多樣化種類之商品呈現以滿足我們的需要。欲獲得各種商品需支付價金，一般商品大多有公定價格，亦即一般人認為正常合理之價格，並有標價呈現，故特別加以估價之需要不多。然而為何對不動產特別有加以估價之需要？係因不動產價格與一般商品價格特性上之差異所致。先列舉其中三種特性分析如下：

一、昂貴性：價格多寡至關重要

一般商品如正常生活用品價格低廉，即便購買後發現買貴了亦不會太在意。而不動產價格動輒數百萬以上，故價格求取尤需慎重，因此更需仰賴估價技術。

二、異質性：不受一物一價法則限制

一般商品因為量產，價格受一物一價法則約束；而不動產因異質性存在，即便是同一棟大樓各住戶單元，亦存在樓層別及位置別效用差異。因為不動產不受一物一價法則限

制，其價格無法輕易得知，惟有仰賴估價技術求取。

三、永續性：重複估價需要

　　一般商品少有中古市場，僅需對商品上市之銷售價格定價，而土地具有永續性；建築物雖有耐用年限，但卻能以折舊方式提存金額至建物耐用年限屆滿時重建，如此建築物亦可視為永續性。不動產之永續性使不動產投資、生產、交易、使用之不同生命週期週而復始，不同階段之買賣、貸款等新屋及中古交易市場估價目的需要持續存在。故相對而言不動產估價之需求較為頻繁。

　　上述三種特性（以下尚有其他特性）即可見不動產估價之重要，因而有不動產估價師之專門職業需要。因此國內於89年通過不動產估價師法立法，由內政部（地政司）及各地方政府地政局（處）負責管理。

※高考進階補充：估價先進國家～

1. 英國：於1881年成立「皇家特許評價／測量師協會（RICS）」經過該組織認證為特許評價／測量師（Chartered Valuation Surveyor），會員稱為MRICS或FRICS，1974年頒布評價準則俗稱紅皮書（Red Book）。

2. 美國：於1987年成立估價基金會（Appraisal Foundation），1989年國會通過《金融機構復甦、改革與監理法》Financial Institutions Recovery, Reform, and Enforcement Act（FIRREA）第11章「不動產評價改革修正案」針對金融交易中的評價相關業務所製訂的規範，要求與聯邦相關交易之不動產應強制評價，並規定「專業估價操作通用標準」USPAP（Uniform Standards of Professional Appraisal Practice）為一般公認評價準則。不動產估價現由各州分別立法，估價學會（Appraisal Institute）為最大估價團體，會員稱為MAI。

3. 日本：於1963年通過不動產鑑定評價法，1964年開始實施，始

確立不動產估價制度。由國土交通省（Ministry of land, Infrastructure, Transport and Tourism）之土地經濟營建署地價研究組（Land Price Research Division, Land Economy and Construction and Engineering Industry Bureau）負責評價基準制定。不動產鑑定士（LRPA）承作估價業務，研究組織則以房地產估價學會（JAREA）創立於1965年最具規模。
4. 澳洲：英聯邦估價師協會（Commonwealth Institute of Valuers）成立於1926年，目前由澳洲房地產協會（Australian Property Institute: API）訂頒評價準則。

詳細比較請參考本書附錄。

貳、不動產之意義

相關法律規定對不動產之定義整理如下表：

條　文	規　　定
民法第66條	稱不動產者，謂土地及其定著物。不動產之出產物，尚未分離者，為該不動產之部分。
不動產經紀業管理條例第4條	不動產：指土地、土地定著物或房屋及其可移轉之權利；房屋指成屋、預售屋及其可移轉之權利。 成屋：指領有使用執照，或於實施建築管理前建造完成之建築物。 預售屋：指領有建造執照尚未建造完成而以將來完成之建築物為交易標的之物。
不動產估價師法第14條	不動產估價師受委託人之委託，辦理土地、建築改良物、農作改良物及其權利之估價業務。
不動產證券化條例第4條	指土地、建築改良物、道路、橋樑、隧道、軌道、碼頭、停車場及其他具經濟價值之土地定著物及所依附之設施。

由此可知不動產包括土地及定著物兩部分，定著物中房屋又分為成屋及預售屋，不動產估價之勘估標的，除土地及定著物外亦包括其他權利。

一、土地

土地法第 1 條規定：「本法所稱土地，謂水陸及天然富源。」可見土地涵蓋範圍無遠弗界，乃至大海及其他天然富源皆不出其外。另按民法第 773 條規定：「土地所有權，除法令有限制外，於其行使有利益之範圍內，及於土地之上下。如他人之干涉，無礙其所有權之行使者，不得排除之。」因此土地除橫向聯結外，土地之上下亦屬其範疇。

二、土地改良物

依土地法第 5 條：「本法所稱土地改良物，分為建築改良物及農作改良物二種：附著於土地之建築物或工事，為建築改良物。附著於土地之農作物及其他植物與水利土壤之改良，為農作改良物。」可知土地改良物分為建築改良物及農作改良物兩大類。

三、權利

依土地法第 11 條：「土地所有權以外設定他項權利之種類，依民法之規定。」我國物權種類依民法規定相關條文如下：

物權種類		條次	條文
地上權	普通地上權	第 832 條	稱普通地上權者，謂以在他人土地之上下有建築物或其他工作物為目的而使用其土地之權。
	區分地上權	第 841-1 條	稱區分地上權者，謂以在他人土地上

			下之一定空間範圍內設定之地上權。
農育權		第 850-1 條 第 1 項	稱農育權者，謂在他人土地為農作、森林、養殖、畜牧、種植竹木或保育之權。
不動產役權		第 851 條	稱不動產役權者，謂以他人不動產供自己不動產通行、汲水、採光、眺望、電信或其他以特定便宜之用為目的之權。
抵押權	普通抵押權	第 860 條	稱普通抵押權者，謂債權人對於債務人或第三人不移轉占有而供其債權擔保之不動產，得就該不動產賣得價金優先受償之權。
	最高限額抵押權	第 881-1 條 第 1 項	稱最高限額抵押權者，謂債務人或第三人提供其不動產為擔保，就債權人對債務人一定範圍內之不特定債權，在最高限額內設定之抵押權。
	其他抵押權	第 882 條	地上權、農育權及典權，均得為抵押權之標的物。
典權		第 911 條	稱典權者，謂支付典價在他人之不動產為使用、收益，於他人不回贖時，取得該不動產所有權之權。

除民法物權種類規定外，不動產估價技術則規範之權利估價種類尚有租賃權、耕作權、市地重劃、容積移轉及權利變換等。

參、不動產特性

進行不動產估價之前，應先瞭解土地之自然及人文特性，俾掌握其對不動產價格之影響：

一、土地自然特性

包括不可移動性、永續性、不增性、異質／個別性、積載力、滋養力及供給力。

二、土地人文特性

包括用途多樣性、社會及經濟位置可變性、分割合併可能性、投資改良可行性、投資與消費雙重性。

三、不動產地區性

由於不動產之不可移動性，深受所屬區位影響，故不動產價格與地區發展有相輔相成關係。對此據林教授英彥所稱，係指不動產與地區之依賴、補充及協力關係：
（一）依賴關係：高級住宅區與不動產價格之依賴關係。
（二）補充關係：觀光地區與不動產價格之補充關係。
（三）協力關係：地區繁榮與否與不動產價格之協力關係。

四、不動產價格特徵

不動產價格之形成，相對於一般商品之特徵如下：
（一）以交換（買賣）或收益（租賃）價格表示。
（二）以擁有不動產權利利益所表徵之價格。
（三）價格需基於長期考慮下所形成。

（四）較不具備完全競爭、有效率之交易市場[1]。

肆、不動產估價定義

一、不動產價格要素

價格形成原由如下：
（一）效用（utility）：消費者所能得到財貨或勞務之滿足程度。
（二）價值（value）：衡量消費者對效用感受之價值。價值需反映市場觀點，係經濟概念，卻非一事實；而是一種在既定時間，對財貨或勞務所之估計可能價格。
（三）價格（price）：價格指在詢問、提供，或給付財貨或勞務總額的用詞，售價是一歷史事實。
（四）成本（cost）：係指給付財貨或勞務，或創造生產財貨或勞務所需之總額。當財貨或勞務已完成時，其成本即成一歷史事實。給付之價格成為買方之成本。

欲勘估不動產價格即需先了解上述效用、價值及價格之原由。而不動產價格要素有四：效用（Utility）、供給相對稀少性（Scarcity）、有效需求（Effective Desire or Demand）及購買力（Purchasing Power）。可見不動產因供給相對稀少及一般人需求難以付諸實踐而造就其昂貴性。

二、不動產估價定義

所謂不動產估價，簡言之：係遵循不動產估價法規，分析市場實例以勘估不動產價值，並以貨幣金額表示。

---

[1] 市場係指買方與賣方間透過價格機制交易財貨或勞務之環境（IVS, 2011）。分為地方性、區域性、全國性或國際性市場。

估價以往亦稱鑑定評價，即先鑑定價值再評估其價格。不動產為眾多商品之一，其價格形成有自，是亦有學者指：在社會上一連串之價格秩序中，指出某不動產之合理地位。另中國大陸「房地產估價規範」對不動產估價定義：「專業估價人員根據估價目的，遵循估價原則，按照估價程序，選用適宜的估計方法，並在綜合分析影響房地產價格因素的基礎上，對房地產在估價時點的合理客觀價值進行估價和判斷的活動」。

三、價值與價格之關係

近年國內房價居高不下，為降低代理理論「資訊不對稱」（information asymmetry）的情形，實價登錄制度自101年8月實施，凡買賣、經紀業租賃案件及代銷預售屋案件，均應於30日內由申報義務人（地政士、不動產經紀業或權利人）申報登錄。「不動產交易實價查詢服務網」（http://lvr.land.moi.gov.tw/）於101年10月中旬首次開放，創下單週破百萬、週年破2450萬查詢人次盛況。

蓋最近地價制度之重大政策：實價登錄與市價補償，前者即為成交價（price）需登錄，但徵收市價不能僅以實價查詢網個案數據即要求徵收比照辦理，因徵收市價係估價值（value），本應從市場眾多價格中估計而來。國內外多以成交價格中之眾數（Mode）、中位數（Median）及算術平均數（Mean）衡量市場價值（market value）之集中趨勢（central tendency）。國際評價準則（2024）認為一般估價係估計市場價值（market value），價值（value）並不一定反映事實而是財產交換所支付最有可能價格（most probable price）。

伍、不動產價格種類

　　我國價格種類長期以來，參考日本分類於不動產估價技術規則規範。「不動產估價，應切合價格日期當時之價值。其估計價格種類包括正常價格、限定價格、特定價格及特殊價格；估計租金種類包括正常租金及限定租金。」上述四種價格係以市場性（marketability）與否做區分，有成交可能者即為具市場性。四種價格分述如下：

一、正常價格

　　（一）定義：指具有市場性之不動產，於有意願之買賣雙方，依專業知識、謹慎行動，且不受任何脅迫，經適當市場行銷及正常交易條件形成之合理價值，並以貨幣金額表示者。

　　（二）說明：以反例說明，如出國急售者原無意願賣屋，礙於急迫資金回收，已無從適當行銷[2]，對買方殺價無時間與其議價而倉促出售，該成交價格低於市場水準，即非合理價值。市場上雖買賣雙方不一定具有專業知識及謹慎行動，所成交價格可能即非合理價格。但不動產估價需基於買賣雙方有意願、專業知識及謹慎行動下之交易，針對不動產最有可能成交價值估計其正常價格。正常價格即為國外通說之市場價值[3]，土地徵收即需依此觀點估計做為市價補償。

---

[2] 適當市場行銷如台北地區一般房屋託售需 40-50 天成交。

[3] IVS 市場價值原文：Market value is the estimated amount for which an asset/liability should exchange on the date of valuation between a willing buyer and a willing seller in an arm's-length transaction after proper marketing wherein the parties had each acted knowledgeably, prudently, and without compulsion.

二、限定價格

（一）定義：指具有市場性之不動產，在下列限定條件之一下形成之價值，並以貨幣金額表示者：

限定條件	舉例
1.以不動產所有權以外其他權利與所有權合併為目的者。	如房東賣房子給房客，或地主向承租人買回租賃權之價格。
2.以不動產合併為目的者。	如為使土地做大面積整體利用而購買毗鄰土地之價格。公產出售畸零地所查估合併申購人私地範圍屬之。
3.以違反經濟合理性之不動產分割為前提者。	如土地分割出售後剩餘土地單價降低，該出售土地之價格。公產分割讓售小範圍與畸零鄰地屬之。

（二）說明：可見限定條件原意為此市場性不動產之交易當事人，其身分及市場受限定。換言之，依前例言，如房客或欲與毗鄰土地進行合併分割之地主，其交易價格方有限定之特殊性。反觀若為其他無限定利益關係之其他眾多第三者，成交之價格可能回到正常價格。上述合併為目的，於國際評價準則（International Valuation Standards 以下簡稱 IVS）稱為彙總／集合（aggregation），係指國際會計準則 IFRS 中需界定資產合併或個別估價。

三、特定價格

（一）定義：指具有市場性之不動產，基於特定條件下形成之價值，並以貨幣金額表示者。

（二）說明：估價時需界定估價條件，故即使有估價條

件，不必然失其正常價格之適用。惟若估價條件含有不確定性，則以特定條件敘明。特定條件舉例而言，指尚未實現，但基於法令、財務、市場、規劃等可行性分析之開發營運計畫條件。於 IVS 稱為特殊不尋常假設（special, unusual, or extraordinary assumption）。實際情形則須由不動產估價師於應用特定價格時，確實敘明該特定條件。如實務上對於與勘估標的法定容許使用不同之條件下所估計之價格即為一例。

由於正常價格方屬正常交易條件形成之合理價值，故「不動產估價，應註明其價格種類；其以特定價格估價者，應敘明其估價條件，並同時估計其正常價格。」該條文目的即為保障消費者，由估價師同時提供正常價格，避免外界受估價條件估值之誤導。IVS（2024）亦規定基於特殊條件（special assumption）估計市場價值，除對該條件詳細解釋外，亦須比較有無該特殊條件存在下之市場價值差距。

四、特殊價格

（一）定義：指對不具市場性之不動產所估計之價值，並以貨幣金額表示者。

（二）舉例：如古蹟、學校、公園等公益設施，或不以成交為目的之資產評估之公用不動產價格，如總統府。亦或為特定目的，如釣魚台估價。

> ※高考進階補充：
> 1. 日本價格種類：我國價格種類係師法日本，日本不動產研究所（2008）出版日英對照介紹兩大類分類如下～
>   （1）正常價格（market value）
>   （2）正常價格以外之價格（value other than market value）：
>   a. 限定價格（special value）：與我國相近。
>   b. 特定價格（value for regulated purpose）有三類：投資者依據「資產流動法」及「投資信託和投資法人法」；依

「民事再生法」（破產清償）出售資產為目的；企業繼續經營的前提下，基於「公司更生法」及「民事再生法」為目的。

  c. 投資價值（investment value）及特殊價值（value of special purpose property）

2. IVS市場價值之演化：

（1）IVS2005年版除市場價值外，另有非市場價值（Non market value）9種：使用價值（Value in Use）、投資價值（Investment Value or worth）、永續經營價值（Going Concern Value）、保險價值（Insurable Value）、評定價值（Assessed, Rateable, or Taxable Value）、殘餘價值（Salvage Value）、清算或急迫出售價值（Liquidation or Forced Sale Value）、特殊價值（Special Value）及抵押貸款價值（Mortgage Lending Value）。

（2）IVS2007年版分為市場價值之評估基礎（Market Value basis of Valuation）與市場價值以外之價值評估基礎（Valuation bases other than Market Value）兩大類。

（3）IVS2020年版則以對評價基本衡量原則所陳述之「價值基礎（basis of valuation）」（美國稱為價值標準／前提），將價值分為幾大類：

IVS定義價值基礎（IVS-Defined Basis of Value）包含市場價值（Market Value）、經濟租金（Market Rent）、公平價值（Equitable Value）、投資價值（Investment Value/Worth）、綜效價值（Synergistic Value）、清算價值（Liquidation Value）。其他價值基礎（Other Basis of Value）包含公允價值（國際財務報告準則 IFRS）（Fair Value（International Financial Reporting Standards）、市場公允價值（經濟合作暨發展組織）（Fair Market Value（Organisation for Economic Co-operation and Development

（OECD））、公允市場價值（美國國家稅務局）（Fair Market Value（United States Internal Revenue Service））及不同管轄範圍的公允價值（合法／法定的）（Fair Value（Legal/Statutory） in different jurisdictions）。重點如下：

a. 市場價值（market value）並不限於（買賣實例）比較法所估價值，收益法及成本法等結果若基於市場資訊所獲得，亦為市場價值。具有以下特色：

(a)須排除特殊融資、售後租回、折讓、特殊等因素。

(b)非已預定或實際成交價。

(c)反映特定時點，於其他時點不一定仍維持此價值。

(d)有意願賣方指的是假設的屋主或地主。

(e)需於市場上有足夠曝光讓眾多買賣方參與競爭。

(f)不因事後價值更迭即表示估價當時專業知識及謹慎行動不夠。

b. 投資價值（investment value/worth）及特殊價值（special value）：此價值係對特定投資者有利益，與一般市場大眾參與者不見得有關。

c. 公平價值（equitable/fair value）：指交易當事人相互同意之價，因此不一定於市場曝光。

此外亦有清算價值（Liquidation value）與重置價值（Replacement value）。

以上各類進一步補充如下：

d. 特殊價值反映一項特定資產的特殊屬性超出市場價值之金額；此特殊屬性只對特殊買家形成。綜效價值（synergistic value）指價值的一項額外元素，它是由兩項（以上）利益結合創造；該結合利益比原始利益總和更具價值。當綜效僅對特定買方存在，綜效價值即為特殊價值。

e. 公平價值是具有知識及意願的交易雙方間反映各自利益

交易財產之估計金額。與市場價值之差別，在於市場價值不考慮交易雙方之利益或不利益。

f. 近期為接軌國際財務報導準則／國際會計準則（IFRS）之公允價值估價，據IVSB認為應與市場價值意義相通。

3. 特殊財產（specialized property）即屬較不具市場性之估價；財務報表應用之「折舊後重置成本」（*DRC; depreciated replacement cost）之既有使用之市場價值（MVEU; market value for the existing use）亦同。其他價值基礎尚有OECD之公平市場價值（Fair Market Value）、美國（IRS）公平市場價值（Fair Market Value）及法規面之公允價值（Fair Value）。

除了四種價格種類外，租金種類有正常租金與限定租金兩種。

五、正常租金

（一）定義：指具有市場性之不動產，於有意願之租賃雙方，依專業知識、謹慎行動，且不受任何脅迫，經適當市場行銷及正常租賃條件形成之合理租賃價值，並以貨幣金額表示者。

（二）說明：正常租金與正常價格要件相同，差異在其係評估合理租賃價值，以貨幣金額表示租金。新訂租賃契約之新訂租金，一般即以正常租金估價。又稱市場租金（market rent）或經濟租金。

六、限定租金

（一）定義：指基於續訂租約或不動產合併為目的形成之租賃價值，並以貨幣金額表示者。

（二）舉例：對續訂租賃契約之租金估價，或如為使土地做大面積整體利用而承租毗鄰土地之租金估價，即為限定

租金。

七、地政機關地價種類

為使不動產估價之價格種類，與地政機關各類價格做一對照，整理如下：

用途	平均地權條例	土地法
政府查估之地價作為地主申報地價之參考	公告地價	標準地價
地主向政府申報之地價	申報地價	申報地價
依法登載於地價冊之地價	申報地價	法定地價
地方政府編製土地現值表之地價	公告土地現值	
徵收土地補償標準	市場正常交易價格（市價）【土地徵收條例】	

陸、不動產估價目的

不動產估價目的有下列多種，由此可見不動產估價之重要性：

一、公經濟目的

為與公部門施政有關之估價，如地政機關推行平均地權公告土地現值及公告地價、土地徵收、協議價購、區段徵收、市地重劃或農地（農村社區土地）重劃；稅捐機關評定房屋標準價格；國有財產署標售、讓售、委託經營或出租；法院拍賣或判定價金糾紛；行政執行處拍賣；經濟部工業用地出售出租；及其他地用計劃預算編列、國民住宅出售出租等。

二、私經濟目的

為私部門自由經濟有關之估價，如買賣、抵押、不動產證券化投資信託及資產信託、都市更新權利變換、資產管理公司（AMC[4]）標購或處分、金拍、銀拍、保險、資產重估、破產管理、上市上櫃公司資產評估、保險公司依保險法規定購買資產、移民資產證明、權利商譽價值估價、土地開發利用、合建價值分配、聯合開發、使用分區變更前後估價。

上述無論公私經濟目的，均有部分業務係法令明定需委託估價師估價者。舉例而言，配合 IFRS 施行，「公開發行票券金融公司財務報告編製準則」第 10 條規定：「十六、投資性不動產：（一）指為賺取租金或資本增值或兩者兼具，而由所有者所持有或具使用控制權承租人所持有之不動產。…（三）投資性不動產後續衡量採公允價值模式者，其評價方式及程序、估價師資格、對估價報告出具複核意見之會計師資格、複核程序及資訊揭露等，應依證券發行人財務報告編製準則第九條第四項第三款規定辦理。」

柒、不動產估價師素養

一、估價態度與要求

從事不動產估價應力求客觀公正，運用邏輯方法及經驗法則，進行調查、勘察、整理、比較、分析及調整等估價工作。不動產估價師進行估價工作應力求客觀，並運用倫理學

---

[4] AMC（Assets Management Corporation）設立目的有三：1. 幫助金融機構處理名下之不良債權。2. 改善金融機構處理不良債權的速度。3. 避免發生本土性金融風暴。根據央行統計指出，逾放比由 2001 年底的 11%逐年下降，2024 年 38 家國內銀行僅 0.15%。

中之邏輯（Logic）方法，依蒐集資料及現場勘查所獲得成因判斷估價結果，再輔以經歷過或估價過之實際見聞或成果之經驗法則確認估價成果。如因捷運開通，位於捷運站附近不動產價格將因而上漲，至上漲幅度，則可憑以往捷運開通房價變動觀察，皆需憑藉邏輯方法及經驗法則來分析判斷。

二、不動產估價師應遵循事項

依據不動產估價師法規定不動產估價師應遵循事項有下列幾點：

不動產估價師法條次	規定重點
第 15 條	與委託人訂立書面契約。
第 16 條	估價遵守誠實信用之原則。
第 17 條	不得允諾他人以其名義執行業務。
第 18 條	保守業務知悉之秘密。
第 19 條	遵守不動產估價技術規則。

不動產估價技術規則係作為不動產估價師估價之作業程序、方法及估價時應遵行事項等之準則，但並非國內所有估價皆應依該規則。如目前地政機關依平均地權條例及地價調查估計規則辦理公告土地現值與公告地價；財稅機關為核課房屋稅及契稅需要，依房屋稅條例評估房屋標準價格；及公產管理機關為處分公產，依國有財產法辦理公產估價等，其估價作業各依其法令規定。

三、不動產估價師應具備要素

根據林教授英彥及日本杉本正幸之期許，不動產估價師應具備要素如下：

（一）職業要素：專門知識、調查才能、判斷推理能

力、熟練經驗、圓滿常識。

（二）倫理要素：自覺責任重大、正直誠實、廉潔、公平無私、估價自信、不違背社會信念。

國際上[5]大多將估價師責任義務要求訂於估價基準中，如IVS特別有「行為規範（Code of Conduct）」專章，就「倫理Ethics（包含正直Integrity、利益衝突Conflict of Interest、保密Confidentiality、公平Impartiality）、能力（Competence）、揭露（Disclosure）、評價報告（Reporting of Values）」強調行為規範之重要，並對估價報告之假設（assumption）與限制條件（limiting condition）加以清楚界定。

◆考古題◆

1. 不動產估價師與顧問諮詢均屬不動產服務業，惟於處理業務之角色確有差別，請問您能分別其特性之不同嗎？（94估價師特考理論）

⊙解答：

項目	不動產顧問諮詢	不動產估價師
目的	提供是否投資之參考	對不動產估價為主，亦提供是否投資之參考
重點	投資者個人	不動產本身
所得稅	考慮	不考慮
應用方法	敏感度、模擬分析、NPV、IRR	各種估價方法—比較法、收益法及成本法等
表現	元、率	總價、單價

---

[5] 如國際評價準則（IVS）、美國專業估價操作通用標準（UniformStandards of Professional Appraisal Practice; USPAP）、及日本不動產評價基準。

| 出具文書 | 未限定，可能以分析報告呈現（惟不能對價格出具意見） | 估價報告書 |

2. 價值、價格、成本之意義有何區別？其與成本法、比較法及收益法有何關聯？試申述之。（100年估價師）
3. 試比較說明「正常價格」、「市場價值（Market Value）」及「公平價值（Fair Value）」三者之異同。（99年估價師）
4. 試比較說明不動產估價技術規則規定之價格種類。可抽取地下溫泉之土地，應以何價格種類估計之？（98年估價師）
5. 依不動產估價技術規則規定，估計之價格種類包括那幾類？試就其定義分別加以解釋，並舉例說明之。（97年經紀人）
6. 試申述不動產估價人員應有之修養。（93年經紀人）
7. 依不動產估價技術規則之規定，價格種類有那些？試分別舉例詳細說明之。另就可繼續經營使用的廠房、設備連同土地一併出售時，應以何價格種類評估，試論述之。（106年估價師理論）
8. 估價人員對某一上市保險公司之投資性不動產進行估價，請問投資性不動產的定義為何？在撰寫估價報告書時，其估價目的與價格種類應為何？在保險公司之投資性不動產中，一棟的租約在 1 年以上，另一棟的租約則在 1 年以下，請問所採用估價的方法有何不同？（113年估價師理論）

第二節　用詞定義與估價原則

壹、用詞定義

不動產價格經常變動，故價格日期之確認非常重要。價格日期不一定指現在，有時亦對過去（如法院訴訟、課稅異議、損失補償案件）或未來（如投資出售、預期開發）估價，以下即將估價用詞定義分述如下：

一、**價格日期**：指表示不動產價格之基準日期。

二、**勘察日期**：指赴勘估標的現場從事調查分析之日期。
勘察日期為現在進行式，價格日期則不一定指現在，故兩個日期不一定相同[6]。

三、**勘估標的**：不動產估價師接受委託所估價之土地、建築改良物、農作改良物及其權利。

四、**比較標的**：指可供與勘估標的間，按情況、價格日期、區域因素及個別因素之差異進行比較之標的。
比較標的係用來推估勘估標的價格之案例，並須從同一供需圈（包含近鄰地區及類似地區）中蒐集。

五、**同一供需圈**：指比較標的與勘估標的間能成立替代關係，且其價格互為影響之最適範圍。

六、**近鄰地區**：指勘估標的或比較標的周圍，供相同或類似用途之不動產，形成同質性較高之地區。

七、**類似地區**：指同一供需圈內，近鄰地區以外而與勘估標的使用性質相近之其他地區。

---

[6] 實務上尚有估價報告完成日期。

舉例而言，如以永和捷運站為中心之「近鄰地區」，新店及板橋捷運站等類似價位為「類似地區」，集合則成「同一供需圈」。

八、**一般因素**：指對於不動產市場及其價格水準發生全面影響之自然、政治、社會、經濟等共同因素。

九、**區域因素**：指影響近鄰地區不動產價格水準之因素。

十、**個別因素**：指不動產因受本身條件之影響，而產生價格差異之因素。

除了上述定義外，以下為日本所用之估價名詞：

十一、**獨立估價**（site value as if vacant）：視為無建物存在之獨立素地作為勘估標的。地上建物預定拆遷常適用。

十二、**部分估價**（severance value）：以不動產構成之土地及建物部分作為勘估標的，以抽出法或分配法估價。於查估土地時，需進一步考慮建物對地價影響修正。日本基準地地上建物未達最有效使用之建物拆除減價補正為其例。

貳、不動產估價原則

一、四大生產要素

企業家欲創造收益，需於土地上投施勞力、資本，應用企業家專業協調知能，土地、勞力、資本、企業經營四大生產要素配合得當，方能創造最大收益。而不動產效用是否發揮反映高價值，即需掌握四大生產要素搭配情形。

二、不動產價格形成原則

不動產估價原則（Principle），亦即不動產價格形成原則，如同數學學理，係估價理論之根本。舉例說明如下：

（一）替代原則（Substitution）：

在不考慮時間、高風險或不便利等因素下，審慎者不會支付高於財貨或勞務成本之代價，以取得一相同滿意度的替代性財貨或勞務。不論取得替代品或原物，以最佳替選之最低成本，得以建構市場價值。

如兩件商品效用一樣，即能有相等價值，而產生相同價格，此即「效用、價值、價格」求取觀念。市面上販售之礦泉水有多種，對吾人飲水之效用皆同，以已知之甲礦泉水價格，即能掌握乙礦泉水價格。今如欲求取某不動產價格，雖不動產具異質性，惟相同效用之不同不動產對使用者而言即可有替代性。因此欲對勘估標的估價，掌握替代原則運用比較法即可求取比較價格，例如同樣面臨大安森林公園之華廈有替代性，亦可藉由實價查詢網鎖定同樣查詢條件觀察某一個地區範圍內房價。替代原則亦為成本法重置成本之成立依據。

（二）競爭原則（Competition）：

眾多買賣（租賃）雙方，為獲取一買賣（租賃）契約之交互投入。與競爭者有關，考慮個別財產之有利及不利條件，其生產力、寧適性及利益特徵程度。

當不動產具有超額利潤時，將引起供給者之競爭而增加，導致價格降低；或對於低價不動產所引起需求者之競爭，而導致價格提高。故供需競爭對價格產生之影響，即為競爭原則。

（三）供需原則（Supply & Demand）：

根據經濟學原理，財貨的均衡價格決定於市場供給曲線與需求曲線。明瞭「供過於求、價格下跌；求過於供、價格上漲」之理，則能掌握價格漲跌之脈動。故了解不動產市場

供需雙方的多寡，及相對的關係，即能決定不動產價格。

（四）最有效使用原則（Highest And Best Use）：

　　1. 原由：因不動產具有用途多樣性，若兩位估價師分別對同一宗土地採商業及農業用途估價，勢將產生極大價格差距，造成困擾。故對不動產估價，應以掌握其最有效使用為前提，亦能符合「地盡其利」理想。

　　2. 規則定義：最有效使用指客觀上具有良好意識及通常之使用能力者，在合法、實質可能、正當合理、財務可行前提下，所作得以獲致最高利益之使用。

　　3. IVS 規範：國際評價基準即認為由於不同的不動產可能擁有不同的使用潛能，因此選擇交易與其他可比較資料之前，應先決定最高最有效使用（Highest And Best Use, HABU）。該使用並應符合實質可能、法令許可、財務可行（physically possible, legally permissible, financially feasible），已不強調正當合理。

　　規則所稱「通常之使用能力」，IVS 界定為「合理而有效率的經營或一般而充分的管理（Reasonably Efficient Operator, or Average Competent Management）」。

　　4. 實務認定：最有效使用原則之達成，於現行土地使用分區管制下，大抵皆以發揮其最大「法定容積」使用為準，惟需考量市場性之「實際容積」接受度。如房地產不景氣，法定容積為 10 層樓房銷售率不佳，建商寧願以較低樓層之透天厝興建求售以免積壓資金，則其最有效使用將非法定容積而為實際建築使用之容積。

　　5. 美國規範：美國不動產估價（The Appraisal of Real Estate）對最有效使用有更清楚界定，摘錄如下：

　　（1）已有建物不動產價值高於假設無建物基地價值，已有建物即為最有效使用；反之如低於者則最有效使用為空地。

（2）假設為空地之土地最有效使用，是假設土地為空地或可拆除現有建物使其成為空地。如空地需俟需求大於供給方興建建物者，未興建前之暫時性利用即為最有效使用。俟時機到來需興建建物時，即需決定興建型態及理想建物特徵。

（3）對已有建物不動產之最有效使用，應分析其是否繼續原使用、或需重大裝修、或需部分拆除。

假設為空地之土地最有效使用：土地價值通常指假設為空地之價值。因此當一塊地閒置時，無疑地即以空地評估；但當土地已非空置時，則須視其使用型態而定，考慮其目前使用及其他可能潛在使用。

美國另有「適法原則」（指不動產應以其於法定使用狀態下估價。）此原則於我國最有效使用原則中已一併涵蓋。

（五）收益遞增遞減原則（Law of increasing/decreasing return）：

在其他條件不變情形下，增加某一生產要素之投資時，起初收益會隨著投資增加而增加，即為收益遞增原則；但投資超過一定程度，收益反會隨著投資增加而減少，即為收益遞減原則。農地施肥，起初會隨著施肥愈多而收益遞增，但地力之發揮有其臨界點，施肥超過此臨界點，地利反被掠奪殆盡而造成反效果，導致收益遞減。興建大樓，起初會隨著樓層愈高而收益遞增，但樓高超過一定臨界點之後，不僅施工成本驟增，市場若無法隨之銷售去化，反造成空屋增加利息負擔，導致收益遞減。

基於上述，若能運用遞增遞減原則，則能掌握最適臨界點，以發揮其最有效使用。

（六）均衡原則（Balance）：

造就不動產需有土地、勞力、資本及企業經營四種生產要素共同創造，故不動產價格受到此四種生產要素組合影響，

若欲達到最有效使用，則不動產內部四種要素需搭配均衡，以符合均衡原則。否則如建物低度利用，違反均衡原則，不動產則無法達到最有效使用。例如第四種商業區容積率800%仍興建低矮建築即違反此原則，不動產價值無法發揮。

（七）收益分配原則（Income Allocation）：

前述土地、勞力、資本及企業經營四種生產要素共同創造的價值，四種生產要素於不動產之投入，其投入之對價或應有之回饋如下：

要素	土地	勞力	資本	企業經營
分配	地租	工資	利息	利潤

將生產要素所得之收益依其個別貢獻程度分配其收益，即為收益分配原則，又稱剩餘生產力原則（surplus productivity）。欲求取土地（不動產）本身價值，以收益法而言，即以剩餘生產力之土地地租加以資本化即得。

（八）貢獻原則（Contribution）：

一項特別成本之價值，係對整體財產價值帶來貢獻所衡量。如缺少該成分，亦將減低整體財產之價值。

指不動產其中之一條件的改變，對整體不動產價格提升的貢獻，即為貢獻原則。如大樓欲新增電梯設備，或建物新建增建改建工程，當對整體不動產所帶來收益超過成本利息維修管理費等支出，增建方有價值，以符合貢獻原則。

（九）適合原則（Conformity）：

指不動產利用，與外部環境的配合相互協調，不動產方能達成最有效使用，稱為適合原則。因不動產與所屬區域具

有依賴、補充、協力關係，如於淡水漁人碼頭地區之不動產作魚丸生意使用，即為適合原則之掌握。例如於台北車站商業區興辦無商業效益之不動產即違反此原則，不動產價值無法發揮。

> ※高考進階補充：
> 國外適合原則有兩種觀點：1.內部而言，表示不動產房地比例搭配均衡；2.外部而言，表示不動產與週遭普遍之發展型態相互協調。（即前述均衡原則與適合原則之結合）相關的亦有發展及衰退原則（Progression and Regression）：與高價不動產相鄰，不動產本身價值將水漲船高；與低價不動產相鄰，不動產本身價值將與之下跌。類似「近朱者赤、近墨者黑」道理。

（十）外部性原則（Externality）：

　　指不動產外在因素的存在，對不動產價格產生之影響程度，即為外部性原則。例如因捷運、公園等公共設施興建提高不動產價值；嫌惡性設施則降低不動產價值。故對不動產估價即需勘查周圍有無此等外部性影響。

（十一）預測原則（Anticipation）：

　　價值是來自於未來所期望產生的利益。今日價格是昨日價格之演變，並為明日價格趨勢之方向。運用過去的價格資料預測未來價格動向，即為預測原則[7]。對銀行抵押放款估

---

[7] 以往房地產景氣指標有三：1.房地產景氣對策訊號。2.房地產景氣綜合指標。3.廠商經營意願調查。另判斷房地產投資時機、預測不動產價格變動指標，於景氣綜合指標方面，有以下三種指標，需進行掌握：
（1）領先指標：領先景氣而上揚，如國內生產毛額、貨幣供給額、消費者物價指數、建築貸款餘額變動量、營建股股價指數。
（2）同時指標：隨房地產景氣而上揚，如基準放款利率、新承作購屋貸款金額、建造執照面積、住宅使用變動率、土地滅建築物買賣移轉登記件數、新推個案標準單價。

價,因需考量日後若無法還款之拍賣價金多寡,即為預測原則之應用。

(十二) 變動原則（Change）:

不動產價值影響因素之因果關係結果。影響不動產價格因素眾多,不動產市場實為一動態市場,不動產價格因會隨著整體環境、景氣循環等變動因素改變,故從事估價時應掌握各種變動趨勢,以合理推估價格。以往所謂不動產景氣七年一循環現象,及七十七年預售市場一日三市之榮景,即為不動產價格變動原則之寫照。

※重要原則應用比較

原則	均衡原則	適合原則	外部性原則
比較	不動產「內部」生產要素均衡	不動產與「外部」環境搭配適合	不動產外部設施對不動產之影響
應用	若符合均衡原則,不動產本身達最有效使用,價值提高。	若未符合適合原則,不動產本身未達最有效使用,價值降低。	不動產外部設施之產生,對不動產價格之加減效果。

(3) 落後指標：在房地產市場向上揚升後才增加,如預售屋使用執照核發面積。

階段	投資面	生產面	交易面	使用面
指標	1.貨幣供給變動率 2.中期放款利率 3.貸款成數高低 4.平均每人國民生產毛額變動率 5.前期住宅投資 6.營建股股價指數 7.土地減建築物買賣移轉登記件數	1.建築執照面積 2.使用執照面積 3.房屋建築類指數 4.房屋建築人數 5.住宅投資實質水準 6.開工面積	1.平均房價變動率（訂價） 2.銷售率 3.契稅件數 4.建築物買賣轉登記件數 5.物價指數（地價指數）	1.量方面：空屋率、用電量不足基本度數之戶數、自有住宅比例 2.質方面：每戶住宅面積大小

※高考進階補充一

1. 機會成本（Opportunity Cost）：不動產之投資價值，得以此投資金額，因投資不動產所喪失之其他選擇利用機會價值來衡量。
2. 一致性原則（Consistent Use）：不動產應將房地視為一整體估價，若房屋及土地使用上缺乏一致性，則彼此間無貢獻價值，不動產整體價值將降低。
3. 去化原則（Absorption）：不動產價值取決於市場去化現有及計畫中之房屋供給。去化愈慢；價值愈低。

◆考古題◆

1. 試問不動產估價師於面對經濟發展環境與社會結構變遷充滿不確定因素，外加全球化市場的衝擊效應，當接受委託人提出某直轄市級之都市計畫區住宅用地委託估價，其估價目的為評估出售該筆用地之價格，請嘗試以五項適切的不動產估價原則，進行影響該住宅用地價格之因素分析？（97年估價師）
2. 何謂「供需原則」？何謂「最有效原則」？在一般建地估價時，何者宜優先考量，請說明其理由並分析與其他原則之關係。（96年估價師）
3. 請說明不動產估價中的「供需原則」與「替代原則」如何解釋不動產價格的形成（95年經紀人）。
4. 何謂「最有效使用」？請說明其評估之基準為何？（94年估價師特）
5. 何謂最高最有效使用？其應符合哪些條件？並舉實例說明之。（94年地方特種）
6. 何謂貢獻原則？何謂競爭原則？其與不動產價格之形成各有何關係？請分別舉例說明之。（94年高考）

7. 有一筆位於住宅區之素地,附近住宅大樓林立,該區域內雖不動產市場交易熱絡,惟缺乏素地交易案例,請問應選用何種方法評估該筆土地之價格最為適當?請詳述選用該方法之理由及依據。此一估價方法應遵循之估價原則為何?請列舉三項估價原則,並詳細說明其與該估價方法之關係。(113年估價師理論)

第三節　不動產價格影響因素

不動產價格影響因素項目[8]，分別列表如下：

壹、一般因素

一般因素	項　　目
1.自然因素	地質地盤狀態、土壤土層狀態、地勢狀態、地理位置關係、氣象狀態
2.社會因素	人口狀態、家族構成及世代分離狀態、都市形成及公設建設狀態、教育及社會福利狀態、交易及使用收益習慣、建築式樣狀態、資訊化進展狀態、生活方式狀態
3.經濟因素	儲蓄消費投資水準與國際收支狀態（經濟成長）、財政金融狀態、利率水準、技術革新及產業結構變化、租稅負擔狀態、物價工資及就業水準、交通體系狀態、國際化狀態
4.政　治（行政）因素	土地利用計劃及管制狀態、土地及建築物之結構及管制狀態、租金及交易管制狀態、不動產稅制狀態、住宅政策

　　從事不動產估價應經常蒐集與不動產價格有關之房地供需、環境變遷、人口、居民習性、公共與公用設施、交通運輸、所得水準、產業結構、金融市場、不動產經營利潤、土地規劃、管制與使用現況、災變、未來發展趨勢及其他必要

---

[8] 不動產價格影響因素所列舉一般因素項目，係節錄日本不動產研究所（2008）所介紹之不動產評價基準。

資料，作為掌握不動產價格水準之基礎。此種因素通常會對不動產所構成地區形成全般性的影響，由此確定該經濟社會之不動產價格水準，而成為各個不動產具體決定價格之基礎。

國內不動產在 110 年前較常歸納有幾波景氣高峰，其影響因素如下表：

景氣高峰形成主因	第一波	第二波	第三波	第四波	第五波	第六波
	62~63年	68~69年	76~78年	93至97年初	98年至104年	109年
不動產價格影響因素	1.全球石油能源危機 2.經濟持續兩位數字成長 3.貨幣供給額大幅成長 4.通貨膨脹、物價高漲	1.新台幣大幅升值引進熱錢 2.股市飆漲帶動不動產熱銷 3.外貿大幅出超 4.民間游資充斥 5.投資工具較缺乏	1.房貸優惠利率 2.土地增值稅減半徵收 3.不動產證券化及金融資產證券化 4.原物料上漲推動	1.長期低利率 2.調降遺贈稅率 3.兩岸交流觀光熱潮 4.簽訂ECFA 5.美國QE量化寬鬆政策	1.營建缺工缺料 2.持續低利率 3.M1B 和 M2 豐沛 4.疫情不影響住宅需求

97 年的金融海嘯，次級房貸（Subprime Mortgage）連帶使房利美（Fannie Mae）及房地美（Freddie Mac）發生財務危機，美國即歸範「房屋價值保護新準則」（New Home Valuation Protection Code），要求銀行不得使用內部人員估價（in-house appraisal）。

因應 97 年金融海嘯，行政院曾推動「健全房地產市場新方案」，提供優惠利率貸款、延長建照期限、成立房貸協商單一窗口，並研議鬆綁陸資來台購屋限制等。惟隨後房市反轉直上，再核定「健全房屋市場方案」就「台北都會區住宅供給與需求均衡」、「協助輔導中低收入戶及受薪階級提升購（租）屋能力」、「住宅資訊」、「不動產貸款風險控管」、「社會公平」及「相關配合措施」等 6 項課題推動。

配合預測原則之掌握，未來國內外政經局勢較重大項目及個別影響說明如下：

（一）利多消息：
1. 內政部持續推動「百萬戶租屋家庭支持計畫」興辦社會住宅、擴大租金補貼專案，以及公布租金統計資訊。
2. 美國聯準會降息，連帶影響我國央行利率政策。
3. 美元指數持續走低，新興市場貨幣因資本湧入對美元升值。
4. 政府支出續穩健成長，帶動經濟成長率。
5. 受惠 AI 題材、ICT 及 6G 通訊發展等，推升出口動能。
6. 持續推動都更及「都市危險及老舊建築物重建獎助條例」，含括租稅減免及容積獎勵等優惠措施。

（二）利空消息：
1. 賴總統於國慶日宣布打炒房決心，新青安房貸等政策趨嚴。
2. 內政部持續發動預售屋聯合稽查，禁止預售屋轉售，違者可處 15 萬至 100 萬元罰鍰。
3. 財政部全國總歸戶囤房稅 2.0 實施，影響非自住投資需求。
4. 央行選擇性信用管制及限貸令，第 1 戶購屋貸款不得有寬限期，且第 2 戶購屋貸款最高成數由 6 成降為 5 成，並擴大實施地區至全國。
5. 川普勝選美元攀升，匯率激勵美元指數強勢攻高，新台幣兌美元貶值，影響股匯市及房市。

　　近年缺工缺料、原物料上漲以及土地取得成本的提高，建商的營建成本也跟著增加，也導致房價即使因上述利空政策，仍會有一段盤整期。

貳、區域因素

據日本不動產研究所（2008）所介紹之不動產評價基準，區域因素係就特定市場區域價值形成產生綜合影響因素，分類如下：

一、不同分區區域因素項目

分區	區域因素
住宅地區	1.日照、溫度、濕度、風向等氣象狀態 2.街道之寬度、構造等狀態 3.離市中心之距離及交通設施狀態 4.商店街之配置狀態 5.上下水道、瓦斯等供給處理設施狀態 6.公共設施、公益設施、變電所等之配置狀態 7.電信基礎設施狀態 8.污水處理場等危險設施或嫌惡設施之有無 9.洪水、地滑等災害發生之危險性 10.噪音、空氣污染等公害發生之程度 11.各宗地之面積、配置及利用狀態 12.住宅、圍牆、街景等街道狀態 13.眺望、景觀等自然環境之良否 14.公法上關於土地利用之管制程度
商業地區	1.商業設施或業務設施之種類、規模、聚集程度等之狀態 2.商業腹地之大小及顧客之質與量 3.顧客及從業人員之交通工具及交通狀態 4.營業種別及競爭狀態 5.該地區之經營者創意與資力 6.繁榮之程度及盛衰狀況 7.街道之回遊性、走廊等之狀態

	8.商品搬入及搬出之便利性
	9.公法上關於土地利用之管制程度
工業地區	1.幹線道路、港灣、鐵路等運輸設施之建設狀況
	2.確保勞動力之難易
	3.與產品販賣市場及原料材料採購市場之位置關係
	4.動力資源及用水排水費用
	5.與關連產業之關係位置
	6.水質之污濁、空氣之污染等公害發生之危險性
	7.行政上之輔導與管制程度
農業地區	1.日照、溫度、濕度、風雨等氣象狀態
	2.起伏、高低等地勢狀態
	3.土壤及土層之狀態
	4.水利及水質之狀態
	5.離消費地之距離及運輸設施狀態
	6.與集貨場或產地市場之關係位置
	7.洪水、地滑等災害發生之危險性
	8.與村落之關係位置
	9.道路等之設施狀態
	10.行政上之輔導及管制程度
林業地區	1.林道等之設施狀態
	2.日照、溫度、濕度、雨量等氣象狀態
	3.標高、地勢等自然狀態
	4.土層及土壤之狀態
	5.確保勞動力之難易
	6.行政上之輔導及管制程度

二、區域分析

　　區域分析係對勘估標的所屬區域型態進行調查與分析，

掌握同一供需圈之近鄰地區或類似地區,分析勘估標的屬於何區,該地區具有何種區域因素特性,對該區土地使用及不動產價值形成水準有何影響。

參、個別因素

一、個別因素項目

因素條件	項目
宗地條件	宗地面積、寬度、深度、形狀、高低、位置、坡度、毗鄰土地狀況、地質、最小開發規模等。
街道條件	包括鄰接街道寬度、鋪裝、系統、結構等。
接近條件	包括交通條件、離車站距離、及接近商店,公共設施等條件。
環境條件	包括自然環境(如日照、地勢等)、社會環境(如治安、學風等)、公共設施數量、種類分布等。
行政條件	如使用分區、土地容許使用項目、開發限制、高度比、建蔽率、容積率等。

二、個別分析

　　個別分析係對勘估標的個別因素條件進行調查與分析,分析個別因素有何特性,對不動產價值形成有何影響,以判定其是否符合最有效使用及最有效使用型態。參考「國有財產估價作業程序」第 10 點規定:「國有土地之使用方式與都市計畫使用分區或非都市土地之土地使用編定之容許使用不符者,應依國有土地最佳使用型態或性質辦理查估,再視其土地使用分區、使用管制等因素進行調整。」即強調此觀念。

◆**考古題**◆

1. 土地估價應蒐集之影響因素資料為何？並列舉影響工業區之區域因素，藉以說明其用於區域因素調整之意義。（95年地政高考）
2. 試申述於不動產估價進行中，何以須進行區域分析及個別分析？（92年經紀人普考）
3. 影響住宅區不動產價格的區域因素為何？（92年交通人員升等考試）

第二章　不動產估價作業程序

第一節　估價作業程序

　　曾有一則笑話，一位學生問師父如何成為米開朗基羅之流之雕刻家，師父回答：「簡單，拿一塊大理石，把所有不像大衛的部分削除掉即可。」，不動產估價是以科學為基礎並帶有藝術性質之工作，因此在科學基礎上，即需按照一定程序按步就班進行。這其中又以資料蒐集之市場調查[1]為前置作業之重點，俾掌握勘估標的價格。此正所謂「知己知彼、百戰不殆」。

壹、不動產估價作業程序

　　不動產估價作業程序如下：
1. 確定估價基本事項。
2. 擬定估價計畫。
3. 蒐集資料。
4. 確認勘估標的狀態。
5. 整理、比較、分析資料。
6. 運用估價方法推算勘估標的價格。
7. 決定勘估標的價格。

---

[1] 美國市場協會（American Marketing Association）對市場調查所下定義為：「市場調查乃是蒐集、紀錄及分析所有有關產品的資料及銷售到消費者間所發生之種種問題及事實」。

8. 製作估價報告書。

一、確定估價基本事項

　　確定估價基本事項如下：
1. 勘估標的內容。
2. 價格日期。
3. 價格種類及條件：價格種類為正常價格、限定價格、特定價格或特殊價格。估計租金種類包括正常租金及限定租金。價格條件例如違章建築是否估價、有溫泉為前提之估價條件、或以變更為前提之特定條件等。
4. 估價目的。

　　辦理估價之面積，已辦理登記者，以登記之面積為準；其未辦理登記或以部分面積為估價者，應調查註明之。

二、擬定估價計畫

　　擬定估價計畫包括下列事項：
1. 確定作業步驟。
2. 預估所需時間。
3. 預估所需人力。
4. 預估作業經費。
5. 擬定作業進度表。

三、蒐集資料

　　不動產估價應蒐集之資料如下：
1. 勘估標的之標示、權利、法定用途及使用管制等基本資料。
2. 影響勘估標的價格之一般因素、區域因素及個別因素。
3. 勘估標的相關交易、收益及成本等案例及資料。

※估價實務補充：

壹、不動產估價一般申請及蒐集資料項目如下：

一、地籍、地價等資料：

　　1. 土地登記（簿）謄本。

　　2. 建築改良物登記（簿）謄本。

　　3. 地籍圖謄本。

　　4. 建物測量成果圖或建物平面位置圖。

　　5. 地價證明書。

　　6. 地價冊謄本（登記謄本）。

二、土地使用計畫資料：

　　1. 土地使用分區證明書。

　　2. 土地使用分區套繪圖。

　　3. 都市計畫圖（都市計畫套繪圖）及說明書。

　　4. 區域計畫、國家公園及其它特定計畫管制資料。

三、市場資料：

　　1. 不動產市場供需狀態。

　　2. 不動產之交易或租賃資料。

　　3. 拍定或標脫之資料。

　　4. 其他。

四、社經資料：

　　1. 影響地方發展之計劃。

　　2. 重大交通建設。

　　3. 都市計畫擬訂或變更。

五、其他：

　　1. 航照圖：農林航空測量所。

　　2. 台灣地區基本圖：內政部。

　　3. 輻射屋：原委會、各地政事務所。

　　4. 地質資料：經濟部中央地質調查所。

　　5. 河川、軍事、航空等各項管制資料：經濟部水利署河川局、國防部、民航局。

> 6.耕地三七五租約：各鄉鎮市區公所、各地政事務所。
> 7.建築指示線、建照套繪圖：建管機關。
> 8.等高線模型圖。
>
> 貳、蒐集資料之查證
> 一、掌握：都市計畫圖（使用分區、公共設施用地分佈）、地籍圖（土地面積大小、形狀及地號）、現況圖（鄰地房屋樓層、既成巷道、都市計畫道路）。
> 二、查明所有權型態及有無他項權利設定債務負擔。

（一）蒐集資料來源

蒐集資料得向當事人、四鄰、其他不動產估價師、不動產經紀人員、地政士（土地登記專業代理人）、地政機關、金融機構、公有土地管理機關、司法機關、媒體或有關單位蒐集之。蒐集資料具有層次及步驟上之要求，首先蒐集與不動產價格有關之總體性之資料，其次蒐集買賣實例、收益實例或成本費用案例資料；再針對影響勘估標的價格之一般因素、區域因素及個別因素蒐集。

（二）蒐集比較實例原則

1. 實例之價格屬正常價格、可調整為正常價格或與勘估標的價格種類相同者。
2. 與勘估標的位於同一供需圈之近鄰地區或類似地區者。
3. 與勘估標的使用性質或使用管制相同或相近者。
4. 實例價格形成日期與勘估標的之價格日期接近者。

　　上述第 1 點，因評估價格並不一定為正常價格，例如估特定價格，直接採用特定價格案例加以推算；或估法拍價格，直接採用可調整為正常價格之拍定案例加以推算而不必然以正常價格案例再修正調整。上述 2.3.4 點所謂同一供需圈、使用分區及價格日期相近，即再三強調同一供需圈替代

原則之應用。亦有利於比較法中，情況、價格日期、區域因素及個別因素調整之進行。

四、確認勘估標的狀態

確認勘估標的狀態時，應至現場勘察下列事項：

（一）確認勘估標的之基本資料及權利狀態。

（二）調查勘估標的及比較標的之使用現況。

（三）確認影響價格之各項資料。

（四）作成紀錄及攝製必要之照片或影像檔。視個案實際需要如數位相片、電子圖檔、錄影檔或航照圖等，為估價報告書重要附件參考。

考量委託人未領勘時（如委託人為欲承購者、都市更新實施者等非為勘估標的所有權人之情形），或有無法進入室內勘察之情形，應於估價報告書敘明。

尤其如有租賃情形不會於登記簿登記，但「買賣不破租賃」影響交易甚鉅；另如有佔用或拍賣不點交者，可見調查使用現況之重要。

※估價實務補充：

壹、現況勘查重點：

  1.攜帶地圖、計算機、指北針、比例尺、相機。

  2.四周地界（與鄰地交接是否被侵占、可否通連、是否距離太近影響以後施工發生損鄰事件等）。

  3.道路（標的有無面臨道路、道路寬度、計畫道路是否開闢、現有道路是否為非計畫道路）。

  4.不動產（有無農作物、佔用人、承租人、佃農等）。

  5.坐落位置環境景觀。

貳、現況勘查拍照重點：

  1.勘估標的現況。

2. 臨路狀況。

3. 環境景觀。

4. 足以影響勘估標的價值之特殊項目。

參、不動產標的確認事項：

一、土地：

1. 確定正確位置。

2. 確定土地使用現況。

3. 與鄰地之界址與相鄰關係。

4. 土地地形、地勢。

5. 土地是否為既成道路或有公用通行權。

6. 其他。

二、建物：

1. 有無辦理建物第一次登記。

2. 建築物保養維護情形。

3. 建築物使用現況。

4. 建物實際用途與登記是否相符。

5. 建築物是否拆除重建、增建或與原登記謄本內容不一致。

6. 產權面積與使用面積是否相符。

7. 車位是否有產權登記或僅有使用權。

8. 其他。

肆、不動產標的查證重點：

1. 判定是否為畸零地。

2. 判定是否為法定空地。

3. 是否受其他相關法規限制（如軍事禁建、行水區禁建、飛航高度限建）。

4. 最有效使用情形為何。

五、整理、比較、分析資料

即對以上蒐集及確認之資料做整理比較分析工作。

六、運用估價方法推算勘估標的價格

（一）實務上估價結果有異

一般估價方法有比較法、收益法及成本法三種，理論上若估價時付出極大心力，三種估價結果將一致；惟畢竟三種估價方法出發點不同，實務上將出現不同價格結果。

（二）兼採估價方法

若同一勘估標的由不同估價師，分別以不同估價方法估價結果差異將更大，易造成估價市場紊亂。因此規則明定「從事不動產估價應兼採二種以上估價方法推算勘估標的價格。但因情況特殊不能採取二種以上方法估價者並於估價報告書中敘明者，不在此限。」俾使估價師調整[2]不同估價結果，以決定最適價格。因此估價時應兼採兩種以上估價方法推算勘估標的價格，以避免單一估價方法結果有失偏頗。惟若屬情況特殊如勘估不具市場性勘估標的之特殊價格，因無買賣實例可供比較，不在此限，惟應於估價報告書中敘明。

（三）國際普遍要求

根據國際評價基準，在一個證據健全的市場，成本法可能較不適用；但在缺乏可比較資料時，則成本法較具優勢。某些國家的法令排除或限制某種或三種以外方法的適用，某些國家則明定必須使用三種方法。其中均以替代原則為基礎，在可獲得數個相似或等量商品、財貨或勞務時，價格最

---

[2] 以往國外稱關聯（correlation），目前多用 reconciliation。

低者會吸引最多需求。

七、決定勘估標的價格

（一）決定最終價格考量因素

不動產估價師應就不同估價方法估價所獲得之價格進行綜合比較，就其中金額顯著差異者重新檢討。並視不同價格所蒐集資料可信度及估價種類目的條件差異，考量價格形成因素之相近程度，決定勘估標的價格，並將決定理由詳予敘明。

（二）不動產證券化重視折現現金流量分析

以契約約定租金作為不動產證券化受益證券信託利益分配基礎者，前項決定勘估標的之價格採加權平均計算者，折現現金流量分析之收益價格，應賦予相對較大之權重。但不動產證券化標的進行清算時，不在此限。

上述（一）中之估價種類目的條件差異，舉例而言，如不動產證券化估價目的應偏重折現現金流量分析。因本方法係以實際租金或營運收入計算，而不動產投資信託計畫往往不以短期出售獲取資本利得為目的，故與勘估標的之公平合理交易價值較無關聯；因此上述（二）進一步規範以契約約定租金作為不動產證券化受益證券信託利益分配基礎者[3]，折現現金流量分析之收益價格應賦予相對較大之權重，以符合其實際折現現金流量價值。舉例而言，如一般以三種方法估價原同等重要，權重各為 33.3%，但於不動產證券化估

---

[3] 如不動產投資信託實務上收益率約4%，其既以實際收到之契約租金計算，而折現現金流量分析 DCF 之收益價格又以契約租金估計，自然須重視該價格；且公開說明書多聲稱不以短期處分之資本利得為目的，故與基於出售之比較法比較價格較無關連。惟不動產資產信託個案則較無適用之問題。

價，因強調折現現金流量分析收益價格，權重達 40%，大於其他兩種方法各 30%之權重（權重總合 100%不變），方符合規定。但因應實務上進行清算處分之證券化標的已無後續收益期間，即無須就收益價格賦予較大權重之考量。至於不動產證券化雖採契約約定租金為原則；惟估價時須留意契約約定租金高於市場經濟租金，承租人可能解約，未來契約租金無法實現之風險，並於收益資本化率或折現率予以相對提高。

（三）各國比較

不同價格調整之決定方式，我國與美日比較如下：

國家	方　　　式
日本	由估價師考量價格形成因素之相近程度，原則上就高低價格區間內依相關指標直接決定形成價格。
美國	一、結合定量分析與定性分析，以賦予不同價格加權數之方式（weighted mean analysis）訂定。加權數之賦予則須考量適當性、準確性及證據數量。 二、依估價學會（2008）提及各種估價結果宜加以檢查項目如下： 　1.各種估價方法中資料是否完整，選用、檢討與運用是否當。 　2.有無遵循不動產估價之基本原則。 　3.各項因素之分析及價格調整幅度是否適當。 　4.運用之資料及考慮的各項因素是否有遺漏。 　5.運用之估價方法是否正確。 　6.估價方法之結果是否合理。
我國	採用日本估價師之認定觀念，結合美國加權數之方式以利於估價複審之進行。於地價基準地比較法試算價格之

國家	方式
	計算則採用「價格型態、交易日期接近性、買賣實例是否屬近鄰地區、差異百分率絕對值加總、比較項目修正數」等多項指標之科學方式輔佐判斷。

八、製作估價報告書

貳、不動產估價作業流程圖

```
┌─────────────────────────────┐
│      確定估價基本事項         │
│  1. 勘估標的內容              │
│  2. 價格日期                  │
│  3. 價格種類及條件            │
│  4. 估價目的                  │
└──────────────┬──────────────┘
               ↓
┌─────────────────────────────┐
│       擬定估價計畫            │
│  1. 確定作業步驟。            │
│  2. 預估所需時間。            │
│  3. 預估所需人力。            │
│  4. 預估作業經費。            │
│  5. 擬定作業進度表。          │
└──────────────┬──────────────┘
               ↓
┌─────────────────────────────┐
│         蒐集資料              │
│  1. 標示權利法定用途及使用管制│
│  2. 影響因素(一般、區域、個別)│
│  3. 相關交易、收益及成本資料  │
└──────────────┬──────────────┘
               ↓
┌─────────────────────────────┐
│      確認勘估標的狀態         │
│  1. 確認基本資料權利狀態      │
│  2. 調查使用現況              │
│  3. 確認影響價格資料          │
│  4. 紀錄及攝製照片或影像檔    │
└──────────────┬──────────────┘
               ↓
    ┌──────────────────────┐
    │  整理、比較、分析資料  │
    └──────────┬───────────┘
               ↓
    ┌──────────────────────────┐
    │ 運用估價方法推算勘估標的價格│
    └──┬─────────┬──────────┬──┘
       ↓         ↓          ↓
┌──────────┐┌──────────────┐┌──────────────┐
│ 比較法： ││ 收益法：直接  ││ 成本法：成本 │
│ 比較價格 ││ 資本化折現現金││ 價格 土地開發│
│          ││ 流量分析收益價││ 分析價格     │
└────┬─────┘└──────┬───────┘└──────┬───────┘
     └─────────────┼───────────────┘
                   ↓
        ┌──────────────────────┐
        │   決定勘估標的價格     │
        └──────────┬───────────┘
                   ↓
        ┌──────────────────────┐
        │     製作估價報告書     │
        └──────────────────────┘
```

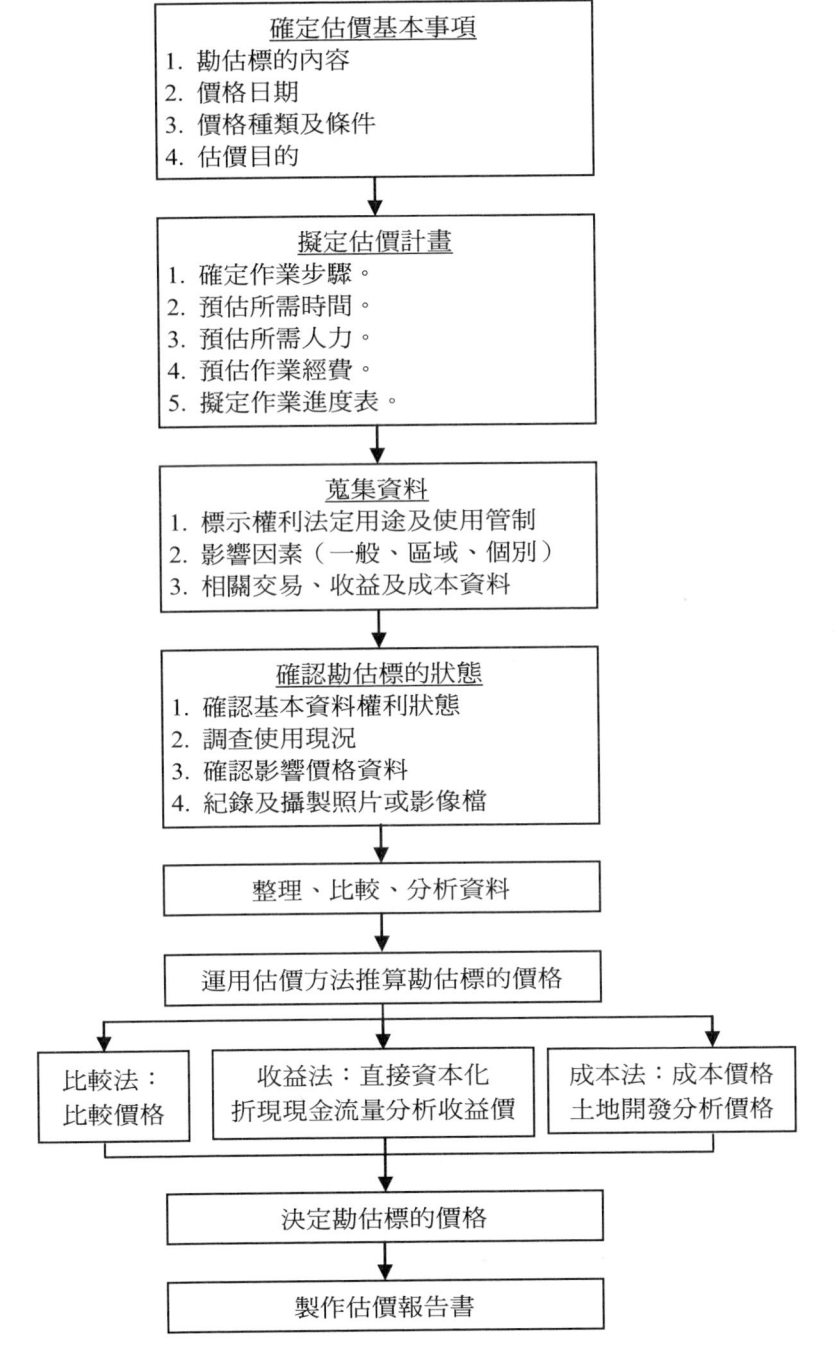

第二節　估價報告書

壹、估價報告書種類

美國估價協會規定報告書格式有三種：敘述式（self-contained）、摘要式（summary）、限制式估價報告書（restricted appraisal report）。「敘述式」即一般所稱之自由式或開放式，對估價報告事項予以充分描述；「摘要式」則對敘述式中之重點摘要陳述，如不動產證券化估價報告除敘述式外，於公開說明書揭露者即為摘要式；至「限制式」則有使用上的限制，會註明若無估價師作業檔案，無法被適當地了解。此外，以往習慣尚有開放式、限制式、混合式及書信式[4]之分，其優缺點比較如下：

種類	開放式（敘述式、自由式）	限制式（表格式、定型式）	混合式	書信式
特色	無任何特定樣式予以拘束，任由估價人員之自由觀察判斷作成。	根據一定樣式作成，估價人員無法自由裁量取捨。	兼取開放式估價報告書、限制式估價報告書之格式。	僅重視估價結果，不詳述估價過程。
優點	利於估價師發揮	應記載事項不易遺漏	兼具前二者優點	簡單扼要
缺點	主觀陳述易遺漏部分事項	不利估價師發揮		分析過程不夠仔細

---

[4] 一般估價報告書於首頁即為書信式，如本書附錄不動產證券化報告書範本。

貳、估價報告書應載事項

一、應載明事項

估價報告書，應載明事項如下：
(一) 委託人。
(二) 勘估標的之基本資料。
(三) 價格日期及勘察日期。
(四) 價格種類。
(五) 估價條件。
(六) 估價目的。
(七) 估價金額。
(八) 勘估標的之所有權、他項權利及其他負擔。
(九) 勘估標的使用現況。
(十) 勘估標的法定使用管制或其他管制事項。
(十一) 價格形成之主要因素分析。
(十二) 估價所運用之方法與其估算過程及價格決定之理由。
(十三) 依本規則規定須敘明之情況。
(十四) 其他與估價相關之必要事項。
(十五) 不動產估價師姓名及其證照字號。

因行政執行或強制執行委託估價案件，其報告書格式及應附必要之圖說資料，依其相關規定辦理，不受上述之限制。

第（十四）款依不動產估價技術規則規定須敘明之情況，整理如下表：

條次	估價報告書應敘明要旨
第 6 條	特定價格估價者，應敘明其估價條件。
第 7 條	未辦理登記或以部分面積為估價者，應調查註明之。
第 14 條	不能採取二種以上方法估價者應於估價報告書中敘明。

第 15 條	決定勘估標的價格將決定理由詳予敘明。
第 22 條第 2 項	查證蒐集之比較標的確有困難之事項部分，應於估價報告書中敘明。
第 24 條	價格調整以百分率法為原則，並得以差額法調整，惟應於估價報告書中敘明。
第 25 條	勘估標的性質特殊或區位特殊缺乏市場交易資料，並於估價報告書中敘明者，價格調整率不受百分之十五，或總調整率百分之三十之限制。
第 27 條	試算價格決定勘估標的之比較價格，將比較修正內容敘明。
第 33 條第 2 項	以不動產證券化為估價目的，採折現現金流量分析估價時，因情況特殊不宜採契約租金估價，並於估價報告書中敘明者，不在此限。
第 35 條第 2 項	蒐集最近三年間之資料有困難時，應於估價報告書中敘明。
第 43 條第 2 項	收益資本化率或折現率之決定如有採取其他方法計算之必要時，應於估價報告書中敘明。
第 64 條	因特殊狀況致土地或建物投資無法產生相對正常報酬之成本，於成本估價時得不予計入或於折舊中扣除，並應於估價報告書中敘明。
第 68 條第 2 項	觀察維修及整建情形，推估建物之賸餘經濟耐用年數，加計已經歷年數，求算耐用年數，並於估價報告書中敘明。
第 69 條第 2 項	土地成本價格之求取如有困難，得以比較法或收益法計算之，並於估價報告書中敘明。
第 79 條	勘估標的資本利息負擔特殊，或土地取得未立即營造施工者，資本利息綜合利率得再就前項規定之二分之一部分調整計算，並於估價報告書中敘明。
第 102 條	以實際建築使用合法部分之現況估價，並敘明法定容積對估值之影響。

| 第 105 條 | 以現行土地使用分區管制允許之建物用途估價，並就其與建物法定用途估價之差額於估價報告書中敘明。 |

二、其他應注意事項

（一）為使不動產估價師對估價報告書內容負完全責任[5]，估價報告書應由不動產估價師簽名或蓋章後交付委託人。

（二）為使估價報告書內容詳細充實，具有說服力，除列舉其應載事項外，並明定應檢附之必要圖說資料，以資佐證。

（三）「估價報告書之事實描述應真實確切，其用語應明確肯定，如有難以確定之事項應在估價報告書中說明其可能影響勘估標的權利或價值之情形。」估價報告書內容關係當事人權益甚鉅，用語應明確肯定，避免模稜兩可或易生誤解之文字。

（四）因應個資法施行，雖比較標的地號或地址屬個人資料，估價師經實價登錄查詢網調查並分析應用，仍符合不動產服務之特定目的；惟報告書表對外提供時，揭示明確標示資訊恐逾越特定目的之必要範圍，有違反比例原則之虞，請留意。

---

[5] 估價報告書屬不動產估價師業務上所掌之文書，故估價報告書之製作必須適法，且須符合事實。符合事實可分為客觀事實之描述及主觀事實之確認，不動產估價師若以不違善良管理人之注意義務情形、不違公共及當事人之利益，即可認為符合主觀事實，否則估價報告書內容被期待真實性要求落空，此種無形偽造估價報告書，將與冒名簽章之有形偽造估價報告書，同樣有受到刑法第 215 條登載不實事項於業務上文書罪之虞。

◆考古題◆

1. 不動產估價師以新建高層住宅大廈逐漸取代老舊公寓住宅的市場資訊，推估穩定社區小型公寓住宅的價值。如果你是金融機構授信人員，是否接受此估價報告書？請就不動產估價相關之原則，說明接受或拒絕之理由。（98年估價師）

2. 不動產價值建立於財產權的範圍，因此不動產權的查證為估價的重要工作之一，請說明不動產估價師於進行查估前應確定那些基本權利資料？（97年估價師）

3. 何謂「近鄰地區」？何謂「類似地區」？當勘估標的「A」距離高鐵車站 100 公尺，比較標的「B」距離高鐵車站 1200 公尺，甲不動產估價師認為 A 與 B 均同屬「近鄰地區」，而乙不動產估價師認為 B 為「類似地區」，請問兩人在撰寫報告時，如何就「高鐵車站」之關係，於區域因素分析及區域、個別因素之調整方面有何不同之內容？（96年估價師）

4. 試說明運用不同估價方法進行不動產價值評估時，應如何對所求出之不同價格進行調整，以決定勘估標的價格？（93年估價師）

5. 估價人員從開始受託一不動產估價案件，至其完成估價報告書，整個進行程序為何？試說明之。（89年高）

6. 估價報告書之格式有幾種，並請比較其優缺點。（84年乙特）

7. 請問不動產估價報告書應涵蓋的內容為何？（92年經紀人）

8. 試申述進行不動產估價時，何以要把握與分析價格形成之因素？（91年經紀人）

⊙提示：不動產價格影響因素有三；決定勘估標的價格需把握價格形成因素；估價報告書需敘明價格因素分析。

第三章　不動產估價方法

> ※進階觀念
> 國外文獻認為估價最初在於創立三分法（trichotomies）：三種財產分類（投資性、市場性及服務性）及三種價值（投資、市場及自有）。勘估標的如商品化具市場性產品，即應用比較法為主；如屬投資之收益性產品，應用收益法為主；否則對於限定市場或特殊目的之財產即仰賴成本法。
> IVSC（2007）認為當市場資料充足時，市場比較法是估計價值最直接及最具系統之方法。所謂最信賴是否代表最終僅選一種方法估值？對此不免忽略關聯之意，更誤認三種方法之一得單獨完成而不需將所有因子整合。此外，對於以收益法反映投資者投資價值、成本法及比較法分別反映使用者及買方價值之論點，亦有學者辯稱投資者難道不是買方？難道買方就不可能是投資者？難道使用者不是對空間投資？以上見解顯示三種方法估值形成具有關聯（correlation）。

第一節　比較法

壹、前言

俗語說：「貨比三家不吃虧」。如欲購買任何商品，通常會比較那一家較便宜，而不動產交易金額龐大，更需多方慎重比較。一般商品要比較價格並不困難，因為商品都有標價或可詢問價錢，惟不動產並無如一般商品之店頭市場，在此情況下要進行比較，實須具備相當估價技術。因此與比較標

的進行比較，以決定勘估標的價格所運用的方法即為比較法，其前提條件是需有買賣實例，且是可比較之比較標的。

比較法即慣稱之買賣實例比較法（Sales Comparison Approach）或市價（市場）比較法（Market Approach）；惟透過比較標的推估勘估標的之比較概念，於收益法及成本法亦須應用，故以比較法之用詞於應用上較不會受限。

比較法之基本原理為效用功能可互相替代的物品，其價格會互相影響，故如 X、Y 二件物品，效用功能相同或相近，而 X 較 Y 貴，則消費者必選擇 Y，使得 X 之需求減少價格下跌，Y 之需求增加價格上漲，最終使得二者價格將趨於一致。此即"兩件商品價格一樣，效用高的優先被選擇；兩件商品效用一樣，價格低的優先被選擇"之驗證。故以比較法來估價時，比較標的與勘估標的之間，必需能產生替代作用方能進行比較。例如高雄與台北的住宅彼此不能互相替代，故高雄與台北之房地產價格會有很大差距存在，而農地價格亦無法比較求取住宅價格。故進行比較需先掌握同一供需圈之替代原則、競爭原則及供需原則。再考量均衡原則、適合原則、最有效使用及變動等原則。

貳、比較法定義及估價程序

一、比較法定義

指以比較標的價格為基礎，經比較、分析及調整等，以推算勘估標的價格之方法。依比較法所求得之價格稱為比較價格。

比較標的之買賣實例價格，於比較推算勘估標的價格時。因不動產之異質性，比較標的之情況、價格日期、區域因素及個別因素與勘估標的將有所不同，價格自然有差異，

因此所得到之買賣實例價格後，即需經過各項調整工作，方能求得勘估標的之價格。

二、比較法估價程序

比較法估價程序如下：
（一）蒐集並查證比較標的相關資料。
（二）選擇與勘估標的條件相同或相似之比較標的。
（三）對比較標的價格進行情況調整及價格日期調整。
（四）比較、分析勘估標的與比較標的間之區域因素及個別因素之差異，並求取其調整率或調整額。
（五）計算勘估標的之試算價格。
（六）決定勘估標的之比較價格。

三、比較標的查證確認項目

所蒐集之比較標的，應就下列事項詳予查證確認：
1. 交易價格及各項費用之負擔方式：如土地增值稅是否為賣方負擔、出售後回租、給予特殊優惠價格等。
2. 交易條件；有特殊付款方式者，其方式：如售後租回、延後分期付款等。
3. 比較標的狀況：如比較標的是否有輻射屋、海砂屋、凶宅等狀況。
4. 交易日期：價格日期或租金形成日期。

前項查證確有困難之事項，應於估價報告書中敘明。

在選擇與勘估標的條件相同或相似之比較標的之後，即需進行情況調整、價格日期調整、區域因素調整及個別因素調整，分述如下。

四、比較調整項目

（一）情況調整

1. 定義：比較標的之價格形成條件中有非屬於一般正常情形而影響價格時，或有其他足以改變比較標的價格之情況存在時，就該影響部分所作之調整。

2. 舉例：比較標的如有下列情況，應先作適當之調整；如該影響交易價格之情況無法有效掌握及量化調整時，應不予採用：

(1).急買急賣或急出租急承租。
(2).期待因素影響之交易。
(3).受債權債務關係影響之交易。
(4).親友關係人間之交易。
(5).畸零地或有合併使用之交易。
(6).地上物處理有糾紛之交易。
(7).拍賣（包括法拍等各種拍賣）。
(8).公有不動產標售、讓售。
(9).受迷信影響之交易。
(10).包含公共設施用地之交易。
(11).人為哄抬之交易。
(12).與法定用途不符之交易（如農業區開設違建工廠）。
(13).其他。

比較標的若有上述情況，除了畸零地或有合併使用之交易外，均非屬限定價格，而係可調整為正常價格之價格，或具有估價條件下之正常價格。另舉例而言，如不確定性過高之期待因素影響之交易，可能即構成特定價格。另比較標的如採待售案例，所需進行之議價空間調整，立法意旨係以上述「(13).其他」為之。

（二）價格日期調整：

1. 定義：比較標的之交易日期與勘估標的之價格日期因時間之差異，致價格水準發生變動，應以適當之變動率或變動金額，將比較標的價格調整為勘估標的價格日期之價格。

2. 實務做法：美國因交易紀錄詳實，通常以同一標的之歷次成交紀錄作為調整依據，如：

前次價（2年前）＝10萬/坪、當次價＝12.4萬/坪

則月調整率＝(12.4-10) / 10(前次價) / 2(年) / 12(月)＝1%

我國則有將土地以地價指數或物價指數、建物以營造工程物價指數進行調整。房屋價格指數可參考台北市政府及內政部發布之官方版本，民間如國泰建設、信義、永慶、台灣房屋皆有發布相關指數資訊可供參考。實務上亦有估價師自行視景氣波動決定調整率，如日本亦普遍有類似處理模式。

（三）區域因素調整：

所選用之比較標的與勘估標的不在同一近鄰地區[1]內時，為將比較標的之價格轉化為與勘估標的同一近鄰地區內之價格水準，而以比較標的之區域價格水準為基礎，就區域因素不同所產生之價格差異，逐項進行之分析及調整。

（四）個別因素調整：

以比較標的之價格為基礎，就比較標的與勘估標的因個別因素不同所產生之價格差異，逐項進行之分析及調整。

如新成屋比中古屋貴，即受其個別因素影響。有關實務上個別因素調整細項，以土地徵收市價查估個別因素為例如下表：

---

[1] 狹義的近鄰地區接近鄰里單元（neighborhood unit）概念，為都市結構組成之基本單位，為一整體有計畫之區域，居民能享受便利之公共服務與設施。

主要項目	細項	最大影響範圍(%)				
		住宅用地	商業用地	工業用地	農業用地	其他用地
1.宗地條件	7.面積	10	10	10	10	10
	8.寬度	5	10	5	5	5
	9.深度	5	5	5	5	5
	10.形狀	10	10	10	10	10
	11.臨街情形	30	30	20	5	15
	12.地勢	10	10	10	10	10
2.道路條件	13.道路種類	5	5	5	-	5
	14.面前道路寬度	15	20	15	10	15
3.接近條件	15.接近學校之程度	10	10	-	-	10
	16.接近市場之程度	10	10	10	10	10
	17.接近公園、廣場之程度	15	10	-	-	10
	18.接近車站之程度	20	20	15	10	15
	19.接近商圈之程度	15	20	-	-	15
4.周邊環境條件	20.嫌惡設施	10	10	10	10	10
	21.停車方便性	5	15	5	-	5
5.行政條件	22.使用分區或編定用地	15	15	15	10	10
	23.建蔽率	10	10	10	-	10
	24.容積率	50	50	30	-	30
	25.有無禁限建	50	50	50	-	50
6.其他		15	15	15	15	15

其餘請參考本書附錄不動產證券化估價報告書範本及地價基準地應用書表。

※高考進階補充：
IVS（2007）對比較因素（Elements of comparison）界定可以解釋價格變動的財產與交易之特殊特徵，IVS 所列比較因素如下：
1. 轉讓的財產權權利：交易價格依轉讓之財產權益為判斷。
2. 融資項目：交易中融資安排的類型與情況。
3. 出售條件：如因宗地有聚集或合併價值而使買方支付較高價格；因賣方急售，交易關係人間有財務、商業或家族關係，非正常稅負考量，缺乏開放市場的財產揭露，或預期訴訟過程漫長等可能使支付價格較低。
4. 購買後立即支出：為購買財產必需發生的費用，且為具充分知識買方經協商而為購買價格者。例如修繕或替換結構成本、改正環境污染成本，或使用分區改變容許開發成本。
5. 市場情況：影響市場情況的因素，如財產價值暴增暴跌、稅法改變、限制或中止建築、供需波動等。
6. 區位：極端的區位差異表示該交易案例為不可比較，應予排除。
7. 物理性特徵：如財產面積、結構品質及實體情況等屬性。
8. 經濟特徵：收益、營運費用、租賃條款、管理、租用混合等特性，可用以分析收益型財產。
9. 使用：使用分區管制及其他管制或限制會影響財產使用。如比較與勘估標的目前使用與最有效使用間有差異，其對價值的影響應予考量。
10. 出售中非實質財產的要素部分：動產、商業利益與其他非構成實質財產的項目，可能包含在所估交易價格或所有權利益中，此部分應與實質財產分開。如旅館或飯店之傢俱、附著物與設備（FF&E）等動產。

此外，比較法須先敲定比較單位（unit of comparison），如大樓（元／坪）、透天（元／棟）、飯店房租（元／晚）、廠房產值、農業產值等。

五、價格差異調整方法

價格差異調整，一般有以下三種方法：

（一）百分率法

將影響勘估標的與比較標的價格差異之區域因素及個別因素逐項比較，並依優劣程度或高低等級所評定之差異百分率進行價格調整之方法。

（二）差額法

指將影響勘估標的與比較標的價格差異之區域因素及個別因素逐項比較，並依優劣程度或高低等級所評定之差額進行價格調整之方法。優劣程度基本為三級：優、普通、劣，並以高低等級細分，如分為五級為：優、稍優、普通、稍劣、劣。

（三）計量模型分析法

1. 定義：蒐集相當數量具代表性之比較標的，透過計量模型分析，求出各主要影響價格因素與比較標的價格兩者之關係式，以推算各主要影響價格因素之調整率及調整額之方法。

2. 種類：計量模型分析法包括迴歸分析法、類神經網路、線性結構關係模型等方法。利用計量模型，通常需輔以多變量統計分析，以處理共線性問題。

3. 要件：應用前條計量模型分析法應符合下列條件：

(1)須蒐集應用計量模型分析關係式自變數個數五倍以上之比較標的。

(2)計量模型分析採迴歸分析者，其調整後判定係數不得低於零點七。

(3)截距項以外其他各主要影響價格因素之係數估計值同時為零之顯著機率不得大於百分之五。

如以下複迴歸模型顯示不動產價格 Y 與不同影響因素 X_1、X_2、…、X_n 之關係如下：

$Y = b_0 + b_1 X_1 + b_2 X_2 + \cdots + b_n X_n + \varepsilon$

其中 Y：不動產價格（應變數）

X_1、X_2、…X_n：影響不動產價格之各項因素（自變數）

b_0：常數項；b_1、b_2、…b_n：迴歸係數

欲求取一勘估標的價格，將此標的各影響因素 X_1、X_2、…X_n 代入迴歸模型即可求出 Y。惟此種電腦輔助大量估價（Computer Assisted Mass Appraisal）及自動估價系統（Autom-ated Valuation Models system, AVMs）通常用於大量估價，與估價師個案精密估價仍有差別，故估價師尚不宜以此法逕決定價格，而是藉以推估比較項目中之調整率及調整額。美加地區對於財產稅估價多採 CAMA 及 AVM，筆者亦參與兩次國際估價官協會 IAAO 國際研討會深入交流。

上述截距項以外其他各主要影響價格因素之迴歸係數估計值同時為零之顯著機率不得大於 0.05，因一般統計上要求之信賴區間為 95%。如統計檢定，若 $b_1=b_2=\ldots=b_n=0$ 之顯著機率不大於 $\alpha=5\%$ 則能拒絕 $b_1=b_2=\ldots=b_n=0$ 之虛無假設。迴歸分析法認為不動產價格是由一群「特徵」（如區位、景觀、公共設施、環境等）的組合，為 1966 年 Lancaster 所創。

※高考進階補充：

為建立客觀化調整百分率依據，內政部曾委託「建立不動產估價影響因素調整分析模式查詢及應用系統」，其中就高雄市住宅區以總價取對數，建立複迴歸分析半對數模型如下：

變數名稱	係數值	t 值	顯著性	VIF
（常數）	9.33	102.41	-	-
96 年	0.06	6.49	***	1.47
97 年	0.17	18.24	***	1.46
98 年	0.19	19.44	***	1.56
99 年	0.23	19.02	***	1.34
路寬	0.01	15.25	***	1.20
臨街地	0.26	37.47	***	1.12
路角地	0.28	10.23	***	1.08
LN 土地移轉面積	0.05	4.90	***	1.15
LN 容積率	0.15	10.41	***	1.30
與火車站最短距離	-0.0001	-56.80	***	1.67
與捷運站反距	0.00001	15.84	***	1.12
與高鐵站反距	0.0006	18.32	***	1.04
與百貨購物中心反距	0.0002	11.26	***	1.11
與醫療設施反距	0.0001	13.97	***	1.50
與垃圾污水廠反距	0.0001	-5.72	***	1.05
中價區	0.25	28.98	***	1.63
高價區	0.48	57.68	***	1.60
Adj. R^2		0.691	F 值	874.74

　　如各變數膨脹係數（variance inflation factor, VIF）小於 10 無共線性情形、t 值符合顯著性，即可以係數值解讀影響因素程度。

六、價格調整原則

比較、分析勘估標的與比較標的之區域因素及個別因素差異並就其中差異進行價格調整時，其調整以百分率法為原則，亦得以差額法調整，並應於估價報告書中敘明。

> ※高考進階補充
> (一) 定量分析與定性分析之意義
> 參考美國估價學會（Appraisal institute）出版內容如下：
> 1. 定量分析修正（quantitative analysis）：無論以百分率法或差額法進行價格調整，此調整修正須應用定量分析修正如下：
>   (1) 資料分析技術（data analysis technique）：包括對偶資料分析（paired data analysis）、分組資料分析（grouped data analysis）
>   (2) 統計分析（statistical analysis）：包括圖形分析（graphic analysis）、情境分析（scenario analysis）
>   (3) 成本相關調整（cost related adjustments）：包括修復成本（cost-to-cure）、折舊成本（depreciated cost）
> 2. 定性分析（qualitative analysis）：係綜合勘估標的與比較標的需調整之各項因素及特性之優劣程度或高低等級，於相對比較分析中，藉由高於及低於勘估標的之價格區間範圍內，評估勘估標的適當價格之分析方法。定性分析方法包括相對比較分析（relative comparison analysis）、趨勢分析（trend analysis）、排序分析（ranking analysis）、個人訪談（personal interview）等。
> (二) 定性分析之應用- bracketing 技術
> 如下表所示，比較標的 A.B.C.D.E 之試算價格單價與勘估標的整體比較，以定量及定性分析評估勘估標的適當價格如下：

比較標的整體比較	試算價格單價（萬元/坪）	表示方法一		表示方法二	
		定性等級（條件相似個數）	（萬元/坪）×定性等級	定性等級（條件相似比重）	（萬元/坪）×定性等級
B 較優	35	2	70	13%	4.7
A 較優	34	3	102	20%	6.8
D 較優	32	4	128	27%	8.5
勘估標的					
E 較差	30	5	150	33%	10.0
C 較差	28	1	28	7%	1.9
總計：		15	478	100%	31.9
勘估標的價格：		478/15＝31.9（萬元/坪）		4.7＋6.8＋8.5＋10.0＋1.9＝31.9（萬元/坪）	

七、試算價格

（一）定義：比較法所蒐集之比較標的，經過情況調整、價格日期調整、區域因素調整及個別因素調整後所獲得之價格。

（二）原理：因比較法要求應蒐集三件以上比較標的，故有三個試算價格，為使其與比較法最終決定之比較價格有所區別，估價上將之稱為試算價格。

※估價師高考層級進階補充：

試算價格如下式表示：試算價格＝比較標的價格×（1±情況調整率）×（1±價格日期調整率）×（1±區域因素調整率）×（1±個別因素調整率）。

一般估價習慣於比較調整時，皆以比較標的為基準、勘估標的為主體，計算試算價格如下：

勘估標的試算價格＝比較標的價格×$\dfrac{\text{正常交易情況}}{\text{比較標的交易情況}}$×$\dfrac{\text{估價當時地價水準}}{\text{交易當時地價水準}}$

×$\dfrac{\text{勘估標的區域因素}}{\text{比較標的區域因素}}$×$\dfrac{\text{勘估標的個別因素}}{\text{比較標的個別因素}}$

＝比較標的價格×$\dfrac{100}{(\ \ )}$×$\dfrac{(\ \ )}{100}$×$\dfrac{(\ \ )}{100}$×$\dfrac{(\ \ )}{100}$

另依據日本慣用之演算程式則為：

勘估標的試算價格＝比較標的價格×$\dfrac{\text{正常交易情況}}{\text{比較標的交易情況}}$×$\dfrac{\text{估價當時地價水準}}{\text{交易當時地價水準}}$

×$\dfrac{\text{標準情況價格比}}{\text{實際情況價格比}}$×$\dfrac{\text{勘估標的區域因素}}{\text{比較標的區域因素}}$×$\dfrac{\text{勘估標的個別因素}}{\text{標準地個別因素}}$

＝比較標的價格×$\dfrac{100}{(\ \ )}$×$\dfrac{(\ \ )}{100}$×$\dfrac{100}{(\ \ )}$×$\dfrac{100}{(\ \ )}$×$\dfrac{(\ \ )}{100}$

日本演算程式，簡言之，即將比較標的進行情況調整、價格日期調整、標準化調整、區域因素調整、個別因素調整。此乃因日本有標準宗地（基準地）制度，故多「標準化調整（補正）」乙項。

八、排除適用之條件

「試算價格之調整運算過程中，1.『區域因素調整、個別因素調整』或區域因素及個別因素內之 2.『任一單獨項目』之價格調整率大於百分之十五，或 3.情況、價格日期、區域因素及個別因素調整『總調整率』大於百分之三十時，則判定該比較標的與勘估標的之差異過大，應排除該比較標的之適用。但勘估標的性質特殊或區位特殊缺乏市場交易資料，並於估價報告書中敘明者，不在此限。」除了情況及價格日期調整外，試算價格之調整運算過程中，任一單獨項目之價格調整率大於 15%，或比較標的「各細項調整率相加」後之「各項調整率相乘」結果，致總價值差異大於勘估標的

30%時,則判定該比較標的與勘估標的差異過大,應排除該比較標的之適用。以貫徹比較標的同一供需圈之替代原則。但勘估標的性質特殊或區位特殊缺乏市場交易資料者,如大面積的山坡地、工業地,或地形不佳、狹長、畸形等特殊性,因市場交易資料缺乏。在無法蒐集替代性標的下,調整過大在所難免,則應於估價報告書中敘明後方可採用。

參、決定比較價格

一、試算價格再檢討

「經比較調整後求得之勘估標的試算價格,應就價格偏高或偏低者重新檢討,經檢討確認適當合理者,始得做為決定比較價格之基礎,如檢討後試算價格之間差距仍達百分之二十以上者,應排除該試算價格之適用。前項所稱百分之二十以上,指高低價格之差除以高低價格平均值達百分之二十[2]以上者。」如試算價格 A 為 12 萬、B 為 8 萬、C 為 10 萬,AB 差距(12－8)／[(12＋8)／2]＝40%、AC 差距(12－10)／[(12＋10)／2]＝18%、BC 差距(10－8)／[(10＋8)／2]＝22%,經以上綜合判斷,即需檢討或排除調整偏高 A 或偏低 B 試算價格,如排除則須另尋案例推估符合規定之試算價格,直到兩兩間皆符合規定。

二、採用三件以上比較標的

「不動產估價師應採用三件以上比較標的,就其經前條推估檢討後之勘估標的試算價格,考量各比較標的蒐集資料可信度、各比較標的與勘估標的價格形成因素之相近程度,決定勘估標的之比較價格,並將比較修正內容敘明之。」以

---

[2] 美國各種試算價格差距 10%為經驗值,超過即須重新檢討。

避免只用一兩個試算價格即決定比較價格之失之偏頗。國內外實務上多以加權平均方式為之。

肆、實務演練

例 1：

欲就一宗素地進行估價，經蒐集同一供需圈三個比較標的，試估計勘估標的比較價格。

(1). 比較標的 A：交易單價每坪 50 萬元，屬員工價，便宜一般市價 1 成，位於類似地區，區域條件較勘估標的佳 5%，個別條件較勘估標的差 8%，成交日期至價格日期地價下跌 2%。

(2). 比較標的 B：交易單價每坪 42 萬元，屬正常價格，位於近鄰地區，勘估標的個別條件較比較標的佳 3%，成交日期至價格日期地價上漲 6%。

(3). 比較標的 C：交易單價每坪 54 萬元，屬正常價格，位於類似地區，勘估標的區域條件較比較標的差 4%，比較標的個別條件較勘估標的差 2%，成交日期至價格日期地價上漲 3%。

解答：試算價格 A$=50\times\dfrac{100}{90}\times\dfrac{98}{100}\times\dfrac{100}{105}\times\dfrac{100}{92}$ =56.4

試算價格 B$=42\times\dfrac{100}{100}\times\dfrac{106}{100}\times\dfrac{100}{100}\times\dfrac{103}{100}$ =45.9

試算價格 C$=54\times\dfrac{100}{100}\times\dfrac{103}{100}\times\dfrac{96}{100}\times\dfrac{100}{98}$ =54.5

考量三個比較標的與勘估標的的條件相近程度，決定比較價格為 52 萬元/坪。（但須先解決試算價格間差距達 20%問題）

註：需注意如單獨項目之價格調整率大於 15%，或總調整率大於 30%需排除適用。

例2：

今欲對勘估標的甲進行估價，並蒐集比較標的 A、B、C 以比較法估價，將比較標的 A、B、C 各主要影響價格因素項目與勘估標的甲逐項進行比較求取調整率如下：

勘估標的調整項目		比較標的 A 10 萬／坪	比較標的 B 12 萬／坪	比較標的 C 11 萬／坪
因素	個別項目			
情況調整		＋1 萬／坪	略	略
價格日期調整		-2%	略	略
區域因素調整	交通運輸	3%	略	略
	公共建設	10%	略	略
	發展趨勢	-8%	略	略
	生活機能	3%	略	略
	小計	8%	略	略
個別因素調整	使用管制現況	2%	略	略
	面積形狀	4%	略	略
	建物條件	-1%	略	略
	小計	5%	略	略

故比較標的 A 試算價格＝(10＋1)×98/100×108/100×105/100＝12.22（萬／坪）。（尚需配合試算價格 B.C 決定勘估標的甲之比較價格）

◆考古題◆

1. 影響不動產價格的區域因素分析中，其主要內容與地理範圍為何？在進行不動產估價時，上述分析如何與不動產估價方法相結合？（108 年估價師理論）
2. 比較法估價所蒐集之比較標的，應就那些事項詳予查證確認？於試算價格之調整運算過程中，對價格調整率的

限制為何？經比較調整後所求得之勘估標的試算價格，應作那些檢討？（107年估價師理論）

3. 於運用比較法進行區域因素及個別因素修正時，有關比較調整價格之定性分析與定量分析之內容與價格調整方法為何？請詳予論述之。（102年估價師）

4. 請針對自用市場、販賣用市場及投資用市場的不同特徵，建議合適的不動產估價方式，並說明其考量原因；同時，請以現金流量法公式說明總投資期程為20年之不動產投資標的，已知未來10年的預測收益，同時計入10年（不含）以上之不可預測收益時之計算方式。（102年高考）

5. 不動產估價技術規則規定有那三種主要估價方法？試說明之，並敘述其估價之程序。（101年經紀人）

6. 替代原則為三大估價法（成本法、比較法與收益法）之基礎，試說明該原則於三大估價法運用時之基本考量，以及實務上如何觀察並掌握不動產相互間的替代性？（100年經紀人）

7. 請說明市場比較法中比較案例選取的基本原則？如何決定應該選取幾個比較案例？（97年高考）

8. 請問為何迴歸分析可以用來估算不動產價格？採用迴歸分析時，所使用的不動產資料應該滿足那些條件？（97年高考）

9. 請說明運用比較法進行不動產估價時，應調整的項目有那些？又目前不動產估價技術規則針對這些價格調整值有何規範？（96年經紀人）

10. 運用比較標的價格為基礎，經比較、分析及調整，以推算勘估不動產價格時，應就價格形成條件中非屬於一般正常情形而影響價格時之情況，進行調整。試申述有那些交易狀況屬特殊情況，需進行調整甚至不予採用？

（95 年估價師）

11. 何謂「區域分析」？何謂「區域因素調整」？說明兩者與「近鄰地區」、「類似地區」間之關係。（94 年估價師特）

12. 何謂土地「自然供給」？何謂土地「經濟供給」？又何謂土地「計劃供給」？請以農地可否變更為住宅建地使用為例，說明這些供給與估價之一般因素、區域因素與個別因素之分析以及與因素之調整關係。（96 年估價師）
【第 1 小題屬土地經濟學範疇】

13. 何謂買賣實例比較法？運用比較法估價之程序為何？並請說明其中有關價格調整率的限制為何？（93 年高考）

14. 何以不動產估價工作上須進行鄰里分析？並請論述可能影響不動產價值之鄰里因素。（92 年估價師）

15. 請述明採用市場比較法（買賣實例比較法）進行估價的理論基礎，並論述須考量的比較項目有那些？（92 年估價師）

16. 試說明運用市價比較法進行不動產估價之要領為何？（91 年估價師特）

17. 運用比較法進行區域因素及個別因素修正時，需先逐項比較以判定修正率。請就定量分析與定性分析說明如何掌握修正率。（91 年估價師）

18. 請問以買賣實例比較法評估不動產價格時，應進行那些修正？如何修正？（88 年經紀人）

第二節　成本法

第一部分　建物及土地成本價格

壹、前言

一、觀念引導

　　成本法（Cost Approach）又稱原價法或積算法，成本價格又稱積算價格。不同於比較法與收益法需有比較或收益實例為基礎，成本法則就勘估標的本身，複製重建求取不動產之成本價格；此成本價格因含有開發或建築利潤，故雖名為成本價格，卻非傳統成本價無利潤之觀念，可作為勘估標的價格之估計值。此處複製重建並非求當初建築之原價，而係於價格日期當時重建之成本。當然所估建物可能已經歷多年，故所欲求取之成本價格，需先扣除經歷期間之累積折舊額。另需強調的觀念，建物雖以成本法為估價原則，惟成本法並非建物專屬估價方法，土地估價亦可採成本法估價，如對新近開發改良之土地，若能估算開發改良所投施成本，則亦可採成本法計算。

二、估價原則理論基礎

　　本法理論基礎在於消費者不會支付超過勘估標的的等效資產購置或重建之成本。成本法建立了市場對一財產新建時支付價格的上限。對一舊的財產，對不同型態累積折舊（物理性損壞、功能或技術性退化、經濟或外部性退化）額度加以扣除，以估計近似市場價格。

1. 替代原則：成本法重建或重置成本之求取，需以同一供需圈比較標的或標準建物推估，屬替代原則之應用。
2. 均衡原則與最有效使用原則：建物成本佔整體不動產比重如符合均衡原則，則不動產符合最有效使用原則，將獲致較高利潤。
3. 收益分配原則：成本法求取價格觀點在於物品的出售價格必需超過其投入之成本，其訂價後出售方不致虧本。此成本價格含有開發或建築利潤，為四大生產要素之建商獲得，有收益分配原則之應用。
4. 供需原則及競爭原則：消費者較喜歡新成屋，寧願多花費購置，故新成屋與中古屋之價差，即為累積折舊額。此選擇產生之價差，有供需原則及競爭原則之應用。
5. 外部性原則：成本法求折舊考慮之經濟因素，需配合外部性原則。

三、成本法應用時機

1. 建物為新建或累積折舊尚少，基地假設為空地之最有效使用。
2. 計畫興建構造物、特殊目的或特別興建不動產，即不常於市場交易之不動產。
3. 當市場案例有極大實體差異不易應用比較法時。
4. 估計特殊價格不易用比較法或收益法時之應用。

四、成本法估價限制

1. 開發或建築利潤估計不易。
2. 成本法顯示完整所有權價格，對他項權利估價則不易。
3. 市場上有些不動產成交價甚低，不及土地及建物成本價格時，開發或建築利潤產生負值之不合理現象。
4. 土地若屬老舊市街地不易求土地開發成本價格。

5. 不利於建物非常老舊,或土地假設為空地未達最有效使用之應用。

貳、成本法定義及估價程序

一、成本法定義

(一)成本法定義:
　　「指求取勘估標的於價格日期之重建成本或重置成本,扣減其累積折舊額或其他應扣除部分,以推算勘估標的價格之方法」。

(二)重建成本與重置成本
1. 重建成本:「指使用與勘估標的相同或極類似之建材標準、設計、配置及施工品質,於價格日期重新複製建築所需之成本。」
2. 重置成本:「指與勘估標的相同效用之建物,以現代建材標準、設計及配置,於價格日期建築所需之成本。」
　　建物估價以求取重建成本為原則[3]。但建物使用之材料目前已無生產或施工方法已改變者,得採重置成本替代之。實務上除視材料目前有無生產外,一般以施工圖之有無來決定,若有施工圖作為施工依循,則採重建成本估價。惟老舊過時之建物,其重建成本(reproduction cost)可能大於重置成本(replacement cost),因其多複製了一些屬功能因素折舊之不足或無效率(deficiency)及減損(obsolescence)。

---

[3] IVS(2024)認為以重置成本(replacement cost)為主,亦有重建成本(reproduction cost)。

二、成本法估價程序

　　成本法估價之程序如下：
（一）蒐集資料。
（二）現況勘察。
（三）調查、整理、比較及分析各項成本及相關費用等資料。
（四）選擇適當方法推算營造或施工費。
（五）推算其他各項費用及利潤。
（六）計算總成本。
（七）計算建物累積折舊額。
（八）計算成本價格。

三、申請及蒐集資料項目

　　成本法估價除依第二章估價作業程序第三點步驟蒐集之資料外，並得視需要申請及蒐集下列土地及建物所需資料：
（一）土地開發及建築構想計畫書。
（二）設計圖說。
（三）相關許可或執照。
（四）施工計畫書。
（五）竣工圖。
（六）使用執照。
（七）登記（簿）謄本或建物平面位置圖。
　　此外，亦應蒐集與勘估標的同一供需圈內之下列資料：
1. 各項施工材料、人工之價格水準。
2. 營造、施工、規劃、設計、廣告、銷售、管理及稅捐等費用資料。
3. 資本利率。
4. 開發或建築利潤率。

四、總成本費用項目

　　總成本費用有下列各項：
（一）營造或施工費。
（二）規劃設計費。
（三）廣告費、銷售費。
（四）管理費。
（五）稅捐及其他負擔[4]。
（六）資本利息：指總成本各項目之資本利息。
（七）開發或建築利潤。
（八）勘估標的為土地或包含土地者，總成本應加計價格日期當時之土地價格。

　　上述土地價格得以各種估價方法估算之。總成本各項計算過程皆應核實填寫於成本價格計算表內，俾明瞭成本價格詳細計算內容。成本價格計算表尚未明定，實務上可參考本書附錄地價基準地成本法調查估價表。

　　勘估標的如為學校等非可供市場依一般商品型式出售之性質，可能即無考慮廣告費及銷售費之必要。因此上述「廣告費、銷售費、管理費、稅捐及開發或建築利潤，應視勘估標的之性質，於成本估價時得不予計入。」。

五、營造或施工費項目

　　前述總成本之營造或施工費，其內涵有下列各項：
（一）直接材料費。
（二）直接人工費。
（三）間接材料費。

---

[4] 稅捐一般可包括地價稅、加值營業稅及土地增值稅，加值營業稅約為售價扣除成本之5%。其他負擔如仲介費或其他土地開發費用（如拆遷補償費、租金補貼及規費等）。

（四）間接人工費。

（五）管理費。

（六）稅捐。

（七）資本利息。

（八）營造或施工利潤。

直接材料及人工費係直接施作於產品上之材料費用及直接參與施工之人工薪資，如各類建材費用及泥水工、木工、電工之薪資。間接材料及人工費指模板、鷹架、施工機具之費用及監工、管理人員之薪資。

營造或施工費之管理費、稅捐、資本利息及營造或施工利潤係指營造業[5]所需負擔者而言，與總成本是類項目係站在建商角度所負擔者不同，故需於此處另計。

參、總成本費用求取方式

欲求勘估標的之總費用，首先需計算營造或施工費，得按下列方法擇一求取之：

一、營造施工費求取方式：

（一）直接法：

指就勘估標的之構成部分或全體，調查其使用材料之種別、品級、數量及所需勞力種別、時間等，並以勘估標的所

---

[5] 營造業依營造業法規定，係指經向中央或直轄市、縣（市）主管機關辦理許可、登記，承攬營繕工程（按：營繕工程係指土木、建築工程及其相關業務。）之廠商。營造業分綜合營造業、專業營造業及土木包工業。其中前兩者應有專任工程人員（技師或建築師）及工地主任（係指受聘於營造業，擔任其所承攬工程之工地事務及施工管理之人員。）。營造業承攬之工程，其專業工程特定施工項目，應置一定種類、比率或人數之技術士（係指領有建築工程管理技術士證或其他土木、建築相關技術士證人員。）。

在地區於價格日期之各種單價為基礎，計算其營造或施工費。

直接法分為下列二種：

1. 淨計法（俗稱精算法）：（Quantity Survey Method）

指就勘估標的所需要各種建築材料及人工之數量，逐一乘以價格日期當時該建築材料之單價及人工工資，並加計管理費、稅捐、資本利息及利潤。

營造或施工費＝Σ（工料單價×工料數量）＋管理費＋稅捐＋資本利息＋利潤。

2. 單位工程法（俗稱細算法）：（Unit-in-place method 或 Segregated cost method）

係以建築細部工程之各項目單價乘以該工程施工數量，並合計之。[6]

營造或施工費＝Σ（工程單價×工程數量）。

（二）間接法：

指就同一供需圈內近鄰地區或類似地區中選擇與勘估標的類似之比較標的或標準建物，經比較與勘估標的營造或施工費之條件差異並作價格調整，以求取勘估標的營造或施工費。

間接法分為下列二種：

1. 工程造價比較法（俗稱概算法）：

指按工程概算項目逐項比較勘估標的與比較標的或標準建物之差異，並依工程價格及工程數量比率進行調整，以求取勘估標的營造或施工費。

---

[6] 淨計法於工料分析後需加計管理費、稅捐、資本利息及利潤，該四項費用於實務上見解於單位工程法中可一併於工程單價中反應，故無須另加。

營造或施工費＝Σ（比較標的或標準建物工程概算項目每坪單價×單價調整率）×總營造面積。

此法美國稱為比較單位法（Comparative-Unit Method）係利用相似建物之已知成本，再做市場條件與實體差異修正，如位屬不同市場則須作區位修正。

2. 單位面積（或體積）比較法（俗稱毛算法）：（Unit square (or Cubic) method）

指以類似勘估標的之比較標的或標準建物之單位面積（或體積）營造或施工費單價為基礎，經比較並調整價格後，乘以勘估標的之面積（或體積）總數，以求取勘估標的營造或施工費。

營造或施工費＝Σ（比較標的或標準建物工程單位面積（體積）價格×調整率）×總營造面積（體積）。

上述標準建物，係一抽象建物，可說是按營造或施工費標準表所營造或施工之建物，因其按標準單價施工，可作為間接法比較勘估標的營造施工費之基礎。營造或施工費標準表將由不動產估價師公會全國聯合會（以下簡稱全聯會）按不同主體構造種類及地區公告之；未公告前，即依直轄市或縣（市）政府發布地價調查用建築改良物標準單價表（臺北市為例如下表）為準；惟地價調查用單價表較實務作業投入成本略為偏低。

臺北市地價調查用建築改良物標準單價表

單位：元/㎡

主體構造種類 地上樓層數	鋼骨造	鋼骨鋼筋混凝土造	鋼筋混凝土造	加強磚造	鋼鐵造 重鋼架造	鋼鐵造 輕鋼架造	磚造石造	木造	土造 土磚混合造	竹造
1~5			43,000	40,900	28,400	23,000	29,900	26,700	26,600	16,300
			34,400	32,500	20,600	17,000	22,100	7,400	20,000	6,100
6~10	66,400	63,900	55,200							
	54,900	53,000	44,100							
11~15	71,800	69,200	61,900							
	59,400	56,700	49,500							
16~20	83,700	76,600	68,000							
	69,300	62,800	53,800							
21~25	92,400	83,800	73,900							
	76,400	68,900	59,200							
26~30	98,400	88,800								
	80,700	73,600								
31~35	102,800	93,200								
	84,200	76,700								
36~40	107,000	97,500								
	87,900	80,700								
41以上	110,300									
	90,600									
標準高度及上下限(公尺) 一樓	4±0.5	3.75±0.75	3.5±0.5	不 予 規 定						
標準高度及上下限(公尺) 二樓以上	3.3±0.3	3.15±0.35	3.1±0.3							

備註：

1. 本表依地價調查估計規則第 24 條規定訂定，於計算建築改良物(以下簡稱建物)單價時，應依本說明辦理。
2. 使用本表時，得視房價水準、建物之建材設備情形，於本表所列單價範圍內決定單價。但建物之建材設備明顯高於或低於本表所規定之情形，得由查價人員於買賣實例調查表內敘明理由，酌予增減。
3. 本表之建物用途為辦公室、住宅、店舖、一般市場及農舍。建物用途為旅館、飯店、餐廳、遊樂場所、大型商場、電視台、醫院、百貨公司、超級市場及其他公共建築物時，其單價得按本表之單價酌予加計；建物用途為工廠(廠房)及倉庫等時，其單價得按本表單價酌予減計。前項建物用途其屬部分者，按其所使用比例調整之。
4. 同一建築基地之建物主體有兩種以上構造時，其單價應按其構造比例及本表單價加權計算之。前項所稱建物主體係指地面層以上之建物結構。
5. 同一建築基地有複數建築物分屬不同樓層或不同結構時，其單價應按各部分所占面積比例及單價加權計算之。前項所稱樓層數，以同一建築基地建物之最高樓層為準。
6. 本表鋼骨鋼筋混凝土造 41 層樓以上及鋼筋混凝土造 26 層以上，其單價得按本表之單價酌予加計。
7. 建物地下層有下列情形者，其造價得按本表單價加計之，超過部分之第 1 層，該層加計 30%，超過部分之第 2 層，該層加計 40%，超過部分之第 3 層，該層加計 50%，超過部分之第 4 層(含)以上，各層加計 60%。但地下層無開挖之事實(如地形上之高低落差所造成者)，其層數應予扣除。(1)地上 1 層至 6 層建物，其地下樓層數超過 1 層者，其超過部分。(2)地上 7 層至 15 層建物，其地下樓層數超過 2 層，其超過部

分。(3)地上 16 層以上建物,其地下樓層數超過 3 層者,其超過部分。 前項所稱地上樓層數,以同一建築基地建物之最高樓層為準。
8. 建物地上層樓層數高度超過本表所列標準高度上限或低於標準高度下限者,各該樓層單價得按本表單價加計或減計,超過或低於部分,每 0.1m 以單價 1%計算。建物部分挑高者,按挑高部分所占面積比例及單價加權計算之。
9. 同一建築基地建物全部或部分同時有備註 3、7 或 8 之兩種以上情形時,其單價應以連乘方式計算之。
10. 本表單價包含施工者之稅捐、利潤及管理費;地上樓層數 6 樓以上建物已含電梯設備。但地上樓層數 5 樓以下建物設有電梯設備者,其單價應按本表單價酌予加計之,地上樓層數 6 樓以上建物未設有電梯設備者,其單價應按本表單價酌予減計之。
11. 本表係以民國 112 年 12 月為基期,價格日期不同時,得依臺北市政府主計處公布之臺北市營造工程物價指數之總指數調整。

資料來源:https://www-ws.gov.taipei/001/Upload/305/relfile/11455/4407/bd080941-22ea-4c72-b3cf-13b8b63b8457.pdf

附表一-1：台北市營造或施工費標準表

地區別 構造及 用途別 標價別 平均樓高單價(元/坪)		台北市 住宅‧辦公室 鋼筋混凝土造										
		未達500,000	500,000以上未達750,000	750,000以上未達1,000,000	1,000,000以上未達1,250,000	1,250,000以上未達1,500,000	1,500,000以上未達1,800,000	1,800,000以上未達2,100,000	2,100,000以上
1~3F	/ B0 無電梯	78,000 ~ 86,800	89,300 ~ 103,000	101,000 ~ 119,000	125,000 ~ 141,000	150,000 ~ 169,000	181,000 ~ 198,000	219,000 ~ 244,000	229,000 ~ 275,000
4~5F	/ B0 無電梯	82,600 ~ 91,300	92,300 ~ 106,000	105,000 ~ 123,000	128,000 ~ 145,000	153,000 ~ 173,000	184,000 ~ 201,000	221,000 ~ 246,000	232,000 ~ 277,000
6~8F	/ B1 有電梯	100,000 ~ 109,000	112,000 ~ 125,000	122,000 ~ 140,000	147,000 ~ 162,000	172,000 ~ 189,000	202,000 ~ 218,000	239,000 ~ 264,000	248,000 ~ 295,000
9~10F	/ B1 有電梯	104,000 ~ 113,000	115,000 ~ 128,000	126,000 ~ 144,000	149,000 ~ 166,000	174,000 ~ 193,000	204,000 ~ 221,000	241,000 ~ 265,000	252,000 ~ 296,000
11~13F	/ B2 有電梯	114,000 ~ 123,000	126,000 ~ 140,000	136,000 ~ 154,000	161,000 ~ 175,000	185,000 ~ 202,000	215,000 ~ 230,000	252,000 ~ 276,000	260,000 ~ 306,000
14~15F	/ B2 有電梯	118,000 ~ 129,000	131,000 ~ 142,000	140,000 ~ 157,000	163,000 ~ 179,000	187,000 ~ 205,000	217,000 ~ 233,000	253,000 ~ 277,000	263,000 ~ 307,000
16~18F	/ B3 有電梯	131,000 ~ 144,000	140,000 ~ 157,000	153,000 ~ 170,000	178,000 ~ 192,000	202,000 ~ 218,000	231,000 ~ 245,000	267,000 ~ 291,000	275,000 ~ 321,000
19~20F	/ B3 有電梯	135,000 ~ 146,000	143,000 ~ 159,000	156,000 ~ 174,000	180,000 ~ 195,000	204,000 ~ 221,000	233,000 ~ 248,000	268,000 ~ 292,000	278,000 ~ 322,000
21~25F	/ B3 有電梯	137,000 ~ 154,000	146,000 ~ 167,000	158,000 ~ 176,000	187,000 ~ 197,000	211,000 ~ 222,000	240,000 ~ 249,000	275,000 ~ 298,000	278,000 ~ 328,000
26~30F	/ B4 有電梯	161,000 ~ 177,000	169,000 ~ 190,000	181,000 ~ 198,000	211,000 ~ 219,000	234,000 ~ 245,000	263,000 ~ 271,000	298,000 ~ 321,000	300,000 ~ 350,000
31~35F	/ B4 有電梯			188,000 ~ 217,000	225,000 ~ 240,000	251,000 ~ 269,000	277,000 ~ 298,000	304,000 ~ 327,000	306,000 ~ 355,000
36~40F	/ B4 有電梯			194,000 ~ 224,000	231,000 ~ 247,000	257,000 ~ 275,000	283,000 ~ 310,000	311,000 ~ 332,000	361,000

地區別 構造及 用途別 標價別		台北市						
		加強磚造		加強磚造		鋼筋混凝土造		鋼架型
		住宅‧辦公室		工廠		工廠		工廠
1~3F	/ B0 無電梯	76,400 ~ 86,500		75,100 ~ 85,300		76,400 ~ 86,500		35,300 ~ 65,400
4~5F	/ B0 無電梯	81,000 ~ 89,500		79,700 ~ 88,300		81,000 ~ 89,500		
6~8F	/ B1 有電梯	~		~		98,500 ~ 109,000		
9~10F	/ B1 有電梯	~		~		103,000 ~ 112,000		

四號公報營造或施工費標準表說明(節錄)：

一、本標準表，適用於主要用途為辦公室、住宅、工廠(廠房)、倉庫使用標的之重建成本。本公報中住宅及辦公用途建物主體結構區分為鋼筋混凝土造及加強磚造等造價水準；工業廠房用則區分為加強磚造、鋼筋混凝土、鋼架造等造價水準。如因用途不同以致樓板之荷重、樑柱之強度或隔間及基本設備之數量差異，應依其差異經比較後調整其價格。

二、本標準表中鋼筋混凝土造之住宅、辦公室建物，以各直轄市、縣（市）當地新建建物平均房價水準判定營造或施工費標準。平均房價水準指建物二層以上之平均房價，若為透天產品則指全棟建物之平均房價。

三、本標準表依樓層數定上、下限值範圍。住宅、辦公室建物若為鋼骨造或鋼骨鋼筋混凝土造，得按本標準表鋼筋混凝土造之單價，考量鋼骨鋼筋混凝土造或鋼骨造相對全棟建物之樓層數情況，每坪加計 20,000~55,000 元；鋼骨廠房以鋼筋混凝土造為基準進行加價調整；非本標準表所定建築結構者，得敘明理由，酌予調整。

四、勘估建物地下室層數多於(少於)本公報者，以各增(減)建樓層之實際樓地板面積，按本公報之單價，依下表計算之：

增(減)樓層數	造價增(減)調整幅度
增(減)第一層部分	就該層部分加(減)不超過30%
增(減)第二層部分	就該層部分加(減)不超過40%
增(減)第三層部分	就該層部分加(減)不超過50%
增(減)第四層以上部分	就該層部分加(減)不超過60%

五、本標準表地下室均非以連續壁構造施工，如係以連續壁方式處理者，經敘明理由後，得按本標準表之單價，每坪加 13,000 元以內。建物主體結構相同但用途不同者，如非本公報所定建築結構之工程造價，得依直轄市或縣(市)政府發布地價調查用建築改良物標準單價表為準。勘估建物樓層高度與本公報內建物樓層高度不同者，以每增(減)十公分為一單位，增(減)標準單價百分之一，未達十公分者不計。

※估價師高考層級進階補充：

　　調整一般考量基礎、結構（包括樑柱、跨度、樓板承重、牆面、屋頂）、裝修（包括內牆、外牆、地板、天花板、門、窗）、設備（包括供水、供電、瓦斯、消防、排水、空調、電梯、門禁管制、電信、視訊及自動化設備）及樓層高度等因素進行調整。工程之分類如下：

　　另以臺北市都市更新事業（重建區段）建築物工程造價基準為例，建築物工程造價項目如下：

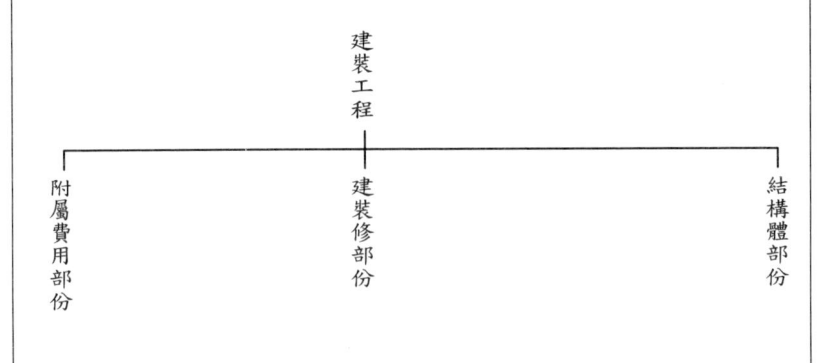

```
                            建裝工程
        ┌──────────────────────┼──────────────────────┐
    附屬費用部份              建裝修部份              結構體部份
```

附屬費用部份：
- 假設工程及其他
- 稅捐管理費
- 臨時水電費
- 運什費

建裝修部份：
- 其他什項
- 鷹架
- 窗類
- 門類
- 屋面防水工程
- 踢腳工程
- 地坪粉刷
- 平頂粉刷
- 內部粉刷
- 外部帷幕牆
- 外牆工程
- 隔間
- 砌磚

結構體部份：
- 結構模板
- 結構鋼筋
- 結構RC
- 基礎PC
- 連續壁
- 地質改良（基樁）
- 挖方及填土

1. 建築工程
　　（1）假設工程。
　　（2）基礎工程。
　　（3）結構體工程。
　　（4）外部裝修工程。
　　（5）內部裝修工程。
　　（6）門窗工程。

　　　　（7）防水隔熱工程。

　　　　（8）雜項工程。

　　　　（9）景觀工程（庭園及綠化工程）。

　　　　（10）設備工程（電梯、廚具等）。

　　2. 機電工程

　　　　（1）電氣工程。

　　　　（2）弱電工程。

　　　　（3）給排水工程。

　　　　（4）生活廢水工程。

　　　　（5）消防設備工程。

　　　　（6）通風工程。

　　3. 施工稅捐、利潤及管理費

　　淨計法與單位工程法之差別，如以下○○增建工程工料分析表及○○工程預算書表所示，淨計法需計算詳細工料之數量及單價，單位工程法僅需建築細部工程之各項目單價乘以該工程施工數量合計即可。另直接法調查所需勞力種別時間，可參考以下聘僱薪資標準表計算。

○○增建工程工料分析表

工程名稱	○○增建工程						
施工地點							
項目	鋼柱鋼樑支撐	單位	kg				備註
項次	工料名稱	單位	數量	單價	複價		
壹	H型鋼	kg	1.00	17.00	17.00		
.	高張力螺栓	kg	0.02	30.00	0.60		
16	工料損耗	式	1.00	0.40	0.40		
∫							
20							
	小　　計				18.00		
項目	鋼承版	單位	M^2				備註
項次	工料名稱	單位	數量	單價	複價		
壹	鋼承版	M^2	1.00	250.00	250.00		
.	剪力釘	支	3.00	10.00	30.00		
21	點銲鋼筋網	kg	3.00	10.00	30.00		
	#4鋼筋	kg	3.00	10.00	30.00		
	工料損耗	式	1.00	10.00	10.00		
	小　　計				350		

○○工程預算書表

項次	工程項目	單位	數量	單價	複價	備註
壹	建築工程					
1	假設工程	式	1.00	3525.00	3525.00	
2	放樣	M²	1.00	1500.00	1500.00	
3	結構體打除運棄	式	1.00	15000.00	15000.00	
4	鷹架工程及防護網	M²	227.00	67.14	15240.78	
5	RC鋼壁	M²	301.14	600.00	180684.00	
6	外牆1:3底貼貼10×10磁磚	M²	259.56	400.00	103824.00	
7	中拉力鋼筋彎紮組立	噸	0.18	10775.64	1939.62	
8	模版	M²	8.40	258.50	2171.40	
9	電梯設備	式	1	1132100.00	1132100.00	
10	防水工程(電梯機房頂版)	M²	15.12	500.00	7560.00	
11	防水工程(RF5mmPU補強)	式	1.00	15000.00	15000.00	
12	防水工程(1F層及機坑)	式	1.00	45000.00	45000.00	
13	內牆1:3粉光刷水性水泥漆	M²	90.78	241.26	21901.58	
14	2000psi預拌混凝土	M³	5.46	1120.15	6116.02	
15	3500psi預拌混凝土	M³	41.15	1249.39	51412.40	
16	RH-400×200×8×13	kg	2983.00	18.00	53694.00	
17	RH-488×300×11×18	kg	3481.60	18.00	62668.80	
18	RH-300×150×6.5×9	kg	1951.08	18.00	35119.44	
19	RH-400×400×13×21	kg	17819.20	18.00	320745.60	
20	RH-300×150×6.5×9	kg	205.52	18.00	3699.36	
21	鋼承版(含不鏽鋼接縫片)	M²	29.12	350.00	10192.00	
22	整體粉光	M²	29.12	50.00	1456.00	
23	不銹鋼扶手	式	1.00	3800.00	3800.00	
24	鋁百葉	樘	2.00	1100.00	2200.00	
25	D1甲種防火門	樘	1.00	4500.00	4500.00	
26	基礎螺拴	支	48.00	50.00	2400.00	
27	電氣工程	式	1.00	8650.00	8650.00	
	合計				2112100.00	
	總計				2112100.00	

就業服務法第四十七條規定雇主在國內辦理招募本國人從事第四十六條第一項第十款營造業工作之合理勞動條件薪資基準（105年7月14日發布修正）

單位：新臺幣元

	非特殊時程		特殊時程	
	技術工	非技術工	技術工	非技術工
食品製造業	26959	23889	32351	28667
飲料製造業	39607	29149	47529	34979
紡織業	24363	23429	29236	28115
成衣及服飾品製造業	22545	22008	27054	24100
皮革、毛皮及其製造業	26139	22008	31367	25913
木竹製品製造業	20026	22008	24032	25904
紙漿、紙及紙製品製造業	25413	22008	30496	25465
印刷及資料儲存媒體複製業	26353	22008	31624	24984
化學材料製造業	39573	24766	47488	29719
化學製品製造業	33235	26580	39882	31896
藥品製造業	28120	22124	33744	26548
橡膠製品製造業	26285	22008	31542	24588
塑膠製品製造業	22419	22008	26903	25391
非金屬礦物製品製造業	26510	22945	31812	27534
基本金屬製造業	33375	22444	40051	26933

1. 特殊時程，指午後十時至翌晨六時之時段內，生產運作工作時數至少一小時以上。

2. 參照勞動基準法施行細則第11條規定意旨，合理勞動條件之薪資，係指勞工在正常工作時間內所得工資，不包括延長工作時間之工資及休假日、例假日、例假日工作加給之工資。

3. 本基準所定「合理勞動條件薪資」如低於勞動基準法規定之每月基本工資，雇主辦理招募時，仍應以勞動基準法規定之每月基本工資作為薪資基準。

營建工程估算，概分為六個階段，其性質整理如下：

階段	性質	常用方法
興建計畫	投資估價	間接法
業務企劃		
建築規劃	設計估價	直接法
工程設計		
營造施工	施工估價	
營運使用	成本估價	間接法

以往營建工程概分為上述六個階段，並有所謂工程十算：麻、毛、匡、概、預、細、精、結、決、核算，以及非常與變更預算。不動產估價技術規則所定，則為毛、概、細、精四種。

二、規劃設計費推估標準

勘估標的為建物時，規劃設計費按內政部所定建築師酬金標準表及直轄市或縣（市）政府發布之建造執照工程造價表計算之，或按實際營造施工費之 2% 至 3%[7] 推估之。

建築師酬金標準表（如下表所示）按工程造價表計算之百分率介於 5%-9% 之間，因工程造價表低於一般實際營造施工費標準表，如台北市興建 11 層樓鋼筋混凝土一平方公尺約需 20,000-25,000 元，但工程造價表僅規定 10,000 元。故按實際營造施工費以 2%-3% 推估之結果出入不大。

---

[7] 2% 至 3% 中實務上可含監證費 0.5%。

建築師酬金標準表

種　　別	建築物類	酬金百分率（％）			
^	^	總工程費新台幣三百萬元以下部分	總工程費超過新台幣三百萬至一千五百萬元部分	總工程費超過新台幣一千五百萬至六千萬元部分	總工程費超過新台幣六千萬元以上部分
一般建築	簡易倉庫、普通工廠、四層以下集合住宅、店舖、教室、宿舍、農業水產建築物及其他類似建築物。	5.5至9.0	4.5至9.0	4.0至9.0	3.5至9.0
公共及高層建築	禮堂、體育館、百貨公司、市場、運動場、冷凍庫、圖書館、科學館、五樓以上辦公大樓公寓、祠堂公館、電視電台、遊樂場、兒童樂園、郵局、電訊局、餐廳、一般旅館診所、浴場、攝影棚、停車場及其他類似建築物。	6.0至9.0	5.0至9.0	4.5至9.0	4.0至9.0
特殊建築	高級住宅別墅、紀念館、美術館、博物館、觀光飯店、綜合醫院、特殊工廠及其他類似建築物。	7.0至9.0	6.0至9.0	5.5至9.0	5.0至9.0

資料來源：省（市）建築師公會建築師業務章則之附表

三、廣告費、銷售費、管理費及稅捐推估標準

廣告費、銷售費、管理費及稅捐，應按總成本乘以相關費率計算，相關費率應由全聯會定期公告之。

但因情況特殊並於估價報告書中敘明者，其費率之推估，不在此限：

種類	推估標準
1.廣告費、銷售費[8]	原按總成本之 4%-5%推估，全聯會擴大適用 3%-7%
2.管理費[9]	原按總成本之 3%-4%推估，全聯會上限至 7%
	按總成本之 3%-4%推估；公寓大廈管理條例規定設立公共基金者，應列於管理費項下，並得提高管理費用率為 4%-5%[10]
3.稅捐	按總成本之 0.5%-1.2%推估，或就勘估標的之地價稅、營業稅等稅捐，按實際情形估算之。

　　上述雖對費用比率限制範圍，但實際發生費用，因情況特殊如個案規模較大，或因工程期間不同而超過範圍時，應以符合實際狀況為宜，惟為避免估價過度調整，爰規則要求於估價報告書敘明。

---

[8] 廣告費及銷售費，就委託代銷公司銷售收取部分，可視實際情況推估參考：

種類	特　性	代銷公司收取概況標準
包銷	代銷公司自廣告企劃至業務執行	總銷售金額 5%
包櫃	投資開發者支付廣告費，其他代銷公司負擔	總銷售金額 2%
純企劃	代銷公司僅負責媒體設計	總銷售金額 0.1%

[9] 管理費實務上不僅監工費用，而係包含內部財務控管與購屋者後續聯繫之所有運作成本。

[10] 全聯會對下限訂為 1.5%，並建議依公寓大廈管理條例施行細則第六條規定推算。

※估價師高考層級進階補充：
◆ 廣告費、銷售費、管理費及稅捐實務推算方式

廣告費、銷售費、管理費及稅捐皆以總成本之一定比率推估，但依「總成本＝營造或施工費＋規劃設計費＋廣告費、銷售費＋管理費＋稅捐及其他負擔＋資本利息＋開發或建築利潤」可知，要先算出廣告費、銷售費、管理費及稅捐方能得出總成本，不免產生雞生蛋或蛋生雞的問題。因此實務上計算這些費用通常計算如下：

廣告銷售費＝總成本×廣告銷售費率($r1$)

管理費＝總成本×管理費率($r2$)

稅捐＝總成本×稅捐費率($r3$)

以上三者費用率之合計，$r1+r2+r3＝R1$

1. 廣告銷售費＝（營造或施工費＋規劃設計費）×廣告銷售費率×（1＋資本利息綜合利率）×（1＋利潤率）/{1－[$R1$×（1＋資本利息綜合利率）×（1＋利潤率）]}

2. 管理費＝（營造或施工費＋規劃設計費）×管理費率×（1＋資本利息綜合利率）×（1＋利潤率）/{1－[$R1$×（1＋資本利息綜合利率）×（1＋利潤率）]}

3. 稅捐＝（營造或施工費＋規劃設計費）×稅捐費率×（1＋資本利息綜合利率）×（1＋利潤率）/{1－[$R1$×（1＋資本利息綜合利率）×（1＋利潤率）]}

以上公式證明如下：（以廣告銷售費為例）

總成本＝營造或施工費＋規劃設計費＋廣告費、銷售費＋管理費＋稅捐及其他負擔＋資本利息＋開發或建築利潤

1. 總成本＝[（營造或施工費＋規劃設計費）＋總成本×（$r1+r2+r3$)]×（1＋資本利息綜合利率 $R2$）×（1＋利潤率 $R3$）

2. 總成本＝[（營造或施工費＋規劃設計費）＋總成本×R1]×（1＋R2）×（1＋R3）

3. 總成本/[（1＋R2）×（1＋R3）]＝營造或施工費＋規劃設計費＋總成本×R1

4. 總成本/[（1＋R2）×（1＋R3）]－總成本×R1＝營造或施工費＋規劃設計費

5. 總成本×{1/[（1＋R2）×（1＋R3）]－R1}＝營造或施工費＋規劃設計費

6. 總成本×[1－R1×（1＋R2）×（1＋R3）]/[（1＋R2）×（1＋R3）]＝營造或施工費＋規劃設計費

7. 總成本＝（營造或施工費＋規劃設計費）×[（1＋R2）×（1＋R3）]/[1－R1×（1＋R2）×（1＋R3）]

8. 廣告銷售費＝總成本×r1＝（營造或施工費＋規劃設計費）×廣告銷售費率×（1＋資本利息綜合利率）×（1＋利潤率）/{1－[R1×（1＋資本利息綜合利率）×（1＋利潤率）]}

四、資本利息計算方式

（一）資本利息種類

　　勘估標的之資本利息按自有資金與借貸資金分別計息，其自有資金與借貸資金之比例，應依銀行一般放款成數定之。自有資金雖實際上未負擔利息，但視為業主未存入銀行生息之機會成本損失，故仍需視為成本負擔並計算利息。

（二）利率認定原則

　　資本利息之計算，應按營造施工費、規劃設計費、廣告費、銷售費、管理費、稅捐及其他負擔之合計額乘以利率計算。勘估標的為土地或包含土地者，合計額應另加計土地價

格。利率之認定標準如下：
1. 自有資金之計息利率應不高於一年期定存利率且不低於活存利率。
2. 借款則以銀行短期放款利率計息。
3. 預售收入之資金應不計息。

預售收入與自有資金與借貸資金觀點不同，不僅無利息問題，更可減少借貸資金比例。

（三）區別資本使用年數之不同

資本利息應依分期投入資本數額[11]及資本使用年數計算。舉例而言，設自有資金利率2%，借貸資金利率5%，四年期資金額度支出如下表：

自有資金	100萬	80萬	80萬	80萬	
借貸資金	400萬	320萬	320萬	320萬	
總資金	500萬	400萬	400萬	400萬	
年數	1	2	3	4	完工日期

以複利計算，利息支出應為以下兩者合計：
自有資金利息＝100萬×[（1＋2%）^{4}－1]＋80萬×[（1＋2%）^{3}－1]＋80萬×[（1＋2%）^{2}－1]＋80萬×[（1＋2%）－1]
借貸資金利息＝400萬×[（1＋5%）^{4}－1]＋320萬×[（1＋5%）^{3}－1]＋320萬×[（1＋5%）^{2}－1]＋320萬×[（1＋5%）－1]。

---

[11] 資本利息主要負擔為土地貸款及建築融資，土地貸款額度一般為市價5-7成，建築融資額度原則上為工程款之5成。若屬合建情況，地主多會要求建設公司提供一筆資金作為合建履約保證金，在地主拆屋交地或建設公司取得建造執照時分次支付。地主將保證金返還之時間大致在結構體完成、取得使用執照或完工交屋時。由於保證金大多是分次交付返還，故利息計算期間以投資期限之三分之二計算，其公式如下：保證金利息＝保證金×投資期間×利率×2/3

※高考實務補充：
一、資本利息綜合利率計算
由於依成本法逐年計算自有資金及借貸資金利息甚為繁複，故實務上通常假設自有資金、借貸資金及預售收入之比例，並假設資本平均負擔及採單利計算。資本利息綜合利率決定方式如下：

(一) 計算資本利息綜合利率 (一年)

資金來源	利率計算原則	假設比例	假設利率
自有資金	一年期定存利率與活存利率之間	40%	2%
借貸資金	銀行短期放款利率	40%（100%－40%－20%）	5%
預售收入	不計息	100%×30%（設一般自備款比例）×67%（設銷售率）＝20%	0%

資本利息綜合利率決定：40%× 2%＋40%× 5%＋20%× 0%＝2.8%

(二) 年期調整資本利息綜合利率
設資本利息綜合利率年利率 2.8%，工期 2 年，資本投入方式為各月平均投入，則成本法調整資本利息綜合利率為：$2.8\% \times 2 \times \frac{1}{2} = 2.8\%$

◎資本利息綜合利率計算推導過程（以單利計算）：
假設 1 年內共投資 1 元，平均於一年內於「月初」投入，因年利率 5%，故月利率為 5%/12：

負擔金額	$\frac{1}{12}$	$\frac{1}{12}$	$\frac{1}{12}$	$\frac{1}{12}$	$\frac{1}{12}$	$\frac{1}{12}$	$\frac{1}{12}$	$\frac{1}{12}$	$\frac{1}{12}$	$\frac{1}{12}$	$\frac{1}{12}$	$\frac{1}{12}$
月數	0	1	2	3	4	5	6	7	8	9	10	11	12

$\frac{1}{12} \times 5\%/12 \times 12$（第 1 個月）$+ \frac{1}{12} \times 5\%/12 \times 11$（第 2 個月）$+ \frac{1}{12} \times 5\%/12 \times 10$（第 3 個月）$+ \frac{1}{12} \times 5\%/12 \times 9$（第 4 個月）$+ ... \frac{1}{12} \times 5\%/12 \times 1$（第 12 個月）$= \frac{1}{12} \times 5\% \times (12+11+....+1)/12$
$= \frac{1}{12} \times 5\% \times (12+1)/2 \times 12 \times \frac{1}{12} = 5\% \times (1 + \frac{1}{12})/2$

> 另假設若「月底」投入,則上式將變成:
> $\frac{1}{12} \times 5\%/12 \times 11$(第 1 個月)$+ \frac{1}{12} \times 5\%/12 \times 11$(第 2 個月)$+ \frac{1}{12} \times 5\%/12 \times 10$(第 3 個月)$+ \frac{1}{12} \times 5\%/12 \times 9$(第 4 個月)$+ \ldots \frac{1}{12} \times 5\%/12 \times 0$(第 12 個月)
> $= \frac{1}{12} \times 5\% \times (11+10+\ldots+1)/12 = \frac{1}{12} \times 5\% \times (11+1)/2 \times 12 \times \frac{1}{12} = 5\% \times (1-\frac{1}{12})/2$
> 由於上兩式「期初」及「期末」差別為 $\frac{1}{2}$ 加或減 $\frac{1}{12}$,故一般逕以 $\frac{1}{2}$ 認定資金使用率,亦類似「期中」投入概念。如開發年期為 n 年,建物部分期中投入則為 $n \times \frac{1}{2}$。
> 故設工期 n 年,資本利息綜合利率為 r,資本投入方式為每期平均期中投入,則經過年期調整之資本利息綜合利率為 $r \times n \times \frac{1}{2}$。惟若遇大樓施工,前期基礎地基工程費用較大,則實務上資金使用率將大於 $\frac{1}{2}$。

五、利潤計算方式

(一)計算方式

按營造或施工費、規劃設計費、廣告費、銷售費、管理費、稅捐與其他負擔及資本利息之合計額乘以適當利潤率計算之。勘估標的為土地或包含土地者,合計額應另加計土地價格。

(二)利潤率標準及調整因素

1.利潤率由全聯會定期公告;未公告前依營造或建築業之平均經營利潤率為準。

2.勘估標的之開發或建築利潤應視工程規模、開發年數

與經濟景氣等因素，得依開發或建物形態之不同，考量經營風險及開發或建築工期之長短酌予調整[12]之。

3.前述建築工期[13]指自申請建造執照開始至建築完成達到可交屋使用為止無間斷所需之時間。

六、特殊成本計算原則

如因地質特殊致需增加基礎結構所造成增加成本，或建物內部過於豪華裝修等特殊狀況致土地或建物投資無法產生相對正常報酬之成本，於成本估價時得不予計入或於折舊中扣除，並應於估價報告書中敘明。

地質特殊致需增加基礎結構所造成增加成本，如建築基地曾受重金屬污染，建商於建築前需進行連續壁施工防止污染擴散及清除污染質所耗費成本負擔，若建商於售價中反應此項支出成本，售價將高於市場行情無法售出，此類成本既無法產生相對正常報酬，於成本估價時得不予計入。另如鍍金天花板或黃金馬桶等過於豪華裝修之成本亦同，以免高估不動產本身之價格。

七、未完工建物估價原則

未完工之建物應依實際完成部分估價，或以標準建物之營造或施工費標準表為基礎，參考建物工程進度營造費用比

---

[12] 依據四號公報最新發布，建築利潤工期在一年以內者利潤率為10%至20%，一年以上至二年者利潤率為12%至23%，以此類推。

[13] 建築工期如以台北市為例，依台北市建築管理自治條例，建造執照地下層每層四個月、地上層每層三個月，雜項執照九個月。建築期限以向主管建築機關申報開工日起算。

例表估算之。

建物工程進度營造費用比例表,由全聯會公告之。惟該表未公告前,則需由不動產估價師按未完工之建物依實際完成部分估價。

肆、建物折舊計算

一、建物折舊意義與原因

（一）建物折舊意義：建物因時間經歷所造成之減損,將每期減損以貨幣型態表示則為每期折舊額。累計每期（年）折舊額即為累積折舊額。

（二）建物折舊原因：

1. 物理損耗（Physical Deterioration）：因自然耗損或外力破壞、人為使用所造成之減價。由於物體隨著時間經歷,因自然或人為因素造成外表損壞、破損、使用效能降低或營運成本增加,導致物體價值損失與減少。其分類也分為可還原回復與不可還原回復兩種。

2. 功能退化（Functional Obsolescence）：因功能或效益衰退、型式老舊、設備落伍所造成之減價。另外如古老化、欠缺必要設施、隔間不良、採光不良、設施配置不良等因素所造成之減價。

3. 外部退化（External Obsolescence）／經濟因素折舊：外部因素、環境因素之衰敗、嫌惡設施所造成之減價。另外如環境不當、使用忌諱、違反建築習慣或法令等因素所造成之減價。日本稱經濟要因折舊（Economic Obsolescence）。

二、折舊相關用詞定義

（一）經濟耐用年數與物理耐用年數

1. 經濟耐用年數：指建物因功能或效益衰退至不值得使用所經歷之年數。

2. 物理耐用年數：指建物因自然耗損或外力破壞至結構脆弱而不堪使用所經歷之年數。

（二）殘餘價格率：指建物於經濟耐用年數屆滿後，其所剩餘之結構材料及內部設備仍能於市場上出售之價格占同一價格日期之建物總成本之比例。

建物之殘餘價格率應由全聯會公告之，並以不超過百分之十為原則。建物耐用年數終止後確實無殘餘價格者，於計算折舊時不予提列。目前全聯會對殘價率發布以 10%、5% 及 0%為主。於計算建物殘餘價格時，應考量建物耐用年數終止後所需清理或清除成本。故相抵後往往符合殘價率為 0，不予提列殘值之說法。

三、折舊方法及累積折舊額計算

折舊計算方法有耐用年數法及觀察法兩種，兩者應併用，分述如下：

（一）耐用年數法（Age-Life Method）

建物於耐用年數屆滿後僅剩殘餘價格，總折舊額於耐用年限內耗盡，故欲計算累積折舊額，則須掌握經歷年數與耐用年數之關係。

1. 以經濟耐用年數為主：

建物折舊額計算應以經濟耐用年數為主，必要時得以物理耐用年數計算。建物經濟耐用年數表由全聯會依建物之經

濟功能及使用效益,按不同主體構造種類及地區公告之。以往未公告前多依直轄市或縣(市)政府發布之地價調查用建築改良物耐用年數表估計之。目前依全聯會發布之版本如下表所示:

建物經濟耐用年數表

細 目		經濟耐用年數
辦公用、商店用、住宅用、公共場所用及不屬下列各項之房屋	1 鋼筋(骨)混凝土建造、預鑄混凝建造	50
	2 加強磚造	35
	3 磚構造	25
	4 金屬建造(有披覆處理)	20
	5 金屬建造(無披覆處理)	15
	6 木造	10

資料來源:不動產估價師公會全國聯合會

2. 建物之經歷年數大於其經濟耐用年數時,應重新調整經濟耐用年數:

假設一建物之經濟耐用年數為 50 年,該建物卻已經歷 80 年而仍具使用或保存價值爰有估價之需要,則需重新調整經濟耐用年數,以免該建物價格產生負值。此種情形一如古蹟之估價,經歷年數雖已超過經濟耐用年數仍有保存價值;二如建物因定期進行結構補強及重新粉刷工作,雖已經歷 70 年卻像只有 30 年之建物,即需重新調整經濟耐用年數。

3. 決定折舊方法(method)及累積折舊額計算:

(1)**定額法(straight-line)**:設建物於耐用年限內,每年減價額固定之折舊方法。又稱直線法或平分法,累積折舊額與經歷年數成正比例增加,為實務界所慣用。其累積折舊額公式為:

$$D_n = C(1-s) \times \frac{n}{N}$$

（2）定率法（declining balance/constant rate）：設建物於耐用年限內，以建物成本價格之一定比率計算每年折舊額之方法。此法需先決定一固定折舊比率，然後以此比率，乘建物當期成本價格以求得每期折舊額。因為比率率固定，而每期建物成本價格逐漸變小，每期折舊額也隨之遞減。因此，此法又稱為餘額遞減法或百分減值法。其累積折舊額公式為：

$$D_n = C[1-(1-d)^n]$$

公式推導如下：
P1＝C－C×d＝C×(1－d)
P2＝C×(1－d)－C×(1－d)×d＝C×(1－d)²
　：
P_n＝C×(1-d)ⁿ
D_n＝C－P_n＝C－C×(1－d)ⁿ＝C×[1－(1－d)ⁿ]

（3）償債基金法（sinking fund）：設建物於耐用年限內，於考慮折舊提存利息下，先計算每年固定攤提之折舊額，再計算累積折舊額之方法。如以公式推導角度，可解為在建物的耐用年限內，將每年所提列之固定折舊額以複利方式計算，至建物耐用年數屆滿時，其折舊的本利合計，與總折舊額（建物重建或重置成本扣減殘餘價格）相等之方法。其累積折舊額公式為：

(A)式：攤提累計均算利息：

$$D_n = C(1-s) \times \frac{i}{(1+i)^N - 1} \times \frac{(1+i)^n - 1}{i}$$

(B)式：攤提算利息，累計不算利息：

$$D_n = C(1-s) \times \frac{i}{(1+i)^N - 1} \times n$$

公式推導：

設每年提存定額折舊費為 A，折舊提存利率為 i

$A \times (1+i)^{N-1} + A \times (1+i)^{N-2} + ... + A = C(1-s) \Rightarrow$ 折舊總額
$\Rightarrow A \times [1 + (1+i) + (1+i)^2 + ... + (1+i)^{N-1}] = C(1-s)$
$\Rightarrow A \times \dfrac{(1+i)^N - 1}{i} = C(1-s)$
$\Rightarrow A = C(1-s) \times \dfrac{i}{(1+i)^N - 1}$ 　　故累積折舊額

$$D_n = A \times n = \dfrac{C(1-s) \times i}{(1+i)^N - 1} \times n \text{ 或 } D_n = \dfrac{C(1-s) \times i}{(1+i)^N - 1} \times \dfrac{(1+i)^n - 1}{i}$$

兩式比較：(A)式累積折舊額不致過小，較不會高估建物成本價格；另期末殘值亦符合殘餘價格率之前提條件。

以上公式推導係基於「等比級數」公式，按一數列 a_1，a_2，…a_n 各項皆不為 0，且 $a_2/a_1 = a_3/a_2 = …… = a_n/a_{n-1}$ ＝r（公比），則此為一等比數列，$a_1 + a_2 + ….. + a_n$ 為「等比級數」。等比級數之和＝[a_1（1－r^n）] / （1－r)亦即＝[首項（1－公比^{項數}）] / （1－公比）。

償債基金法係屬回收未來收益之概念，屬收益法範疇，非對成本法過去累積折舊之計算，故如美國、日本等國家都未採用，惟國內有些學者已習慣視之為初期減速折舊（凹型）之代表。

（4）（逆）年數合計法（(Reverse of) sum of years digits）：年數合計法假設建物於耐用年限內，前期每年折舊額大，後期每年折舊額小之方法。總折舊額所乘之每年折舊率不同，該折舊率分數之分子為建物剩餘耐用年數在當年開始之數字，分母為各年全部壽命之年數總和。若以10年為例，則 1 到 10 年之各期折舊率分別為 10/55,9/55,8/55…..1/55。其累積折舊額公式為：

$$D_n = C(1-s) \times \dfrac{n \times (2N - n + 1)}{N \times (N+1)}$$

反之，如為逆年數合計法，1 到 10 年之各期折舊率分別為 1/55,2/55,.....10/55。公式如下：

$$D_n = C \times (1-s) \times \frac{n \times (n+1)}{N \times (N+1)}$$

以上各項公式英文字母代表意義如下：

其中：

D_n：累積折舊額。

C：建物總成本。

s：殘餘價格率。

n：已經歷年數。

N：耐用年數。

P_n：第 n 年殘餘價格。

d：定率法折舊率。

i：利率。

※高考層級進階補充－年數合計法公式推導：

$$Dn = C(1-s) \times \frac{N + (N-1) + (N-2) + ... + (N-n+1)}{\frac{N \times (N+1)}{2}}$$

$$= C(1-s) \times \frac{\frac{N + (N-n+1)}{2} \times n}{\frac{N \times (N+1)}{2}} = C(1-s) \times \frac{n \times (2N-n+1)}{N \times (N+1)}$$

主要折舊方法折舊路徑示意圖：

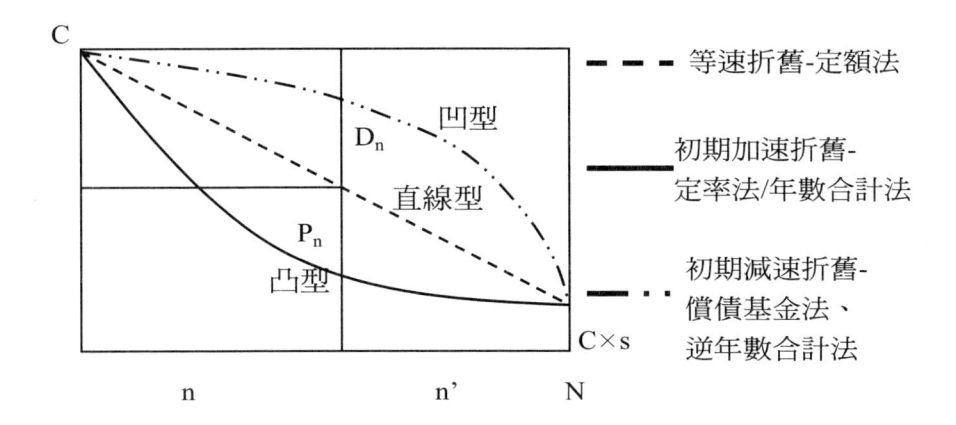

```
C
         凹型
      D_n
         直線型
      P_n
      凸型
                C×s
  n      n'    N
```

- - - 等速折舊-定額法
—— 初期加速折舊-定率法/年數合計法
—·— 初期減速折舊-償債基金法、逆年數合計法

實例演練：

　　某不動產之重建價格為一千萬，耐用年限三十年，年限期滿時之殘價率為10%。試分別以定額法、定率法及償債基金法（折舊提存金之儲蓄利率為5%），計算該不動產於十五年後之積算價格，並據以評析上述三種折舊方法之優缺點。（90 高考二級）

◉解答：

（一）三種方法積算價格計算如下：

　　重建價格 C＝1000 萬，殘餘價格 S_n＝1000×10%＝100 萬，N＝30，S＝5%

1. 定額法

　　D_n＝1000×(1-10%)×15/30＝450

　　P＝1000－450＝550（萬元）

2. 定率法

　　$D_n = C[1-(1-d)^n] \Rightarrow P = C - D_n = C - C[1-(1-d)^n] = P_n = C(1-d)^n$

　　P_n＝C×(1-d)^n

　　100＝1000×(1-d)^{30}

$0.1 = (1-d)^{30}$

$1 - d = 0.1^{1/30} = 0.1^{0.03333}$

$1 - d = 0.9261$

$P = 1000 萬 \times (0.9261)^{15}$

$= 1000 萬 \times 0.31613 = 316.13（萬元）$

3. 償債基金法

$A[1-(1+5\%)^{30}] / [1-(1+5\%] = 900 萬$

每年提存折舊費 $A = 135,461$ 元

15 年提存折舊費總額 $= 135,461 \times \dfrac{(1+5\%)^{15}-1}{5\%} = 2,923,054$ 元

$P = 1000 - 292.3 = 707.7（萬元）$

(二) 三種折舊方法優缺點：

主要折舊方法之特點及優缺點比較分析表

	特點	優點	缺點
定額法	每年折舊額相同	1. 計算簡易 2. 客觀減少爭議，適於課稅用途 3. 可設置標準減價額	1. 計算之減價額與實際情形不易一致 2. 未以觀察法考量經濟因素之折舊
定率法（及年數合計法）	每年折舊額不同，初期大後期小	投資初期加速折舊，使企業方便節稅。（如促進產業升級條例第 5 條規定對公司購置專供研究與發展之機器設備得加速折舊）	1. 計算較繁複 2. 初期大量折舊與建物減價性質未必相符 3. 每年折舊額不一，不能設置標準減價額 4. 計算之減價額與實際情形不易一致 5. 未以觀察法考量經濟因素之折舊
償債基金法	提存加計利息收回原本先計算每年折舊額，再計算累積折舊	1. 於相同折舊總額下，每年攤提折舊費較定額法少，利於股東分配盈餘 2. 可設置標準減價額	1. 易對勘估標的現值做過高評價 2. 計算之減價額與實際情形不易一致 3. 未以觀察法考量經濟因素之折舊

由以上例題及示意圖可知，不同折舊方法結果差異甚大，為避免不同估價師選取方式不一造成價差困擾，故 95 年版規則明定累積折舊額之計算，以定額法為原則，如有採取定率法及償債基金法或其他經中央主管機關認定之方法（如（逆）年數合計法）計算之必要時，應於估價報告書中敘明。但畢竟建物折舊走勢需依市場表現，不宜明定定額法為原則，故 102 年底已修正為「建物累積折舊額之計算，應視建物特性及市場動態，選擇屬於等速折舊、初期加速折舊或初期減速折舊路徑之折舊方法。」如國內有相關論文實證台北地區區分所有住宅折舊路徑為初期減速折舊（凹型），較符合「逆年數合計法」（類似於償債基金法結果），反而未必符合定額法直線型路徑。

※高考進階補充：
　　美國估價學會（2011）舉例對等速折舊採直線法（Straight-Line，類似我國定額法）、初期加速折舊採指數法凸型（Exponential Pattern，類似我國定率法）、初期減速折舊採 Iowa Curve 凹型路徑（類似我國償還基金法）。澳洲 ATO 則就課稅為目的分為直線型主要成本（prime cost）與凸型減價法（diminishing value）兩種。

（二）觀察法─調整耐用年數
　　建物累積折舊額之計算，除考量物理及功能因素外，並得按個別建物之實際構成部分及使用狀態，考量經濟因素，觀察維修及整建情形，推估建物之剩餘經濟耐用年數，加計已經歷年數，求算耐用年數，並於估價報告書中敘明。此時經濟耐用年數 N＝已經歷年數 n＋剩餘經濟耐用年數 n'。

（三）耐用年數法與觀察法適用之差異
　1.耐用年數法將所有建物耐用年數視為一致，雖簡易但

不符不動產之異質特性。

　　2. 觀察法重視個別建物實際維修及整建情形，除物理因素外，探討建物功能及經濟折舊因素，調整耐用年數計算折舊更為精確；惟需仰賴估價經驗及技術。

　　3. 原則上兩者應併用。

註：折舊亦有市場抽取法及分解法等方法，請參考次頁補充。

伍、成本價格計算

　　成本價格計算式如下：
1. 土地成本價格＝土地總成本。
2. 建物成本價格＝建物總成本－建物累積折舊額。
3. 房地成本價格＝土地成本價格＋建物成本價格。

　　「前項土地價格之求取有困難者，得以比較法或收益法計算之，並於估價報告書中敘明。以比較法或收益法計算土地價格者，並需考量土地部分之廣告費、銷售費、管理費、稅捐、資本利息及利潤之合理性。」亦即土地價格如係依市場比較法推估，通常即無須再加計間接成本、利息、利潤；另考量土地之建築使用行為，可能隨社會經濟環境改變產生效用減損，故上述「計算土地價格，得考量已投入土地開發改良因時間經過造成之減損，並於土地總成本中扣除。」

※高考進階補充：
1. 「折舊」表示任何在新的總成本中估計所損失之價值。歸因於物理性折舊（physical deterioration）、功能性（技術性）退化，或經濟性（外部性）退化所產生之損失。「累計折舊」是某國家之歷史成本慣例下，會計表示抵銷（offset）資產原成本折舊之折扣（allowance）。估價累積折舊是一種市場的作用；而會計累計折舊不一定反應市場狀況。至折舊後重置成本法（DRC）用於直接市場證據限

制之財務報告目的中特殊財產的評價。

2. 衡量折舊其他方法：

建物折舊原因	折舊計算方式	
	可修復 curable（修復費小於修復後增值者）	不可修復 incurable（修復費大於修復後增值者）
物理因素	修復成本	耐用年數法、分解法（分為遞延維修 deferred maintenance、短年限項目 short-lived components、長年限項目 long-lived components）
功能因素	修復成本	比較法或收益減損資本化
經濟因素	外部、區域及環境因素皆不可修復，導致之減價歸屬於建物部分（比較法或收益減損資本化）	

3. 名詞解釋：

   (1). 修復成本：以修復至原來狀態所需成本。

   (2). 收益減損資本化：比較推算租金等收益減損額，以收益資本化率還原。

   (3). 市場抽取法（market extraction）：以不同經歷年數建物之重建成本與市價差額比較計算折舊率。公式如下：

   $$每年折舊率 = \frac{建物重建成本 - (房地總價 - 土地價格)}{建物重建成本} \div 經歷年數$$

   (4). 分解法（Breakdown Method）或綜合加權法：以各工程項目其成本比率及觀察折舊程度加權計算。

分解法舉例：

構成	折舊項目	觀察情形	觀察累積折舊率	成本比率	加權累積折舊率
結構	結構	10/(10＋40)	20%	50%	10.0%
裝修	外牆	10/25 十年前更新	40%	7%	2.8%
	內牆	10/10 十年前更新	100%	8%	8.0%

	地板	5/20 五年前更新	25%	6%	1.5%
	天花板	10/25 十年前更新	40%	5%	2.0%
	門窗	2/10 二年前更新	20%	6%	1.2%
設備	供電	2/10 二年前更新	20%	4%	0.8%
	供排水	2/20 二年前更新	10%	3%	0.3%
	瓦斯	2/20 二年前更新	10%	2%	0.2%
	衛浴	2/20 二年前更新	10%	4%	0.4%
	廚房	2/20 二年前更新	10%	3%	0.3%
	空調	0/10 今年剛換新	0%	2%	0.0%
合計			100%		27.5%

4. 另會計折舊與不動產估價折舊差異如下表：

差異項目	會計	不動產估價
重建成本時點	資產取得日期	價格日期
耐用年數	法定耐用年數	重視市場、經濟耐用年數並觀察調整
殘價率	依稅捐機關一定比率	通常視為零

陸、實務演練

一、某勘估標的之重建價格為二千萬，耐用年限五十年，年限期滿時之殘價率為 10%。試分別以定額法、定率法及償還基金法（折舊提存金之儲蓄利率為 2%），計算該勘估標的自第一年至第二十年之累計折舊總額。（92 年高考）

⊙解答：

1. 定額法：

$D_n = 2000 \times (1-10\%) \times 20/50 = 720$ 萬元。

2. 定率法：

   $2000 萬 \times 10\% = 2000 \times (1-d)^{50}$

   $1-d = 0.955$

   $D_n = 2000 萬 - 2000 萬 \times (0.955)^{20} = 1203.67 萬$

3. 償還基金法：

   每年折舊費：$1800 萬 \times 2\% / [(1+2\%)^{50} - 1] = 21.28 萬$

   累計折舊總額 $= 21.28 萬 \times [(1+2\%)^{20} - 1]/2\% = 517.05$ 萬（累積折舊額算利息做法）

二、請依定額法及償債基金法，就下表提供之資訊，算該建築物第 20 年年末之現值。（91 估價師理論）

重新建造原價	2,000,000 元	殘價(S)	200,000 元
耐用年數(N)	40 年	利率(r)	6%
複利現價率（6%,20 年）	0.3118	複利終價率（6%,20 年）	3.2071
複利年金現價率（6%,20 年）	11.4699	複利年金終價率（6%,20 年）	36.7856
償債基金率（6%,20 年）	0.0272	本利均等年賦償還率（6%,20 年）	0.0872
償債基金率（6%,40 年）	0.0065	本利均等年賦償還率（6%,40 年）	0.0665

⊙答：

（一）定額法：

   累積折舊額 $=(2,000,000 - 200,000) \times 20/40 = 900,000$

   建築物現值 $= 2,000,000 - 900,000 = 1,100,000$（元）

（二）償債基金法：

1. 累積折舊額不算利息

累積折舊額＝(2,000,000－200,000)×0.0065×20＝234,000
建築物現值＝2,000,000－234,000＝1,766,000（元）

2. 累積折舊額算利息

累積折舊額＝(2,000,000－200,000)×0.0065×36.7856＝430,392

建築物現值＝2,000,000－430,392＝1,569,608（元）

◆考古題◆

1. 採用耐用年數估計建物折舊之主要方法有那幾種？請列舉三種，並比較其優缺點。若以已經歷年數計算折舊，可能產生之問題為何？試評述之。（102年估價師）

2. 請說明運用成本法估價時，除了營造或施工費外，有關其他各種費用之計算基準，同時進一步說明不予計入與部分計入之處理方式。（102年高考）

3. 何謂貢獻原則？不動產估價時，對於建築改良物之建物累積折舊額之計算有那三種方法？請詳細說明其意涵。（97年經紀人）

4. 某建物之重建成本為200萬元，若第二年的價格為第一年價格的 98%，第三年的價格亦為第二年價格的98%，依此方式類推而折舊（定率法），請問經過10年後建物價格變成多少元？（97年經紀人）

    答：$200 \times (1-2\%)^{10} = 163.41$ 萬元

5. 何謂重置成本（replacement cost）？在何情況下可以使用重置成本進行估價？（96年經紀人）

6. 成本法估價（cost approach），係藉由價格日期重新建造勘估價的建築物所需成本再減累積折舊，以求得勘估價的建築物試算的價格的方法。試說明何謂「折舊」（depreciation）、折舊的發生原因及進行減價修正的方

法？（95年估價師理論）

7. 不動產之減價（折舊）因素有幾大類？對可回復者，其減價額度應如何掌握？對不可回復者，又該如何掌握？試詳分述之。（94年高考）

8. 請說明運用定額法、定率法及償債基金法估算建物折舊時，其適用時機各為何？並列舉耐用年數法有何適用上之限制？（93年地政高考估價）

9. 請論述採用成本法估價的理論基礎，並請說明此估價方法之應用與限制，並請略說明其操作程序。（92年估價師）

10. 請述明如何運用比較單位法（Comparative-Unit Method）進行建築物成本的估計。（92年估價師）

11. 何謂定額法？何謂定率法？同一建物採用何種方法折舊，第一年之折舊額較高？（92年經紀人）

12. 不動產估價的原價法（或稱成本法）中，造成不動產減價（或稱折舊）的主要因素為何？（92年交通人員升等）

13. 何謂成本法？請說明運用成本法估價之程序。（91年經紀人）

14. 假設一建築物 20 坪，重新建造成本每坪 50000 元，耐用年數 50 年，殘價率 10%。利率 5%年期 10 年的複利年金現價率、複利年金終價率與償還基金率分別為 7.7217、12.5779、0.0795；利率 5%年期 50 年的複利年金現價率、複利年金終價率與償還基金率分別為 18.2559、209.348、0.00478。請依定額法及償還基金法求算該建築物第十年的現值（91年基層特考）。

15. 估計建築物折舊額之方法可採取耐用年數法及觀察法，試分別說明其意涵及適用之差異。（91年經紀人）

16. 何以估價上有時需計算建築物減價折舊？並請述明如何

運用償債基金法（sinking fund method）計算此減價折舊額？（90年高考）

17. 某建築物重建成本為 1300 萬，耐用年限 20 年，殘價率 10%。試分別以定額法及定率法計算第一年至第十年之累計折舊總額。（90年升等）

18. 造成建築物價值減損（折舊減價）之因素有哪些？並請簡述進行減價修正時計算減損額之方法有哪些？（90年估價師）

19. 何謂構造耐用年數？何謂經濟耐用年數？（89年經紀人）（按：構造耐用年數即為物理耐用年數）

20. 某建築改良物已經歷了十年，已知其重建成本為五百萬，其耐用年限為五十年，其殘價率為 10%。請以定額法計算其折舊額。（89年經紀人）

21. 下列三種計算建築物現值之公式有何差別？實際估價時，宜採取哪一種公式？其理由何在？（74年乙特）
    (1). P＝C [1－(1-R)×n / N]
    (2). P＝C [1－(1-R)×(N－n') / N]
    (3). P＝C [1－(1-R)×n / (n＋n')]

22. 依收益法計算總費用時，下列項目中，請列舉五項不宜列入費用之項目，並詳述其理由。（一）重置提撥款（二）改良性資本支出（三）帳面折舊（四）所得稅（五）地價稅（六）土地增值稅（七）自有資本利息（八）貸款利息（九）房屋稅。（103年估價理論）

第二部分　土地開發分析法

壹、運用時機

　　建設公司興建房子銷售，土地開發部門即須搜尋可供買斷或合建之土地，建設公司於購買土地支付之價款如何與地主商談，購買土地是否有利，即須判斷該土地於興建房子銷售價格之獲利與否來判斷。若經由該建築企劃案所估計之總銷售金額反推土地開發前之素地價值（value），大於地主所願意出售之價格（price），則代表此土地開發案有利可圖；反之，若推算土地開發前之素地價格，小於地主所開出價碼，則代表此土地開發案無利可圖。此決策之依據通常採取土地開發分析法評估土地開發分析法價格。因此，「對以進行開發為前提之宗地，得採土地開發分析法進行估價，並參酌比較法或收益法之評估結果決定其估價額。」

貳、土地開發分析法定義及程序

一、土地開發分析法定義

　　指根據土地法定用途、使用強度進行開發與改良[14]所導致土地效益之變化，估算開發或建築後總銷售金額，扣除開發期間之直接成本、間接成本、資本利息及利潤後，求得開發前或建築前土地開發分析法價格。

---

[14] 土地開發型態舉例如下：土地建築、土地改良、市地重劃或區段徵收、都市更新、使用分區或使用地類別變更、使用地類別雖未變更而其使用強度增強等。

二、土地開發分析法估價程序

土地開發分析法之估價程序如下：
1. 確定土地開發內容及預期開發時間。
2. 調查各項成本及相關費用並蒐集市場行情等資料。
3. 現況勘察並進行環境發展程度之調查及分析。
4. 估算開發或建築後可銷售之土地或建物面積。
5. 估算開發或建築後總銷售金額。
6. 估算各項成本及相關費用。
7. 選擇適當之利潤率及資本利息綜合利率。
8. 計算土地開發分析法價格。

（一）確定土地開發內容及預期開發時間：以確定總銷售金額、成本費用等利息負擔。

（二）調查各項成本及相關費用並蒐集市場行情等資料：需蒐集土地及建物資料項目如下：
1. 開發構想計畫書。
2. 建築設計圖說或土地規劃配置圖說。
3. 建照申請書或建造執照。
4. 營造或施工費用資料。
5. 規劃、設計、廣告、銷售、管理及稅捐等費用資料。
6. 資本利率。
7. 開發或建築利潤率。

（三）現況勘察與環境發展程度之調查及分析：「包括下列事項：
1. 調查影響總銷售金額、成本及費用等因素。
2. 確認勘估標的之工程進度、施工及環境狀況並攝製必要

照片或影像檔。
3. 市場交易資料之蒐集、調查。
4. 週遭環境土地建物及公共設施開發程度。」俾進行（成熟度修正）。

（四）估算開發或建築後可銷售之土地或建物面積： 應依下列原則估算之：
1. 依建造執照及建築設計圖說或土地開發許可文件及規劃配置圖之面積。
2. 如未取得建造執照或土地開發許可文件時應按相關法令規定下最有效使用之狀況，根據土地之地形、地勢並參酌當地市場狀況等因素估算其可銷售面積。

以上可銷售面積之計算過程應詳列計算式以便校核。一般開發計畫可區分為已核准、待核准或草擬之計畫，原則上均在法令規定下最合理有效利用之狀況下予以推算。

（五）估算開發或建築後總銷售金額： 應按開發或建築後可銷售之土地或建物面積乘以推定之銷售單價計算之。銷售單價應以比較法或收益法求取之，可銷售面積中之各部分之銷售單價不同時，應詳列各部分之面積及適用之單價。

由於開發或建築個案於價格日期並無法悉數銷售完竣，故「銷售單價應考量價格日期當時銷售可實現之價值，以比較法或收益法求取之。」以免高估土地開發分析法價格。可實現之價值計算，得先預估未來銷售金額，並配合現況勘察與環境發展程度之調查及分析之成熟度修正觀念，再乘以複利現價率求取價格日期當時之現值為之。

（六）估算各項成本及相關費用
土地建築開發之直接、間接成本項目如下：

1. 直接成本：營造或施工費。
2. 間接成本[15]，其內容如下：
   (1). 規劃設計費：依成本法規定計算之。
   (2). 廣告費、銷售費。
   (3). 管理費。
   (4). 稅捐及其他負擔。

   前述直接、間接成本、利潤率及資本利息綜合利率應依成本法規定計算之。但相較於成本法資本利息分別自有資金及借貸資金計算，土地開發分析法係以資本利息綜合利率一併考慮，並含括土地資本利息在內。

3. 間接成本之計算如下：

   土地開發分析法為成本法之一環，間接成本推估方式相似，僅在於以總銷售金額為基礎，亦即「廣告費、銷售費、管理費及稅捐，應按總銷售金額乘以相關費率計算，相關費率應由全聯會定期公告之。」

（七）選擇適當之利潤率及資本利息綜合利率：土地開發分析法之資本利息綜合利率，應先依成本法規定計算資本利息年利率，並參考下列公式計算之：

資本利息綜合利率=資本利息年利率×（土地價值比率＋建物價值比率×$\frac{1}{2}$）×開發年數。

1.勘估標的資本利息負擔特殊（如非依一般分期平均投入成本、前期基礎結構耗費較多，$\frac{1}{2}$往上調整），或土地取得未立即營造施工（如建照執照於土地取得一段時間後始申請興建）者，資本利息綜合利率得再就前項規定之$\frac{1}{2}$部分調整計算，並於估價報告書中敘明。

---

[15] 成本法總成本項目並未區分為直接、間接成本，而土地開發分析法特別將規劃設計費、廣告費、銷售費、管理費、稅捐及其他負擔合計為間接成本以便於公式推導。

2.建物價值比率之建物價值，得以營造施工費加計規劃設計費計算之。

3.開發年數之估計應自價格日期起至開發完成為止無間斷所需之時間。

4.土地開發分析法之利潤率應依成本法規定計算之。

※資本利息綜合利率公式推導：

基於經過年期調整之資本利息綜合利率為 r×n，如於土地開發分析之應用時，除考慮建物部分之 1/2 之外，因所計算之利息包括土地成本於期初一次投入，資本利息綜合利率計算式如下：

$S = [(V + V \times r \times n) + (C+M) + (C+M) \times r \times n \times 1/2] \times (1+R)$

$\Rightarrow S = [V+(C+M)] + [V+(C+M)] \times 1/2 \times r \times n \times (1+R)$

$\Rightarrow S \div (1+R) = [V+(C+M)] + [V+(C+M)] \times 1/2 \times r \times n$

$\Rightarrow S \div (1+R) = [V+(C+M)] + [V+(C+M)] \times \dfrac{V+(C+M) \times 1/2}{V+(C+M)} \times r \times n$

$\Rightarrow S \div (1+R) = [V+(C+M)] + [V+(C+M)] \times [\dfrac{V}{V+(C+M)} \times \dfrac{1}{2} \times \dfrac{(C+M)}{V+(C+M)}] \times r \times n$

設 $\dfrac{V}{V+(C+M)}$ 為土地價值比率；$\dfrac{(C+M)}{V+(C+M)}$ 為建物價值比率

$\Rightarrow S \div (1+R) = [V+(C+M)] \times [1+(土地價值比率 + \dfrac{1}{2} \times 建物價值比率) \times r \times n]$

$\Rightarrow S \div (1+R) \div [1+(土地價值比率 + \dfrac{1}{2} \times 建物價值比率) \times r \times n]$
$= [V+(C+M)]$

$\Rightarrow V = S \div (1+R) \div [1+(土地價值比率 + \dfrac{1}{2} \times 建物價值比率) \times r \times n] - (C+M)$

故土地開發分析資本利息綜合利率 i＝

(土地價值比率 $+ \dfrac{1}{2} \times$ 建物價值比率) × r × n

（八）計算土地開發分析法價格：詳下述公式分析。

參、土地開發分析法價格計算公式

一、土地開發分析法價格之計算公式

土地開發分析法價格之計算公式如下：

$V = [S \div (1+R) \div (1+i) - (C+M)]$

其中：

V：土地開發分析法價格。
S：開發或建築後預期總銷售金額。
R：適當之利潤率。
C：開發或建築所需之直接成本。
M：開發或建築所需之間接成本。
i：開發或建築所需總成本之資本利息綜合利率。

開發年數之長短反應於利潤之數額或比率上，如假設工期一年所適用之利潤率為百分之十五，則工期兩年可能需提高為百分之二十。

二、公式推導與成本法之關聯

如對新成屋採成本法進行估價，其成本價格計算式如下：S＝[V＋(C＋M)＋I]×(1＋R)

其中各項代號同土地開發分析法公式，I 為土地及各項成本之資本利息。因 I 之計算依成本法規定甚為複雜，為簡化計，一般皆直接以土地及各項成本乘以資本利息綜合利率 i 為之，故上述公式變成：

S＝[V＋(C＋M)]×(1＋i)×(1＋R)

公式左右項目調換，公式爰變為：

V＝S÷(1＋R)÷(1＋i)－(C＋M)

即為土地開發分析法價格計算公式。

三、公式之比較檢討

「土地估價技術規範」[16]規定之土地開發分析法計算公式如下：$V = [S \div (1+R) - (C+M+I)] \div (1+i)^y$

上式較不動產估價技術規則公式之差別有：

I：直接及間接成本資本利息（不含土地）

y：估計開發年數（自土地取得至開發完成）

i：適當年利率（計算土地）

上述公式亦藉由成本法概念反推而來，推導如下：

$$[V \times (1+i)^y + (C+M+I)] \times (1+R) = S$$

故 $V = [S \div (1+R) - (C+M+I)] \div (1+i)^y$

基於上述，技術規範與技術規則公式差別有兩點：

(1). 技術規範將土地及建物利息分開計算，故公式呈現將開發完成時之素地價格考慮貼現概念。

(2). 技術規則以資本利息綜合利率概念，將土地及建物利息一併考慮。開發年數於資本利息綜合利率計算中已考慮，故公式未明顯呈現開發年數影響。

肆、預期開發法

根據林教授英彥於「不動產估價實務問題解答（二版）」（2004, spp19）[17]，對於可供開發而尚未開發之土地，即可

---

[16] 土地估價技術規範為不動產估價師法未通過前，內政部於八十二年公布供不動產鑑定業者參考之法規。

[17] 筆者於93年赴日研修三週，日本不動產研究所表示對預期開發法，其係稱為「控除法」，較「開發分析法」少用，公式亦有些不同：

$$X = \{A \times f - B(1+P)^{n'} - D(1+P)^{n''}\} \times \frac{1}{(1+P)^n} \times \frac{1}{(1+r)^{n'''}}$$

先估計開發完成後可出售單價,再扣除開發成本及利息,與各種負擔,餘額即為開發前的地價。公式如下:

$$X = \{A \times f - [(B+K)(1+np) + C]\} \times \frac{1}{1+n'p} \times \frac{1}{(1+r)^y} \times D$$

※估價師高考進階補充:
一、預期開發法
　　公式推導如下假設條件:

X:開發前素地價格	A:開發完成後之土地出售價格（單價）
M:開發變更前面積	N:開發變更後面積
B':開發工事費	B:開發工事費單價（即開發總工事費÷總開發面積）
K':各種負擔金	K:各種負擔（回饋）金單價
n':土地成本之利息負擔月數	n:開發工事費之利息負擔月數
C':間接費用	C:間接費用單價
p:資本利率（以月利計算）	r:年利率
y:自開發完成至宅地成熟階段之年數	$\frac{1}{(1+r)^y}$:成熟度修正率
D:個別因素之修正率	
f:有效宅地化率(亦即: $\dfrac{開發後實際可供建築面積}{全部開發地區面積－既存公共用地面積}$)	

　　建商開發完成後,銷售金額欲反應成本,其總售價與總成本支出應相等,如下所示:

P	年資本利益率(10%-13%)
D	附帶費用、管理費及銷售費單價
n	價格日期至銷售日之期間
n'	開發工事費及負擔金開始投入至銷售日之期間
n''	附帶費用、管理費及銷售費開始投入至銷售日負擔期間
n'''	宅地開發價格日期至間接成本負擔期間

A×N=(X×M)+(X×M)×n'p+(B'＋K')+(B'＋K')×np+C'

上開公式兩端皆除 M，上式即變為：

A×N/M[18]=X(1+n'p)+(B'＋K')(1+np)×1/M＋C'×1/M

A×f=X(1+n'p)+(B＋K)(1+np)+C

X={A×f-[(B＋K)(1+np)＋C]}×1/(1+n'p)

　　土地開發達到開發完成後出售價格之發展條件（居住品質），尚需等待一段期間。並非具備可建築之基地與道路、水溝、公園等即為成熟之居住地區，而是要有市場、學校、郵局、銀行、商店等均已設立，才算是成熟之宅地，因此尚需進一步作成熟度修正，故 X 欲成為開發前確定價格恐言之過早，若開發案所屬區域公共設施及生活機能發展尚未成熟，需再經過 y 年才達到預期出售價格環境下之成熟度，因此需再乘以 $\frac{1}{(1+r)^y}$；另再考量個別因素修正並乘以 D，以符合個案情況，如此上式將成為：

$$X = \{A \times f - [(B+K)(1+np)+C]\} \times \frac{1}{1+n'p} \times \frac{1}{(1+r)^y} \times D$$

　　n 及 n'之計算，若預計不動產開發興建銷售進度如下表所示，則開發工事費及土地成本之利息負擔月數計算方式如下：

月	不動產開發興建銷售進度	n：開發工事費之利息負擔月數	n'：土地成本之利息負擔月數
1-6	取得土地、申請開發許可、建築執照		
7-25	營造施工（營造施工費於施工期間平均投入）	(25－7)/2＝9	(25－1)＝24
26-36	銷售（銷售期間平均銷售）	(36－26)/2＝5	(36－26)/2＝5
合計		14（個月）	29（個月）

---

[18] N/M 即為：開發變更後面積／開發變更前面積，一般稱為有效宅地化率 f。

二、日本開發分析法

日本對應於我國土地開發分析之公式，日本稱為「開發分析法」(subdivision development analysis)[19]，公式如下：

$$P = \frac{S}{(1+r)^{n1}} - \frac{B}{(1+r)^{n2}} - \frac{M}{(1+r)^{n3}}$$

P	開發法計算之土地價格
S	總銷售金額
B	直接成本
M	間接成本
r	貼現率
n1	價格日期至銷售日之期間
n2	價格日期至直接成本投入期間
n3	價格日期至間接成本投入期間

公式推導如下：

$$S = P \times (1+r)^{n1} + B \times (1+r)^{n1-n2} + M \times (1+r)^{n1-n3}$$

$$\Rightarrow S = P \times (1+r)^{n1} + \frac{B}{(1+r)^{n2}} \times (1+r)^{n1} + \frac{M}{(1+r)^{n3}} \times (1+r)^{n1}$$

$$\Rightarrow P \times (1+r)^{n1} = S - \frac{B}{(1+r)^{n2}} \times (1+r)^{n1} - \frac{M}{(1+r)^{n3}} \times (1+r)^{n1}$$

$$\Rightarrow P = \frac{S}{(1+r)^{n1}} - \frac{B}{(1+r)^{n2}} - \frac{M}{(1+r)^{n3}}$$

日本實務上對開發法之收支評估期間，因收入與支出期間於不同比例分段發生，故公式可再演化如下：

$$P = S \times \left[\frac{s1}{(1+r)^{n11}} + \frac{s2}{(1+r)^{n12}} + \frac{s3}{(1+r)^{n13}}\right] - B \times \left[\frac{b1}{(1+r)^{n21}} + \frac{b2}{(1+r)^{n22}}\right] - M \times \left[\frac{m1}{(1+r)^{n31}} + \frac{m2}{(1+r)^{n32}}\right]$$

---

[19] 「開發分析法」詳日本不動產研究所「日本不動產鑑定評價基準（日英對照）」（2003,P256），及「要說不動產鑑定評價基準」（2003,P244）。「開發分析法」公式係於查估可立即開發之建地應用。但對於宅地預備地如現況為農地或林地之估價，因轉換至建地開發成熟乃至銷售階段費時甚鉅，此期間需積壓資金之利息考慮即有所不同，則慣用前述「控除法」公式。

三、美國應用公式

根據「聯邦土地取得通用估價準則」"Uniform Appraisal Standards for Federal Land Acquisitions (2000: 19)"：「Development Approach 開發法」係供當土地細分規劃銷售目的且無比較實例時之應用，可作為最高最有效使用效益之測試，並須留意價格日期與土地細分具有市場性之間的「時間差」，建照申請、建築時程、變更需要以及折現率的選擇至為重要。該書 P44 並認為詳細開發計畫需包含街道、設施、宗地規模及區位，並須考慮市場性之"去化分析"、預期利潤及折現率。縱然部分當局認為徵收未經開發土地不應有開發法之適用；聯邦法庭則認為如關於預期開發為住宅細分使用，於不久的將來可被預期，且有充分相關開發費用負擔之證明時，方可加以採信。

由於上開規範並未列舉應用公式，乃另查（Aro Woolery: 251）列有計算範例，根據該例題精神，該公式可整理如下：

$$V = [S-(C+M+R)] \times r \times \frac{(1+i)^n - 1}{i \times (1+i)^n}$$

R：利潤，
r：銷售比例
i：折現率

四、台美日土地開發分析法之比較探討

以下就我國土地開發分析法與日本開發分析法及控除法（預期開發法）綜合比較探討如下：

以下就我國土地開發分析法與日本開發分析法及控除法（預期開發法）綜合比較探討如下：

比較	我國	美國	日本	
	土地開發分析	宗地細分開發法	開發分析法	控除法（預期開發法）
適用時機	開發或建築前土地	大規模宗地細分開發	開發或建築前土地	開發或建築前土地（強調宅地預備地之適用）
利潤率	單獨考慮	單獨考慮	多併於「投下資本利益率」以折現率呈現	
資本利率	資本利息綜合利率	折現率		

	單利計算	複利計算		（單利）
開發年數	合併於資本利息綜合利率計算	主要反應於開發完成宗地售畢耗時	分段計算並考慮不同時期負擔比例	分段計算
成熟度修正率	未明顯考慮，須自行於總銷售金額調整	考慮去化分析	於總銷售金額考慮	有需要即考慮
土地及開發成本利息	合併於資本利息綜合利率計算	開發完成前後，分段合併計算	分開計算	
開發影響費、回饋金負擔	未明顯考慮	若有土地變更即需考慮	考慮	
有效宅地化率	公式以總價呈現，無須考慮			公式以單價呈現，考慮
個別因素修正	未考慮			預期開發法有需要即考慮

伍、開發成本法

根據林教授英彥於「不動產估價實務問題解答（二版）」（2004,p18），對於新近開發完成土地，係應用開發成本法。公式如下：

$$P = \frac{1}{f} \times \frac{1}{1-\alpha} \times \{(1+n'p)X + B(1+np)\}$$

※估價師高考進階補充：

以推導土地開發分析公式的成本公式為：$S = [V+(C+M)] \times (1+I) \times (1+R)$。

假設條件：

X'：土地取得總成本	P'：開發後總價
X：土地取得成本單價	P：開發後單價
M：開發變更前面積	N：開發變更後面積

B'：開發總成本	B：單位面積開發成本
p：月利率	α：管銷費率與利潤率
n'：計算土地成本之利息負擔月數	n：計算開發成本之利息負擔月數
f：有效宅地化率	

現將土地成本總價格 V 改以 X' 表示，直接間接總成本（C+M）改以 B' 表示，原資本利息綜合利率 i 改為土地及開發利息分別計算，總銷售金額 S 改為 P' 開發後價格表示，利潤率 R 改成管銷費率與利潤率一併考慮為 α。則上式將變成：

$$P' = \{X'(1+n'p) + B'(1+np)\} + P'\alpha$$
$$\Rightarrow P'(1-\alpha) = \{X'(1+n'p) + B'(1+np)\}$$
$$\Rightarrow P' = \{X'(1+n'p) + B'(1+np)\} \times \frac{1}{1-\alpha}$$
$$\Rightarrow P \times N = M \times \{X(1+n'p) + B(1+np)\} \times \frac{1}{1-\alpha}$$

上式左右兩端分別除以開發前土地面積 M，則成為以單價呈現之公式，即為開發成本法公式：

$$P = \frac{1}{f} \times \frac{1}{1-\alpha} \times \{(1+n'p)X + B(1+np)\}$$

全聯會未來就營造或施工費標準表、利潤率、廣告費、銷售費、管理費及稅捐等費率、建物工程進度營造費用比例表、建物經濟耐用年數表及建物之殘餘價格率公告之資料，依規則應先報請中央主管機關備查。以利內政部掌握一致之做法。

陸、估價實務

一、面積及總銷售金額推算

（一）面積推算

面積項目			計算方式	銷售分配
地上建物面積	主建物		基地面積×容積率	劃分屬地上建物
	附屬建物（陽台）	無梯廳	主建物面積×1/8 or 1/10	依各戶實際面積計算（一般分配至各層附屬建物為小公）
		有梯廳	主建物面積×15%	
	屋頂突出物	無昇降機設備	基地面積×建蔽率×1/8×2	大多認定為小公，由該梯各戶按比例分攤（估價多以大公分配至各層）
		有昇降機設備	基地面積×建蔽率×1/8×3	
地下建物面積	機電設備		不得超過主建物面積×15%（建商實際多規劃小於5%，亦有規劃於地上建物者）	屬小公部分，如梯間和蓄水池，由該梯各戶按比例分攤；屬大公部分，如各種機房，由該建照各戶按比例分攤（估價多以大公分配至各層）
	停車空間		基地面積×地下室開挖率×層數－（地下）機電設備面積	停車空間面積

(二)總銷售金額推算

項目	銷售金額
一樓	(主建物面積＋陽台面積＋屋突面積＋機電設備面積)×1÷總樓層數×一樓銷售單價
二樓層以上	(主建物面積＋陽台面積＋屋突面積＋機電設備面積)×(總樓層數－1)÷總樓層數×二樓以上銷售單價(若二樓以上各層單價不同則分各層計算)
停車位	車位數(坡道平面約 8-12 坪、升降平面約 7-10 坪、機械約 3-5 坪乙位)×車位銷售單價

註：以上所列乃基本推算方式，詳細計算尚需考慮之規定如下：

1. 陽台、梯廳及機房面積，應由建築技術規則所定之設計規範面積比值來推算。每層陽臺面積未超過該層樓地板面積之 10%部分，得不計入該層樓地板面積。每層共同使用之樓梯間、昇降機間之梯廳，其淨深度不得小於 2 公尺，其梯廳面積未超過該層樓地板面積 10%部分，得不計入該層樓地板面積。但每層陽臺面積與梯廳面積之和超過該層樓地板面積之 15%部分者（按：建築師規劃住宅大樓配置多採陽台 10%、梯廳 5%方式；辦公大樓則相反），應計入該層樓地板面積；至無共同使用梯廳之住宅用途使用者，每層陽臺面積之和，在該層樓地板面積 12.5%或未超過 8 平方公尺部分，得不計入容積總樓地板面積。機電設備空間、安全梯之梯間、緊急昇降機之機道、特別安全梯與緊急昇降機之排煙室及管理委員會使用空間面積之和，除依規定僅須設置一座直通樓梯之建築物，不得超過都市計畫法規及非都市土地使用管制規則規定該基地容積之 10%外，其餘不得超過該基地容積之15%。

2. 屋頂突出物高度在 6 公尺以內或有昇降機設備通達屋頂

之屋頂突出物高度在 9 公尺以內，且屋頂突出物水平投影面積之和，除高層建築物以不超過建築面積百分之十五外，其餘以不超過建築面積百分之十二點五為限，其未達 25 平方公尺者，得建築 25 平方公尺。

3. 開挖率各地區規範不一，原則上應依其都市計畫（細部計畫）之都市設計管制（審議）要點之規範。實務上常見者包括建蔽率＋10%、（1＋建蔽率）/2（即建蔽率加法定空地 1/2）等。

4. 獎勵容積除參考相關法規外，亦應符合其都市計畫（細部計畫）之規範。

5. 實施容積管制地區建築物高度限制，建築物高度依規定，建築物以 3.6 比 1 之斜率，依垂直建築線方向投影於面前道路之陰影面積，不得超過基地臨接面前道路之長度與該道路寬度乘積之半，且其陰影最大不得超過面前道路對側境界線；建築基地臨接面前道路之對側有永久性空地，其陰影面積得加倍計算。亦即 As≦（L×Sw）/2 且 H≦3.6（Sw＋D）其中：

As：建築物以 3.6 比 1 之斜率（高度與水平距離之比值），依垂直建築線方向，投影於面前道路之陰影面積。

L ：基地臨接面前道路之長度。

Sw：面前道路寬度。

H ：建築物各部分高度。

D ：建築物各部分至建築線之水平距離。

法令適用日 100 年 10 月 1 日以後之建造執照申請案，高度比免再依第 164 條檢討。

（三）實例演練（98 年估價實務考題）

尚夯公司擬購買某都市近郊區土地一筆，特委託王興旺估價師事務所辦理土地估價事宜。委託估價之基本資料如后：

勘估標的為○○市○○段 200 地號，價格日期為 98 年 7 月 1 日，勘察日期為 98 年 7 月 10 日，估價種類為正常價格。勘估標的位於都市計畫內住宅區，建蔽率 60%、容積率 200%，毗鄰完成多年之重劃區，市容新舊參半，建築物以五層以下透天店舖、住宅為多數；若以勘估標的為中心，半徑 500 公尺內有里鄰公園、小學、綜合中學、超級市場、診所、加油站、金融服務等設施，交通運輸狀況良好。

土地面積 1,000 平方公尺，可供興建 10 間四樓透天住宅，單面臨 8 公尺道路，平均深度 20 公尺，地勢平坦，呈長方形。不動產市場以中古屋為主，偶有預售個案推出，人口成長平穩，供給需求接近均衡狀態。

一、試以下列各項資金比例及五大公營行庫一年期定存利率與一般放款利率，計算資本利息綜合利率：
　　（一）五大公營行庫一年期定存利率 0.8%，一般放款利率 2.8%。
　　（二）土地投資之自有資金比例 30%，借貸資金比例 70%。
　　（三）建築投資之自有資金比例 40%，借貸資金比例 60%。
　　（四）土地價值比率 55%，建物價值比率 45%。
　　（五）土地開發年期 2 年（含建築開發年期 1.5 年）。

二、試以下列各項成本法資料，依土地開發分析公式推估該筆土地之土地開發分析價格：
　　（一）最有效使用分析：開發為地上四層之透天住宅，梯廳及附屬建物面積以總樓地板面積 1/8 計，屋頂突出物面積以建築面積 1/8 計。
　　（二）總銷售金額推估：預計每棟透天住宅銷售價為

900 萬元。

(三) 建築開發成本：營造施工費用以 11,000 元/平方公尺計，規劃設計費用以營造施工費用之 3%計，廣告銷售費用以總銷售金額之 3%計，管理費用以總銷售金額之 2%計，稅捐及其他負擔以總銷售金額之 1%計。

(四) 開發建築適當利潤率：以 10%計。

估價過程如下：
一、資本利息綜合利率

資本利息綜合利率	一年期定存利率	0.80%
	一般放款利率	2.80%
	土地投資之自有資金比例	30%
	土地投資之借貸資金比例	70%
	建築投資之自有資金比例	40%
	建築投資之借貸資金比例	60%
	土地價值比率	55%
	建物價值比率	45%
	土地開發年期	2
	建築開發年期	1.5
	土地資本利息綜合利率	4.4%
	建物資本利息綜合利率	1.5%
	資本利息綜合利率	3.095%

說明：
1. 土地資本利息綜合利率＝(0.8%×30%＋2.8%×70%)×2
2. 建物資本利息綜合利率＝(0.8%×40%＋2.8%×60%)×1.5÷2
3. 資本利息綜合利率=4.4%×55%＋1.5%×45%

二、土地開發分析計算

條件	項目	計算結果	計算式說明
基本條件	土地面積	1000	
	建蔽率	50%	200%/4(以實際建蔽率計算)
	容積率	200%	
	梯廳附屬建物所占比例	1/8	
	屋突所占比例	1/8	
土地開發分析	銷售面積	2,313	1000×200%×(1+1/8)+1000×50%×1/8
	總銷 S(10間×每棟900萬)萬元	9,000	900×10
	營造施工費C(1.1萬/m^2)	2,543.75	2313×11000/10000
	間接成本 M	616.31	以下四項加總
	規劃設計費	76.31	2543.75×3%
	廣告銷售費	270	9000×3%
	管理費	180	9000×2%
	稅捐及其他負擔	90	9000×1%
	利潤率 R	10%	
	土地開發分析價格(萬元)V	4,776.1	9000/1.1/1.03095-2543.75-616.31
	土地開發分析單價(元/m^2)	47,761	4,776.1/1,000×10,000

◆考古題◆

1. 運用土地開發分析法進行估價,除了必須確定開發計畫之可銷售土地與建築面積,同時估算總銷售金額與各項成本及相關費用,還有更重要的是如何有效選擇適當之利潤率及資本利息綜合利率,試說明利潤率及資本利息綜合利率計算依據與方法?(100年經紀人)

2. 大甲建設公司擬投資某一建地興建住宅，預估營建完成後之總銷售金額為 264 億元；若開發總直接成本為 100 億元，總間接成本為 20 億元，整個投資案的要求利潤率為 20%。今假設開發所需總成本之資本利息綜合利率為 10%，請問取得該建地之土地開發分析法價格為何？（97 年經紀人）

   答：264÷(1＋20%)÷(1＋10%)－(100＋20)=80 億元

3. 何謂「土地開發分析法」？運用「土地開發分析法」估價時，應如何決定適當之資本利息綜合利率？試分項敘明之。（95 年經紀人）

4. 何謂土地開發分析法，並請說明依此種方法進行估價之程序及計算公式？（94 年估價師）

5. 運用土地開發分析法估價時，會考量那幾種形成不動產價格原則？請列舉說明之。（93 年高考）

6. 某建設公司擬購買一塊山坡地來開發成別墅社區出售，在這種條件下，如何估計該山坡地價格。（92 年乙特）

7. 請說明土地開發分析法之定義及其估價流程。（92 年交通人員升等）

8. 何謂土地開發分析法？試依不動產估價技術規則之規定，說明該法之運用時機及計算公式。（91 年原住民特考）

9. 某建築商人擬購買一塊山坡地，將其開發興建別墅五十戶，然後將其土地與房屋一併出售，但在投資前，請代為估計該山坡地價格，此時，你將如何展開估價工作？運用何種估價公式？（74 年乙特、87 年基特）

10. 設有某筆農地位於都市近郊，可闢作住宅用途，該土地所有權人將土地估價之重責相託於你時，你將如何進行較為妥當？試述明其要。（87 年監特）

11. 試述宅地預備地之估價方法？（84 年公升）

12. 現有一筆建地，土地面積 1600 坪，位於都市計畫住宅區，建蔽率 50%，容積率 225%，所在地區生活機能健全，土地現況不需整地為可建築狀態。根據最有效利用原則確立未來土地開發方式為興建透天住宅，在計算開發完成之總銷售面積與蒐集市場行情之後，得知一年後建築完成之預期總銷售金額為新臺幣 12 億 4200 萬元（一年之資金折現率為 1.33%），建築所需的直接成本為新臺幣 1 億 8000 萬元，資本利息綜合利率為 1.94%，開發商的要求利潤率為 20%，規劃設計費用為營造費用的 3%，廣告銷售費用為總銷售金額的 5%，稅捐費用為總銷售金額的 1%，管理費用為總銷售金額的 3%，施工期間 1 年。請以土地開發分析法推估該土地的試算價格？（102 年經紀人）

13. 請說明土地開發分析法之意義及其與最有效使用原則、均衡原則、競爭原則、預測（期）原則、外部性原則間的關聯性。（103 年估價理論）

14. 某建築商要購買一塊住宅區土地，興建大廈出售，請問如何運用土地開發分析方式，評估其正常價格？（104 年估價理論）

第三節　收益法

壹、前言

收益法（Income approach）又稱收益資本化法或收益還原法，收益法是從原本與孳息的關係來進行估價。蓋利息是資本的報酬，欲求資本可以產生多少利息？只要將資本乘利率即得。易言之，欲得到某一定金額利息下，需投入多少資本？即將利息除利率即可。此為 原本 = $\dfrac{利息}{利率}$ 之關係。

不動產價格通常都相當龐大，購置不動產之後會產生收益，有如投入資本之後得到利息一樣，故不動產價格與收益之關係就如同資本與利息的關係，即不動產價格乘利率（收益資本化率）可得到收益。相反地，收益除收益資本化率即為不動產收益價格。如下式所示：

不動產價格 = $\dfrac{客觀淨收益}{收益資本化率}$。國際上一般將此稱為直接資本化法（Direct Capitalization），僅係收益法一部分，另一則為折現現金流量分析法（Discounted Cash Flow Analysis），為報酬資本化法（Yield Capitalization）之一環。我國規則即規定：「收益法得採直接資本化法與折現現金流量分析法等方法。」兩者所求得之價格均為收益價格。

> ※高考進階補充：
> 　　IVS（2011）對本法分為三類：收益資本化（Income capitalization method）、折現現金流量分析（Discounted Cash Flow method）及選擇權定價模式（Option pricing model）。收益資本化法又稱為 All risk yields method，適用於未來各年收益固定或變動不大情形。

貳、收益法定義及估價程序

一、直接資本化法

（一）定義：

直接資本化法，指勘估標的未來平均一年期間之客觀淨收益，應用價格日期當時適當之收益資本化率推算勘估標的價格之方法。

直接資本化法之計算公式如下：

$$收益價格 = \frac{未來平均一年期間之客觀淨收益}{收益資本化率}$$

直接資本化法慣以 $P = \dfrac{a}{r}$ 表示。

（二）公式推導：

設不動產未來每年產生之平均淨收益為 a[20]，r 為收益資本化率或折現率，今為求取不動產現值，其收益價格即為往後各年平均淨收益折現為目前淨收益之加總，如下所示：

第 1 年年末之淨收益為 a，折現到現在價格為 $a/(1+r)$。
第 2 年年末之淨收益為 a，折現到現在價格為 $a/(1+r)^2$。
第 3 年年末之淨收益為 a，折現到現在價格為 $a/(1+r)^3$。
……
第 n 年年末之淨收益為 a，折現到現在價格為 $a/(1+r)^n$。

因此 $P = \dfrac{a}{(1+r)} + \dfrac{a}{(1+r)^2} + \cdots + \dfrac{a}{(1+r)^{n-1}} + \dfrac{a}{(1+r)^n}$

---

[20] 當然不動產每年產生淨收益有所不同，但為求計算上可適用等比級數之收斂公式，故收益法係先求該不動產最近三至五年之淨收益，以推估未來平均一年淨收益作為往後每年淨收益之標準。

上式為一等比級數計算式，按等比級數公式，總和 = $\dfrac{首項 \times (1-公比^{項數})}{(1-公比)}$，今以 $\dfrac{1}{(1+r)}$ 為公比，a/(1+r)為首項代入，推導如下：

$$= \dfrac{\dfrac{a}{(1+r)} \times (1-\dfrac{1}{(1+r)^n})}{1-\dfrac{1}{(1+r)}} = \dfrac{\dfrac{a}{(1+r)} \times (1-\dfrac{1}{(1+r)^n})}{\dfrac{r}{(1+r)}} = \dfrac{a \times (1-\dfrac{1}{(1+r)^n})}{r}$$

設 n 為一定期間，則上式推導結果即為一定期間之收益價格，亦即將 a 乘以 $\dfrac{1-\dfrac{1}{(1+r)^n}}{r}$ 或 $\dfrac{(1+r)^n-1}{r \times (1+r)^n}$（複利年金現價率）。

另因不動產如土地具有永續性[21]，n 將趨近於無限大（$n \to \infty$），$\dfrac{1}{(1+r)^n}$ 將趨近於 0，則 P 即等於 $\dfrac{a}{r}$。

若淨收益 a 未來有成長情形，則可參考高登（Gordon）所發展的股利穩定成長模型：$P = \dfrac{a}{(r-g)}$

其中 g：為租金成長率

※高考進階補充：

公式推導：

$$P = \dfrac{a}{(1+r)} + \dfrac{a(1+g)}{(1+r)^2} + \dfrac{a(1+g)^2}{(1+r)^3} + \cdots + \dfrac{a(1+g)^{n-1}}{(1+r)^n} = \dfrac{\dfrac{a}{1+r}\left\{1-\left[\dfrac{(1+g)}{(1+r)}\right]^n\right\}}{1-\dfrac{1+g}{1+r}}$$

設 r>g，且 $n \to \infty$ 則上式 $\Rightarrow \dfrac{\dfrac{a}{1+r}}{\dfrac{r-g}{1+r}} = \dfrac{a}{r-g}$

---

[21] 土地能永久存在應無疑義，土地上之建物雖有耐用年限問題，收益可能僅能維持數十年，但若定期予以折舊提存，則建物耐用年限屆滿後亦可以提存金額重新建築，週而復始故建物亦可永續（此有稱「準永續」）。

二、折現現金流量分析法

(一) 定義：

折現現金流量分析法，指勘估標的未來折現現金流量分析法期間之各期淨收益及期末價值，以適當折現率折現後加總推算勘估標的價格之方法。折現現金流量分析法，得適用於以投資為目的之不動產投資評估。

(二) 公式：

折現現金流量分析法之計算公式如下：

$$P = \sum_{k=1}^{n'} CF_k/(1+Y)^k + P_{n'}/(1+Y)^{n'}$$

其中：

P：收益價格

CF_k：各期淨收益

Y：折現率

n'：折現現金流量分析期間

k：各年期

$P_{n'}$：期末價值

上述 CF_k 屬各期淨收益，若再扣減利息（及所得稅），方成為計算投資淨現值 NPV 或內部報酬率 IRR 之現金流量。

三、收益法估價程序

收益法估價之程序如下：
1. 蒐集總收入、總費用及收益資本化率或折現率等資料。
2. 推算有效總收入。
3. 推算總費用。
4. 計算淨收益。
5. 決定收益資本化率或折現率。

6. 計算收益價格。

應用收益法時，將收益期間之收入視為投入資本的每年獲利（Profit）或報酬（Reward），即投資之獲利（Return on Capital）；至於期末出售之所得則視為期初投入資本的回收（Return of Capital）。

（一）蒐集資料時間範圍及校核

收益法估價應蒐集勘估標的及與其特性相同或相似之比較標的最近三年間總收入、總費用與收益資本化率或折現率等資料。如蒐集最近三年間之資料有困難時，應於估價報告書中敘明。蒐集資料時，應就其合理性進行綜合研判，以確定資料之可用性，並得依其持續性、穩定性及成長情形加以調整。蒐集總收入資料，得就其不動產之租金估計之，以確認總收入資料之合理性。

推算總收入及有效總收入時，應與下列相關資料校核比較：
1. 勘估標的往年之總收入及有效總收入。
2. 相同產業或具替代性比較標的總收入及有效總收入。
3. 目前或未來可能之計畫收入。

要求取收益價格，則需要先掌握淨收益，然後以利率，亦即收益資本化率或折現率來還原，故淨收益與資本化率或折現率是影響收益價格大小的關鍵要素，茲予分述如下。

（二）淨收益觀念

1. 客觀淨收益

淨收益可分為實際淨收益與客觀淨收益兩種。客觀淨收益指在客觀上將該不動產做最有效利用時所能得到之收益。不動產估價，原則上應當採取客觀淨收益，如此方能真正反映該不動產的經濟價值。是以「客觀淨收益應以勘估標的作

最有效使用之客觀淨收益為基準，並參酌鄰近類似不動產在最有效使用情況下之收益推定計算之。」

2. 實際淨收益

由於買賣不破租賃，於既有承租戶租賃契約仍有效期間內，即使市場經濟租金高於契約約定租金，亦不太可能立即與承租人解約適用市場經濟租金。因此不動產投資所計算之投資價值，須考量此實際淨收益，尤其以不動產證券化投資或移轉之不動產契約租金作為受益證券受益人信託利益分配基礎者[22]，是以規則明定：「以不動產證券化為估價目的，採折現現金流量分析法估價時，各期淨收益應以勘估標的之契約租金計算為原則。但因情況特殊不宜採契約租金並於估價報告書中敘明者，不在此限。　前項契約租金未知者，應以市場經濟租金推估客觀淨收益。」如現有契約尚餘兩年，第三年以後未知，則以市場租金推估。

（三）閒置考量─總收入推算有效總收入

總收入係指「估價價格日期當時勘估標的按法定用途出租或營運，在正常情況下所獲得之租金或收入之數額」。假設今有一套房出租，月租金收入 2 萬元，此不動產年總收入當中，除了年租金為月租金合計 24 萬元（一般稱為支付租金）外，若房東於出租時另有收取押金或保證金，則押金或保證金（通常為 2 個月）之運用收益（如利率 2%，則運用收益為 $2 \times 2 \times 2\% = 0.08$ 萬元）亦應視為總收入之一部份並與租金收入合計為總收入（一般稱為實質租金）。但這樣的總收入不可能每年都穩定，尚須考慮並推算「閒置、承租人

---

[22] 此情形需搭配第二章作業程序中，折現現金流量分析法之收益價格應賦予相對較大之權重之規定，以符合其實際折現現金流量價值。惟仍須注意契約約定租金過高未來無法實現之風險，並於折現率予以相對提高。

積欠租金及其他原因」所造成之收入損失，總收入扣除此等收入損失後之餘額即為有效總收入。

（四）總費用推算

1. 項目種類：總費用項目視收益種類為出租收益或經營收益而有所差別。

(1). 出租費用：地價稅或地租、房屋稅、保險費、管理費、維修費等。

(2). 營運費用：除出租費用外，另包含各項營運費用。

以不動產證券化為估價目的者，其折現現金流量分析法之總費用應依信託計畫資料加以推算。

(3). 說明：

a. 收益法估價亦有收益收取者並非土地所有權人情形，雖無地價稅負擔但需支付地租。

b. 保險費計算應視實際情形，得包含火災險及地震險等各類保險費。

c. 勘估標的如有營業稅、仲介代理費等項目支出，得於營運費用中考量。

d. 按不動產證券化條例第9條第1項規定：「受託機構應依主管機關核准或向主管機關申報生效之不動產投資信託計畫，經營不動產投資信託業務。」[23]，故「以不動產證券化為估價目的者，其折現現金流量分析法之總費用應依信託計畫資料加以推算。」俾預測原則符合實際。

---

[23] 另不動產證券化條例第64條規定略以：「受託機構有下列情事之一者，處新臺幣六十萬元以上三百萬元以下罰鍰，並得責令限期辦理或改正；屆期仍未辦理或改正者，得連續處罰：一、違反第九條第一項或第三十二條第一項規定，未依不動產投資信託計畫或不動產資產信託計畫經營信託業務。」

2. 推算原則:「勘估標的總費用之推算,應根據相同或相似不動產所支出之費用資料或會計報表所載資料加以推算。」勘估標的若含農作改良物者,則依各種項目核實計算。其他支出如貸款利息、所得稅等,係屬個人投資負擔項目,於不動產估價則不需視為費用扣減。

＊不動產證券化 DCF 規範之比較

收益法	收益觀念	收入面	支出面	價格面
直接資本化法	客觀淨收益	市場經濟(正常)租金(規則第 33 條第 1 項)	規則第 38 條第 1 項	規則第 15 條第 1 項
DCF(適用於不動產證券化時)	實際淨收益	契約租金為主(規則第 33 條第 2-3 項)	應依信託計畫資料加以推算。(規則第 38 條第 2 項)	DCF 收益價格相對較大權重(規則第 15 條第 2 項)

(五)重置提撥費

「勘估標的總費用之推算,應推估不動產構成項目中,於耐用年數內需重置部分之重置提撥費,並按該支出之有效使用年期及耗損比率分年攤提。」以免該年耗費過大,甚至使淨收益為負值情況產生。如建物老舊天花板牆壁漏水之結構補強修繕,屋頂重置費,一則花費金額較大,二則此種修繕費並非年年需要花費,可能十年才需要補強一次。因此此種支出應按該支出之有效使用年期及耗損比率分年攤提提撥。

※高考進階補充：

◎相關費用實務計算：

1. 保險費：按實際負擔核實計算。火災險費率視建築式樣以千分之 0.39-2.99 計算，地震險每戶按保額新台幣 120 萬元計算，每年保費新台幣 1,459 元。可參考產險公會網站，實務上亦有以建物成本價格之 0.05%-0.2% 推估。
2. 維修費：實務上有以營造施工費之 0.1% 至 0.3% 推估者。
3. 地價稅（或地租）、房屋稅視實際支出核實認列。
4. 管理費亦視實際支出核實認列。惟需注意如屬出租之公寓所交管理費，係屬承租人負擔，不應計入出租人之總費用，而係推算水電及保全費用等出租人支出，或催收、法務、會計等基於使總收入來源穩定之努力部分。實務上有以年總收入之 0.5% 至 2.0% 者。

   以上推估時亦可參考估價師公會全國聯合會所擬「不動產估價技術公報-收益法之直接資本化法」。
5. 重置提撥費探討：

   （1）疑點：由於重置提撥費支出攤提造成淨收益減少，從而使收益價格降低。造成扣減該費者不動產價格變得較不值錢；反而不扣減者不動產價格較值錢，是否不公平？

   （2）釋疑：

   a.不動產經由重置提撥，相較於未修繕者，基於替代原則及競爭原則，租金收益將提高，故經由重置提撥者收益價格不致降低。

   b.凡不動產需重置提撥者，即需支出此項負擔，同樣依規定認列，則不會有不認列者價值相對較高問題，而有一公平結果。

   （3）美國做法：依美國估價協會之定義，「重置提撥費」（replacement allowance）或（replacement reserves）係屬電梯、外部粉刷、屋頂工程、地板工程、外牆粉刷、衛

浴設備、走道（車道、車位）……等，供建物須定期重建（置）之組成項目及設備部分，惟該定期重建（置）期間少於建物主體結構經濟耐用年數本身。每年攤提計算＝（該組成項目重置成本／該組成項目經濟耐用年數）×數量。

（4）日本觀念：

a.修繕費支出金額如為收益性支出，則其支出可列在該事業年度之費用中。但如判斷屬資本性支出，則該支出金額應先列入樓房資產，再以折舊形式轉化為未來費用。

b.資本性支出判斷基準有二：1.資產可能使用期間延長。2.資產價值增加。

c.收益性支出認列條件有三：1.該固定資產通常維持或管理費用。2.因災害等造成破損部分之回復原狀所需費用。3.為通常更換所必要費用。

（5）計算方式：如目前建物屋齡20年，剩餘耐用年數40年，剛重置一部電梯，該電梯有效使用年期10年，由於10年後此電梯亦將折舊完畢，屆時須再更換電池乙次，故需重置提撥是項支出費用。設重置提撥費50萬元，採直線法（定額法）各年平均耗損，則每年提列之重置提撥費為5萬元；另如以償債基金率計算，設機會成本年利率3%，即50萬元×償債基金率SFF（3%，10年）＝4.36萬。

（6）資本性改良支出（capital expenditure）：屬於建物增值或延長壽命之改良支出，如建物原本無電梯而加裝新電梯支出。此支出若於估價時已知，則應計入成本法估算。於收益法若反映於總收入提高，則應相對於總費用中認列。如此重置提撥費將轉化為資本性改良支出，成為成本價格之一部分，亦將轉化為折舊概念。

（六）建物折舊提存費

1. 折舊提存目的

直接資本化法以勘估標的未來平均一年期間之客觀淨收益，應用價格日期當時適當之收益資本化率或折現率還原推算勘估標的收益價格。基於前述公式推導，係以無限期永續性收益為前提，而建物既有耐用年限問題，如鋼筋混凝土結構建物之耐用年數 50 年，為使 50 年後有資金重新建造一棟建物俾繼續產生收益，在這 50 年間即須每年固定提存一部分金額，俟 50 年後累計這些金額作為重建基金，俾建物周而復始亦為永續，此每年提存金額須於有效總收入中扣除。

2. 折舊提存方式

據「勘估標的總費用之推算，除推算勘估標的之各項費用外，勘估標的包含建物者，應加計建物之折舊提存費，或於計算收益價格時，除考量建物收益資本化率或折現率外，應加計建物價格日期當時價值未來每年折舊提存率。」折舊提存有兩種方式：

(1) 於有效總收入扣除折舊提存費

建物折舊提存費，得依下列方式計算：

A. 等速折舊型：$C \times (1-s) \times \frac{1}{N}$。亦即以重建（置）成本×（1－殘價率）／經濟耐用年數。

B. 償債基金型：$C \times (1-s) \times \frac{i}{(1+i)^N - 1}$ 亦即以重建（置）成本×（1－殘價率）×償債基金率。

其中：

C：建物總成本。

s：殘餘價格率。

i：自有資金之計息利率。

N：建物經濟耐用年數。

前項建物總成本、殘餘價格率、自有資金之計息利率及

建物經濟耐用年數依成本法相關規定估計之。

※高考進階補充：
◎建物折舊提存費數學推理：
設 a 為折舊前淨收益，P×r 為折舊後淨收益（P＝a/r 之 a 因適用永續性公式，故 a＝P×r 為折舊後淨收益），(a－Pr)洽為每年折舊提存。至該每年折舊提存如何計算，推導如下：

$$(a-\text{Pr})\times n' = C(1-s) - C(1-s)\frac{n}{N} = C(1-s)\frac{n'}{N}$$

$$\Rightarrow a-\text{Pr} = C(1-s)\frac{1}{N} \Rightarrow P = \frac{a-C(1-s)\frac{1}{N}}{r}$$

設 C 為成本法總成本，s 為殘餘價格率，n'為剩餘耐用年數，故左式所需提列折舊總額即為經濟耐用年數屆滿後，尚所需籌措之建物重建經費，右式則為：總成本－殘餘價格－累積折舊額。等式兩邊經推導後，可求得折舊前淨收益若欲適用永續性公式，即需扣減 $C(1-s)\frac{1}{N}$ 費用，該折舊費用併入有效總收入中扣除，$a-C(1-s)\frac{1}{N}$ 即為折舊後淨收益。惟此種計算折舊方式仍維持定額法（等速折舊型）模式，且每年折舊費提存並未考慮利息。若對應其他折舊方式如償債基金法，則結果如下：

$$\Rightarrow (a-\text{Pr})\times\frac{[1-(1+i)^N]}{1-(1+i)} = C\times(1-s)$$

$$\Rightarrow a\times\frac{[1-(1+i)^N]}{1-(1+i)} - P\times r\times\frac{[1-(1+i)^N]}{1-(1+i)} = C\times(1-s)$$

$$\Rightarrow a\times\frac{[(1+i)^N-1]}{i} = C\times(1-s) + P\times r\times\frac{[(1+i)^N-1]}{i}$$

$$\Rightarrow a\times[(1+i)^N-1] = i\times C\times(1-s) + P\times r\times[(1+i)^N-1]$$

$$\Rightarrow a = \frac{C\times(1-s)\times i}{[(1+i)^N-1]} + P\times r$$

$$\Rightarrow P = \frac{a-C\times(1-s)\times\frac{i}{(1+i)^N-1}}{r}$$

由於折舊提存費非現金支出項目，一般實務較偏向以下第(2)種方式。

(2) 折舊前淨收益考慮折舊提存率

A.方式：勘估標的之總費用未加計建物折舊提存費者，於計算收益價格時，除考量建物收益資本化率或折現率外，應加計「建物價格日期當時價值未來每年折舊提存率」。分為兩種方式計算：

(a) 等速折舊型：$d=\dfrac{(1-s)/N}{1-(1-s)n/N}$

(b) 償債基金型：$d=\dfrac{i}{(1+i)^{n'}-1}$ （基於 s=0 之條件）

其中：

  d：建物價格日期當時價值未來每年折舊提存率。
  (1-s)$\dfrac{1}{N}$：折舊率。
  n：已經歷年數。
  n'：剩餘可收益之年數。
  i：自有資金之計息利率。

前項折舊率，依成本法相關規定估計之。

B.理由：為使收益法獨立運作，免因加計建物折舊提存費用而需先依成本法概念計算，故有以折舊前淨收益另考慮折舊提存率之情況，其收益價格之計算方式即以折舊前淨收益，除以建物收益資本化率或折現率並加計建物價格日期當時價值未來每年折舊提存率，如 Hoskold 之運用即類似此種情形。

C.比較：收益法中有關折舊後淨收益所稱之折舊提存，指以未來提存之尚未發生折舊提存，並必須先以成本法算出建物現值，再據以計算折舊提存。至成本法中折舊為過去已發生者，即計算建物自興建完竣至價格日期之間的累積折舊額。故收益法"建物價格日期當時價值未來每

年折舊提存率"與成本法"折舊率"有別。以前述等速折舊型為例，兩者間之關係為：建物價格日期當時價值未來每年折舊提存率=折舊率／（1－累積折舊率）

至前項折舊率，依成本法相關規定估計之。

D.釋疑：

a、建物價格日期當時價值未來每年折舊提存率，即是以「未來每年折舊提存」除以「建物價格日期當時價值」所算得之比率，

b、如勘估標的包含建物時，無論採「加計建物之折舊費用」，或「折舊提存率」，計算結果實無不同。美國不動產估價亦有類似舉例，其中考慮 recapture rate 時，基於殘價率為零時，計算結果亦與「折舊提存率」相同，亦較為簡便。

※高考進階補充：

美國估價學會不動產估價原文如下~

The Appraisal of Real Estate (2001: 532): The valuation conclusions with or without an allowance for replacement（重置提撥/折舊提存）are identical:

如無提撥則反映於收益資本化率（overall rate）較大

Without an allowance for replacements		With an allowance for replacements	
Net operating income	$85,000	Net operating income	$82,500
Overall rate	0.085	Overall rate	0.0825
Capitalization: $85,000 / 0.085	$1,000,000	Capitalization: $82,500 / 0.0825	$1,000,000

c、折現現金流量估價因多應用於投資估價，非以長期持有為目的，故較無建物折舊提存需要；但若欲應用直接資本化法公式，如未提列折舊提存則不符其理論基礎與公式根源。

d、老舊建物雖收益較少，惟直接資本化法若確實考慮建物於未來無窮時間（包括新建後）之「未來平均一年期間之客觀淨收益」則收益不會始終處於老舊時期之低檔。除非認為該建物無重建更新可能者，則應以一定期間收益價格計算之，不宜應用直接資本化法永續性公式。

※高考進階補充：
＊「建物價格日期當時價值未來每年折舊提存率」推導：
設 a 為折舊前淨收益，C 為成本法總成本，s 為殘餘價格率，已扣除折舊費用之計算結果，與未扣除折舊費用，建物收益資本化率或折現率另加計「折舊提存率」計算結果將相同。故公式推導如下：

$$P = \frac{a - C(1-s)\frac{1}{N}}{r} = \frac{a}{r+d} \Rightarrow ar = a(r+d) - C(1-s)(r+d)\frac{1}{N}$$

$$\Rightarrow ar = ar + ad - Cr(1-s)\frac{1}{N} - Cd(1-s)\frac{1}{N} \Rightarrow d\left[a - C(1-s)\frac{1}{N}\right] = Cr(1-s)\frac{1}{N}$$

$$\Rightarrow d = \frac{Cr(1-s)\frac{1}{N}}{a - C(1-s)\frac{1}{N}} = \frac{Cr(1-s)\frac{1}{N}}{Pr + C(1-s)\frac{1}{N} - C(1-s)\frac{1}{N}}$$

$$= \frac{Cr(1-s)\frac{1}{N}}{r[C - C(1-s)\frac{n}{N}]} = \frac{(1-s)\frac{1}{N}}{1-(1-s)\frac{n}{N}}$$

上式推導結果即為：「折舊率／（1－累積折舊率）」，上式折舊率乃定額法（等速折舊型）之計算結果。若應用償債基金法計算提存（儲蓄利率設為 i），公式推導將變為下式：

$$P = \frac{a - C(1-s)\frac{i}{(1+i)^{n'}-1}}{r} = \frac{a}{r+d} \Rightarrow ar = a(r+d) - C(1-s)(r+d)\frac{i}{(1+i)^{n'}-1}$$

$$\Rightarrow ar = ar + ad - Cr(1-s)\frac{i}{(1+i)^{n'}-1} - Cd(1-s)\frac{i}{(1+i)^{n'}-1}$$

$$\Rightarrow d\left[a - C(1-s)\frac{i}{(1+i)^{n'}-1}\right] = Cr(1-s)\frac{i}{(1+i)^{n'}-1}$$

$$\Rightarrow d = \frac{Cr(1-s)\frac{i}{(1+i)^{n'}-1}}{a - C(1-s)\frac{i}{(1+i)^{n'}-1}} = \frac{Cr(1-s)\frac{i}{(1+i)^{n'}-1}}{\Pr + C(1-s)\frac{i}{(1+i)^{n'}-1} - C(1-s)\frac{i}{(1+i)^{n'}-1}}$$

$$= \frac{Cr(1-s)\frac{i}{(1+i)^{n'}-1}}{r[C - C(1-s)\times\frac{i}{(1+i)^{n'}-1}\times\frac{(1+i)^n-1}{i}]} = \frac{(1-s)\frac{i}{(1+i)^{n'}-1}}{1 - (1-s)\times\frac{i}{(1+i)^{n'}-1}\times\frac{(1+i)^n-1}{i}}$$

計算結果仍為：「折舊率／（1－累積折舊率）」，如果 s=0 且 n=0（即 n'=N）則折舊提存率變為償債基金率之計算結果。

◎「建物價格日期當時價值未來每年折舊提存率」名稱檢視：

「建物價格日期當時價值未來每年折舊提存率」（以下簡稱「折舊提存率」），與成本法「折舊率」有所不同。「折舊率」在耐用年限內每年固定，「折舊提存率」則隨著經歷年數而改變，故需強調「建物價格日期當時價值，未來每年」概念。「折舊提存率」等於「折舊率／（1－累積折舊率）」關係，亦可以「建物價格日期當時價值，未來每年，折舊提存率」闡明，推導如下：

$$d = \frac{\textit{未來每年折舊提存}}{\textbf{建物價格日期當時價值}} = \frac{\frac{C - C(1-s)\frac{n}{N} - Cs}{n'}}{C - C(1-s)\frac{n}{N}} = \frac{C(1-s) - C(1-s)\frac{n}{N}}{n'[C - C(1-s)\frac{n}{N}]}$$

$$= \frac{C(1-s)(1-\frac{n}{N})}{Cn'[1-(1-s)\frac{n}{N}]} = \frac{C(1-s)\frac{n'}{N}}{Cn'[1-(1-s)\frac{n}{N}]} = \frac{(1-s)\frac{1}{N}}{1-(1-s)\frac{n}{N}}$$

因此在等速折舊型定額法概念下,「折舊提存率」之推導與上述獲致相同結果。

不同年度折舊提存率均不相同,其變化圖如圖:

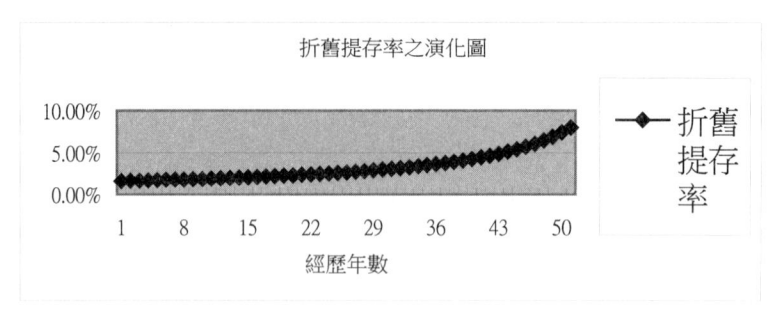

折舊提存率之演化圖

(圖:縱軸為折舊提存率0.00%~10.00%,橫軸為經歷年數1~50)

＊美國做法介紹:

美國對上述折舊提存率稱為 recapture rate,設建物剩餘耐用年數為 n'年,則 recapture rate＝1/n'。因其將建物耐用年限屆滿視為無殘餘價格（s=0）,若以前述「折舊率／（1－累積折舊率）」推導如下:

$$\frac{(1-s)\frac{1}{N}}{1-(1-s)\frac{n}{N}} = \frac{\frac{1}{N}}{1-\frac{n}{N}} = \frac{\frac{1}{N}}{\frac{n'}{N}} = \frac{1}{n'}$$

（七）淨收益之推算

「有效總收入減總費用即為淨收益。淨收益如係營運性不動產之淨收益,應扣除不屬於不動產所產生之其他淨收益」。此種營運不動產所產生收益中,部分可能係歸屬於企業經營之商譽所致,由於該部分收益並非不動產本身所產生,而是四大生產要素中之企業家精神所創造,故應予以扣除,以免高估不動產本身所產生之淨收益,亦即收益分配原則（剩餘生產力原則）之掌握。

四、決定收益資本化率或折現率

　　由淨收益以收益資本化率或折現率除之，便可求得收益價格。但收益資本化率或折現率稍有偏差，收益價格則差距很大，故收益資本化率或折現率之大小實為重要關鍵所在，若決定不夠正確，將對收益價格產生「差之毫釐、失之千里」情況。惟收益資本化率或折現率之決定不易，這也是國內較少用收益法估價之原因。

　　影響收益資本化率或折現率大小的因素很多，但主要項目為無風險利率（safe rate/risk free）、貨幣貶值率（inflation）及風險貼水率（risk premium）等。收益資本化率或折現率應於下列各種方法中，綜合評估最適宜之方法決定：

（一）風險溢酬法（Risk Premium）

　　收益資本化率或折現率應考慮銀行定期存款利率、政府公債利率、不動產投資之風險性、貨幣變動狀況及不動產價格之變動趨勢等因素，選擇最具一般性財貨之投資報酬率為基準，比較觀察該投資財貨與勘估標的個別特性之差異，並就流通性、風險性、增值性及管理上之難易程度等因素加以比較決定之。

　　下圖為一證券市場線（Security Market Line, SML），表示不同投資財貨間風險與報酬之關係，其中風險最低者為政府公債，投資報酬率也愈低；其次為銀行定存，其較政府公債多違約風險，其次為公司債、股票、土地、成屋、建物、預售屋及期貨，圖形如下。不動產投資報酬率即需選擇其中最具一般性投資報酬率為基準再比較修正決定之。

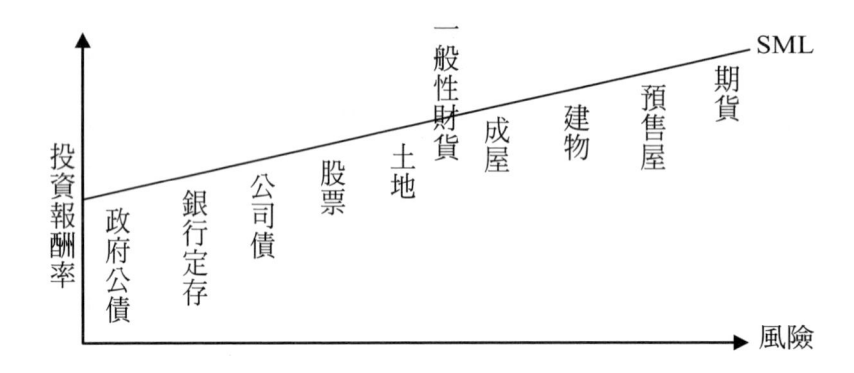

```
                                                    SML
                                            期
                                         預 貨
                                      建 售
                                   成 物 屋
                                一 屋
                                般
                                性
                             土 財
                          股 地 貨
                       公 票
                    銀 司
                 政 行 債
     投         府 定
     資         公 存
     報         債
     酬
     率
                                                    風險
```

舉例：如下表所示，設一般性財貨投資報酬率為 3%，經比較不動產變現較差、風險較大、有增值空間、管理較繁瑣，故調整後得出不動產收益資本化率或折現率[24]為 5%。

一般性財貨投資報酬率	3%
流通性	＋1%
風險性	＋1%
增值性	-0.5%
管理難易	＋0.5%
收益資本化率或折現率	5%

（二）市場萃取法（market extraction）

選擇數個與勘估標的相同或相似之比較標的，以其淨收益除以價格後，以所得之商數加以比較決定之。

如假設蒐集有比較標的 A~C 之價格及淨收益資料如下表，則可計算 A~C 收益資本化率或折現率，並比較決定勘估標的收益資本化率或折現率為 7.5%[25]。

---

[24] 收益資本化率與市場俗稱之投資報酬率有別，因收益資本化率＝淨收益／價格；投資報酬率慣以租金總收入／價格，故同一不動產，投資報酬率高於收益資本化率。

[25] 7.5%並不一定將 A~C 之收益資本化率加權平均計算，應依估價師之專業判定。

比較標的	淨收益	比較標的價格	收益資本化率或折現率
A	2,175,000	25,000,000	8.70%
B	1,716,000	23,000,000	7.46%
C	1,562,500	22,500,000	6.94%

（三）**加權平均資金成本法**：依加權平均資金成本方式決定，其計算式如下：

收益資本化率或折現率 $= \sum_{i=1}^{n} w_i k_i$

其中：

w_i：第 i 個資金來源占總資金成本比例，$\sum_{i=1}^{n} w_i = 1$。

k_i：為第 i 個資金來源之利率或要求報酬率。

此方式慣稱 WACC（Weighted average cost of capital），資金來源一般分為兩類，公式＝(E/V)×RE＋(M/V)×RM

E ：自有資金

M ：貸款資金

V ：總投資額

RE：要求報酬率

RM：貸款利率

舉例而言：折現率＝40%×10%＋60%×6%＝7.6%

上式如將貸款利率 RM 改為貸款常數 MC（Mortgage Constant）或本利均等年賦償還率，又可稱為貸款常數法。

（四）**債務保障比率法**（Debt Coverage Ratio/DCR）：依債務保障比率方式決定，其計算式如下：

收益資本化率或折現率＝債務保障比率×貸款常數×貸款資金佔不動產價格比率

此方式慣稱 DCR 法，公式＝DCR×MC×LR

　　DCR：債務保障比率＝NOI / DS

　　MC：貸款常數＝DS / Loan

　　LR（Leverage Ratio）：貸款資金占不動產價格比率（槓桿比率）＝Loan / V

　　舉例而言：DCR=30/20=1.5、MC=20/500=4%、LR=500/800

　　折現率=1.5×4%×5/8=3.75%

（五）有效總收入乘數法：考量市場上類似不動產每年淨收益占每年有效總收入之「合理淨收益率」，及類似不動產合理價格除以每年有效總收入之「有效總收入乘數」，以下列公式計算之：

$$收益資本化率或折現率 = \frac{淨收益率}{有效總收入乘數}$$

　　舉例而言：淨收益=15、有效總收入=22、合理淨收益率=15/22、類似不動產合理價格=400、有效總收入乘數=400/22

$$收益資本化率 = \frac{15/22}{400/22} = 15/22 \times 22/400 = 3.75\%$$

收益資本化率或折現率之決定，除了上述之外，如有採取其他方法計算之必要時，應於估價報告書中敘明。

※估價師高考層級進階補充：
◎收益資本化率或折現率參考資料如下表：

類　　型	收益資本化率或折現率
一般住宅不動產	2.5%~3.5%
店面及辦公室不動產	4.2%~5.5%
出租套房	4.7%~6.0%
工業土地	2.5%~3.5%
零售商業百貨、商場	7.0%~9.0%

> 資料來源：內政部 94 年地價人員收益法講習資料（近年房價漲租金未漲，因此收益資本化率較先前降低）

◎在不動產住宅使用之估價方式中，「收益還原法」之「還原率」通常與「銀行定期存款利率」有無差別？試舉例相關指標評析不動產景氣繁榮、低迷時期之還原利率高低情形。（94估價師特考理論）

擬答：1. 收益資本化率除以銀行定期存款利率、政府公債利率為基礎外，另需考慮不動產投資之風險性、貨幣變動狀況及不動產價格之變動趨勢等因素之風險溢酬。

2. 就過去十年軌跡而言，租金水準受制於契約約定，需較長時間方能反映市場經濟租金水準；而價格則是有消息即有預期，有預期即有變動，因此會造成還原利率的波動。隨著景氣變化之還原利率高低情形如下：

　　(1) 景氣時，價格飆漲高於租金上漲幅度，故還原率下降。

　　(2) 不景氣時，初期業主僅願降低租金，不願承認價格下跌，故還原率更低，而交易產生僵滯。

　　(3) 直到貸款投資的業主感受資金壓力或將被銀行列為 NPL 時，價格才會狂跌，使還原率短期內大幅提高。

　　(4) 直到買氣回籠初期，才又因租金緩步上漲，價格則有同時緩步上漲預期，還原率仍維持高檔。

　　(5) 持續買氣刺激市場交易與景氣預期，此時自用、投資與投機客都會陸續進場，使價格上漲高於租金上漲幅度，故還原率又下降，而回到階段(1)。

　　以住宅舉例而言，1995 年的還原率約在 3.5~4.5%，1998 年降為 3~4%，2002 年提高至 4.5~6%，2006 年初約 4~5%。

　　以 A 辦而言，1995 年的還原率約在 4.5~5%，1998 年降為 4~4.5%，2002 年提高至 6~6.5%，2006 年初約 5~5.5%。

◎收益資本化率或折現率計算亦有下述方法：

1. 折舊前所適用之資本化率(R')

   R'＝R（折舊後所適用之資本化率）× $\dfrac{折舊後淨收益＋折舊費}{折舊後淨收益}$

2. 折現率推估法

   資本化率＝折現率－淨收益變動率

3. Inwood cap rate

   例：投資期間 n 年，要求年收益率為 i，則

   $R_0 = i + \dfrac{1}{FVIFA(i,n)} = i + SFF(i,n)$

4. 艾爾伍德還原率法（Ellwood Capitalization Rate）：乃以加權平均資本還原率減去每年權益增加之比率，即為基本還原率，再減去（或加上）資產可能產生之年增值（或貶值）率而得。

每年權益增加之比率即為「貸款成數與期末累積已還本金比率及年金終值因子倒數之乘積」，即期末累積所還之權益額度分配至每年之比率。在本金分期償還之貸款（Amortization Loan）中，每期償額包含了本金及利息，而權益之增加（Equity Build-up）即為逐期之累計本金償額，而前述計算加權平均資金成本時，已隱含此權益增加，因此艾爾伍德還原率應扣除此項權益增加，同時再減去（或加上）每年資產可能產生之增（貶）值率。

例：單立欲投資價值 1000 萬不動產，銀行可貸 60%，年利率 10%，二十年內按月還本息，自有資金之利率若為 8%，單立預期持有十年後轉售價將貶值 20%，則本案 Ellwood 收益資本化率為何？

答：$R = 60\% \times MC(10\%/12, 20 \times 12) \times 12 + 40\% \times 8\% = 10.15\%$

權益增加比率 $= 1 - BAL(10\%, 20, 10) = 1 - 0.73024 = 0.26976$

每年權益增加比率 $= 60\% \times 0.26976 \times SFF(10\%, 10) = 0.01016$

$R0 = 10.15\% - 0.01016 + 20\% \times SFF(10\%, 10) = 10.39\%$

據日本不動產鑑定評價基準（2008），常用方法如下：
1. 類似標的買賣案例比較方法
2. 資產負債比率

   對於獲得標的資產所需之複合資本投資（即資產及負債），以加權平均其各別資本化率，據以決定資本化率的方法。
3. 依土地及建物的資本化率比例決定的方法

   當標的資產包含建物及坐落基地時，藉由所占比例加權平均實體複合物（即土地及建物）之各別資本化率，據以決定資本化率的方法。
4. 考慮與折現率關係的方法

   考慮標的資產的淨現金流量成長率，藉由收益變動下的折現率，推估資本化率的方法。

參、收益價格計算

一、土地收益價格

土地收益價格計算方式如下：

1. 地上無建物者：

$$土地收益價格 = \frac{土地淨收益}{土地收益資本化率}$$

2. 地上有建物者：

$$土地收益價格 = \frac{(房地淨收益 - 建物淨收益)}{土地收益資本化率}$$

建物淨收益依下列計算式求取之。

　a. 淨收益已扣除折舊提存費用者：

$$建物淨收益 = 建物成本價格 \times 建物收益資本化率$$

b. 淨收益未扣除折舊提存費用者：

建物折舊前淨收益＝建物成本價格×（建物收益資本化率＋建物價格日期當時價值未來每年折舊提存率）

「土地殘餘法」：對於地上有建物之房地產，以其房地淨收益求土地收益價格，學理上稱為土地殘餘（land residual）法。即就房地淨收益中扣除建物淨收益，以求取土地淨收益，並以土地收益資本化率還原得出土地收益價格之方法。本法較適用於建物尚未老舊情況，其估價步驟如下：

(1) 蒐集房地總收入、總費用及收益資本化率或折現率等資料。
(2) 推算房地有效總收入。
(3) 推算房地總費用。
(4) 計算房地淨收益。
(5) 計算建物淨收益＝建物成本價格×建物收益資本化率。
(6) 計算土地淨收益＝房地淨收益－建物淨收益。
(7) 決定土地收益資本化率。
(8) 計算土地收益價格。

二、建物收益價格

建物收益價格依下列計算式求取之：

1. 淨收益已扣除折舊提存費者：

$$建物收益價格 = \frac{建物淨收益}{建物收益資本化率}$$

$$建物收益價格 = \frac{(房地淨收益-土地淨收益)}{建物收益資本化率}$$

2. 淨收益未扣除折舊提存費者：

$$建物收益價格 = \frac{建物折舊前淨收益}{(建物收益資本化率＋建物價格日期當時價值未來每年折舊提存率)}$$

$$建物收益價格 = \frac{房地折舊前淨收益－土地淨收益}{(建物收益資本化率＋建物價格日期當時價值未來每年折舊提存率)}$$

前述土地淨收益，可先以比較法求取土地比較價格後，再乘以土地收益資本化率得之。

『**建物殘餘法**』：對於地上有建物之房地產，以其房地淨收益求建物收益價格，學理上稱為建物殘餘（building residual）法。即就房地淨收益中扣除土地淨收益，以求取建物淨收益，並以建物收益資本化率還原得出建物收益價格之方法。其估價步驟如下：

(1) 蒐集房地總收入、總費用及收益資本化率或折現率等資料。
(2) 推算房地有效總收入。
(3) 推算房地總費用。
(4) 計算房地淨收益。
(5) 計算土地淨收益＝土地價格×土地收益資本化率。
(6) 計算建物淨收益＝房地淨收益－土地淨收益。
(7) 決定建物收益資本化率。
(8) 計算建物收益價格。

※高考層級補充：
1. 日本土地殘餘法公式

考慮一棟建物構造當中，主體結構部分與附屬設備部分之耐用年數有所不同，因此需考慮兩者比率及對應耐用年數關聯：

$$L = \left\{ a_{lb} - B \times \left[\frac{x}{1-\left(\frac{1+g}{1+r}\right)^{nx}} + \frac{y}{1-\left(\frac{1+g}{1+r}\right)^{ny}} \right] \times (r-g) \right\} \times \alpha \times \frac{1}{(r-g)}$$

> 以上符號代表意義如下：
> L：土地收益價格 a_{lb}：房地淨收益 B：建物成本價格
> x：建物主體部分比率 y：建物設備部分比率
> n_x：建物主體部分耐用年數 n_y：建物設備部分耐用年數
> r：收益資本化率 g：淨收益每年成長率 α：未收入期間修正率

2. 財務殘餘法：分為自有資金殘餘法與抵押貸款殘餘法二種。

   A.自有資金殘餘法：從淨收益中扣除歸屬於抵押貸款之收益（debt service），即可求得歸屬於自有資金之收益（cash flow），再以自有資金資本化率還原，即可求得自有資金價值。

   B.抵押貸款殘餘法：從淨收益中扣除歸屬於自有資金之收益（cash flow），即可求得歸屬於抵押貸款之收益（debt service），再以抵押貸款資本化率還原，即可求得抵押貸款價值。

三、房地收益價格

$$房地收益價格 = \frac{房地淨收益}{房地綜合收益資本化率}$$

房地綜合收益資本化率除依前述資本化率單元介紹之方式決定外，亦得依下列計算式求取之：

a. 淨收益已扣除折舊提存費者：

房地綜合收益資本化率＝土地收益資本化率×土地價值比率＋建物收益資本化率×建物價值比率

b. 淨收益未扣除折舊提存費者：

房地綜合收益資本化率＝土地收益資本化率×土地價值

比率＋（建物收益資本化率＋建物價格日期當時價值未來每年折舊提存率）×建物價值比率

前述所稱土地價值比率及建物價值比率，應參酌當地市場調查資料，運用估價方法計算之。

鑒於上述收益價格公式文字陳述過於繁瑣，以下以英文字母顯示收益價格計算公式：

一、土地收益價格 1. 地上無建物者： 　　$P_l = a_l / r_l$ 2. 地上有建物者：（土地殘餘法） 　　$P_l = (a_{lb} - a_b)/r_l$ 　　折舊後 $a_b = C \times r_b$ 　　折舊前 $a_b = C \times (r_b + d)$	【試算對照】 1. 略 2. 地上有建物者：（土地殘餘法） 　折舊後 $P_l = (15 - 7.5)／3\% = 250$ 　折舊前 $P_l = (18 - 10.5)／3\% = 250$ 　折舊後 $a_b = 150 \times 5\% = 7.5$ 　折舊前 $a_b = 150 \times (5\% + 2\%) = 10.5$ （N=50、n=0、s=0%、C=150-0×150× 2%=150；$d = \frac{2\%}{1 - 2\% \times 0} = 2\%$） （N=60、n=10、s=0%、C=180-10×180× 1.67%=150；$d = \frac{1.67\%}{1 - 1.67\% \times 10} = 2\%$）
二、建物收益價格（建物殘餘法） 1. 折舊後 $P_b = a_b / r_b$ 　　$P_b = (a_{lb} - a_l)/r_b$ 2. 折舊前 $P_b = a_b／(r_b + d)$ 　　$P_b = (a_{lb} - a_l)/(r_b + d)$ 　　$a_l =$ 比較價格 $P_l \times r_l$	1. 折舊後 　$P_b = (15 - 7.5)／5\% = 150$ 2. 折舊前 　$P_b = (18 - 7.5)／(5\% + 2\%) = 150$ 　$a_l = 250 \times 3\% = 7.5$
三、房地收益價格 　$P_{lb} = a_{lb} / r_{lb}$ 1. 折舊後 　$r_{lb} = r_l \times L／(L+B) + r_b \times B／(L+B)$	三、房地收益價格 1. 折舊後 　$r_{lb} = 3\% \times 250／(250+150) + 5\% \times 150／(250+150) = 3.75\%$ 　$P_{lb} = 15／3.75\% = 400$

2.折舊前	2.折舊前
$r_{lb}=r_l\times L/(L+B)+(r_b+d)\times B/(L+B)$ 以上英文字母代表意義為： P_l=土地收益價格 P_b=建物收益價格 P_{lb}=房地收益價格 a_l=土地淨收益 a_b=建物淨收益 a_{lb}=房地淨收益 r_l=土地收益資本化率 r_b=建物收益資本化率 r_{lb}=房地收益資本化率 C=建物成本價格 d=建物價格日期當時價值未來每年折舊提存率 L／(L＋B)=土地價值比率 B／(L＋B)=建物價值比率	$r_{lb}=3\%\times 250/(250+150)+(5\%+2\%)\times 150/(250+150)=4.5\%$ $P_{lb}=18/4.5\%=400$

＊不動產證券化估價議題

（一）持有期間宜配合資產信託有出售計畫期間

　　DCF 持有期間估計，IVS 注意事項（Guidance Notes）第 9 號，對 DCF 界定為收益法範疇中運用電腦科技，折現率應以市場特性相同案例萃取、理論上應反映機會成本，分析期間為 5 至 10 年，期末回收價值估計可選擇數種方式決定。我國不動產證券化除不動產投資信託（以下簡稱 REITs）通常會先持有獲取穩定租金或營運收益，不動產資產信託（以下簡稱 REAT）受益證券則類似債券，信託計畫有明確到期處分期程。估價採 DCF 宜與信託計畫配合。

（二）市場租金應考慮契約租金調整

國外收益法無論採直接資本化法或 DCF，皆先以市場租金估價，若市場租金高於契約租金，則須考量扣減契約租金低於市場租金之 shortfall 部分。但我國實務界對直接資本化法通常未考慮契約租金，故 REITs 為主之 DCF 法針對該營運不動產預期收益查估，應以契約租金、證券化後未來信託計畫尤其是公開說明書可確認部分之營運收支估算，在 REITs 部分更應賦予 DCF 法相對較大權重決定最終價格。

（三）不動產證券化估價定位問題

按不動產證券化條例第 22 條：「受託機構運用不動產投資信託基金進行達主管機關規定之一定金額以上之不動產或不動產相關權利交易前，應先洽請專業估價者依不動產估價師法規定出具估價報告書。」，另按同條例第 8 條：「不動產投資信託計畫，應記載下列事項：五、信託財產預期收益之評價方法、評估基礎及專家意見。」在美國除非估價師受委託有界定應另估計包含企業經營（含執照、商譽、權利金、專利權等無形資產及動產等）價值之 REITs 價值（value of a REIT），否則應查估 REITs 中之不動產價值（value of real estates）為原則。

（四）折現現金流量估價是否須考量折舊提存

有關 DCF 各期營運淨收益折現值雖未計折舊提存，但因「不動產期末出售折現值 Y」通常係以 a^{n+1}/r 計算，屬於直接資本化法應用，故 a^{n+1} 則須扣折舊提存費，否則則須於 r 加計折舊提存率。

（五）證券化重估僵固性問題

不動產證券化條例設計定期重估機制，估價師往往僅進行價格日期調整，通常以價格不變為最終結果，亦不免發生再次定錨（anchor）效應。美國有 "wratcheting" 傾向，因外界期待 REITs 值，故每三個月重估較不容易下跌，甚至有調高趨勢。

> （六）期末收益率原則高於期初收益率
>
> 　　根據風險溢酬（risk premium）概念，考慮通貨膨脹貼水後，處分所用之資本化率亦將較高。因未來不確定（uncertainty）較高，即可反應較高風險貼水。

四、一定期間之收益價格

　　一定期間之收益價格，依下列計算式求取：

$$P = a \times \frac{1 - \frac{1}{(1+r)^{n'}}}{r}$$

其中：
P：收益價格
a：平均一年期間折舊前淨收益
r：收益資本化率
n'：可收益之年數

　　收益價格已知者，適用該公式反推平均一年期間折舊前淨收益。

　　　　一定期間終止後如有期末價值者，收益價格得加計該期末價值之現值，期末價值並得扣除處分不動產所需之相關費用。

　　此公式之證明，即為於前述推導 $\frac{a}{r}$，在尚未假設 $n \to \infty$ 前所獲致之成果。

　　勘估標的之收益期限為一定期間者之收益價格計算方式，即以淨收益乘「複利年金現價率」求算收益價格。一定期間之收益價格於估價學理上另有 Inwood 及 Hoskold 方法。

（一）Inwood 方式：

即將勘估標的未來平均一定期間之折舊提存前淨收益，折算為現值總和之方法。簡言之，即以折舊提存前淨收益，乘以房地綜合收益資本化率（r）及可收益之年數（n'）為基礎之複利年金現價率求取收益價格。其計算式如下：

$$P = a \times \frac{(1+r)^{n'} - 1}{r(1+r)^{n'}}$$

Inwood 公式與前述一定期間收益價格 $P = a \times \frac{1 - \frac{1}{(1+r)^{n'}}}{r}$ 公式相同：

$$a \times \frac{1 - \frac{1}{(1+r)^{n'}}}{r} = a \times \frac{\frac{(1+r)^{n'} - 1}{(1+r)^{n'}}}{r} = a \times \frac{(1+r)^{n'} - 1}{r(1+r)^{n'}}$$

相同地，一定期間終止後如有期末價值者，收益價格得加計該期末價值之現值，期末價值並得扣除處分不動產所需之相關費用。期末價值可能為建物殘餘與拆除清理價格之複利現值。

（二）Hoskold 方式：

對於需收回原本之勘估標的估價，可以未來平均一年期間折舊提存前淨收益，以收益資本化率加可收益年數下之償債基金率（類似折舊提存率概念）還原求取收益價格。如對於耗竭性不動產礦山估價，因礦山開採有年限，屆滿即需另覓新地點重新開採，其開採成本或權利金負擔即有賴開採年限內，每年提存收回。其計算式如下：

$$P = \frac{a}{r + \frac{i}{(1+i)^{n'} - 1}}$$

相同地，一定期間終止後如有期末價值者，收益價格得加計該期末價值之現值

※高考進階補充：
＊請列式說明何謂「Hoskold 估價方式」？並評述其應用場合及運用要領。（93 估價師理論）
答：
1. Hoskold 方式及運用要領：（略）
2. Hoskold 公式推導：

設原本為 P，每年折舊提存前淨收益為 a，收益資本化率為 r，n'為可收益年數，i 為對折舊提存金之儲蓄利率。因(a-Pr)洽為每年折舊提存，為求期滿還本，每年折舊提存本利合計之終值等於原本：

$(a-Pr) \times (1+i)^{n'-1} + (a-Pr) \times (1+i)^{n'-2} + \cdots + (a-Pr) \times (1+i) + (a-Pr) = P$

$\Rightarrow (a-Pr) \times \frac{[1-(1+i)^{n'}]}{1-(1+i)} = P$

$\Rightarrow a \times \frac{[1-(1+i)^{n'}]}{1-(1+i)} - Pr \times \frac{[1-(1+i)^{n'}]}{1-(1+i)} = P$

$\Rightarrow a \times \frac{[(1+i)^{n'}-1]}{i} = P + Pr \times \frac{[(1+i)^{n'}-1]}{i}$

$\Rightarrow a \times [(1+i)^{n'}-1] = Pi + Pr \times [(1+i)^{n'}-1]$

$\Rightarrow a \times [(1+i)^{n'}-1] = P\{i + r \times [(1+i)^{n'}-1]\}$

$\Rightarrow P = a \times \frac{(1+i)^{n'}-1}{\{i + r \times [(1+i)^{n'}-1]\}}$

$\Rightarrow P = a \times \frac{1}{\frac{\{i + r \times [(1+i)^{n'}-1]\}}{(1+i)^{n'}-1}}$

$\Rightarrow P = \frac{a}{r + \frac{i}{(1+i)^{n'}-1}}$

3. Hoskold 應用場合：
(1). 一般為一定期間收益價格估價之應用。
(2). 但實際上就上開公式推導，為求期滿還本而儲蓄提存，資本至耐用年限屆滿遞減為零；但因僅建物有還本需要，故上開公式之勘估標的僅對建物而言。

(3). 由於一般估價標的通常亦含土地，故實務上 Hoskold 估價應用時機有限。

(4). 如美國 Hoskold 估價係應用於耗竭性不動產如礦山估價，因礦山開採有壽命，年限一到需另覓新地點重新開採，其開採成本即有賴年限內提存。

(5). 近年來由於電腦進步，DCF 方法便利，故已取代 Hoskold 方式。

(6). 據日本資深估價師表示，目前亦很少應用 Hoskold 方式。

(7). 因收回原本採儲蓄利率不同於不動產收益資本化率，故相對於 Inwood 之單還原率，而有雙還原率法之稱。

*Hoskold 方式以償債基金率為折舊提存率，折舊提存率亦僅附加於建物收益資本化率之後（因上開公式推導僅對建物重建價格 P 提存還本）。另 Hoskold 方式結果與前述'建物價格日期當時價值未來每年折舊提存率'採償債基金觀念之推導結果：

$$\frac{(1-s)\frac{i}{(1+i)^{n'}-1}}{1-(1-s)\times\frac{i}{(1+i)^{n'}-1}\times\frac{(1+i)^n-1}{i}}$$

如將殘價率視為零（s＝0），且於期初即開始提存還本，故 n＝0，則上式將直接演變成償債基金率 $\frac{i}{(1+i)^{n'}-1}$。亦回到 Hoskold 公式。

至於 Inwood 及 Hoskold 之關聯，若將 Hoskold 之儲蓄利率 i 改為與收益資本化率 r 相同，則 Hoskold 即變成 Inwood：

$$P=\frac{a}{r+\frac{i}{(1+i)^{n'}-1}}=\frac{a}{r+\frac{r}{(1+r)^{n'}-1}}=\frac{a}{\frac{r\times(1+r)^{n'}}{(1+r)^{n'}-1}}=a\times\frac{(1+r)^{n'}-1}{r\times(1+r)^{n'}}$$

說明：設折舊前淨收益 a 為 30 萬元，儲蓄利率為 2%，收益資本化率 r 為 5%，建物耐用年數為 50 年，試分別計算 Inwood 及 Hoskold 之價格？

$$\text{Inwood}：30(萬元) \times \frac{(1+5\%)^{50}-1}{5\% \times (1+5\%)^{50}} = 5,476,778(元)$$

$$\text{Hoskold}：\frac{30(萬元)}{5\% + \frac{2\%}{(1+2\%)^{50}-1}} = \frac{30(萬元)}{5\% + \frac{2\%}{(1+2\%)^{50}-1}} = \frac{30(萬元)}{6.18\%} = 4,852,547(元)$$

以上 Inwood 及 Hoskold 計算結果之差別，在於每年提存固定折舊費用（a-Pr）下，Inwood 以較高收益資本化率 r 提存，故於建物耐用年數屆滿時，本利合計之重建基金較高。兩者答案之差別是否代表不動產價格有不同結果？比較如下：

方法	每年折舊費（a-Pr）	提存利率	50年複利年金終價率	重建費用
Inwood	30萬元−5%×5,476,778 =26,161	5%	209.35	5,476,778
Hoskold	30萬元−5%×4,852,547 =57,373	2%	84.58	4,852,547

若將兩者皆改成折舊後淨收益以收益資本化率還原，分別表示如下：

$$\text{Inwood}：\frac{300,000 - 26,161}{5\%} = 5,476,778$$

$$\text{Hoskold}：\frac{300,000 - 57,373}{5\%} = 4,852,547$$

以上可見雖折舊前淨收益相同，但折舊提存方式有別，折舊後淨收益不同，於收益資本化率一致下，不動產本身價格即不同。

以上 Inwood 及 Hoskold 方法，學理上亦有單還原率法及雙

還原率法之稱。因用於一定期間收益價格估價,故通常於租賃權及地上權等應用。計算舉例如下:

1. 設每年年底淨收益 1627.52 元,為期 10 年,報酬率 10%。設投資人無須負擔所得稅,則期初應投入多少本金?(Inwood 單還原率法應用)

   答:本金＝1627.52× 複利年金現價率 PVIFA(10%,10)＝10,000 元

2. 設每年年底淨收益 200,000 元,為期 20 年,報酬率 10%。設投資人無須負擔所得稅,則期初應投入多少本金?

   答:本金＝200,000× 複利年金現價率 PVIFA(10%,20)＝1,702,713 元

＊本案報酬率既有 10%。以上所得現值 1,702,713 元若以 P＝a／r 公式觀之,a＝1,702,713×10%＝170,271.3 元,與 200,000 元之差距 29728.7 元,因非永續性為求期滿還本,將之乘複利年金終價率 FVIFA(10%,20),即得原本 1,702,713 元。

＊若求該不動產所有權價格,為 200,000/10%＝2,000,000 元。永續所有權與一定期間租賃權價格差距 297,287 元（2,000,000 元－1,702,713 元）,乘複利終價率 FVIF(10%,20),即得 2,000,000 元。故少賣之 297,287 元即所有權人保住 20 年後仍有所有權之代價。

3. 設每年年底淨收益 10,000 元,為期 10 年,投資報酬率 10%。為求期滿保本,每年支提部分收益存入無風險性帳戶,利率 2%,則期初應投入多少本金?(Hoskold 雙還原率法應用)

   答:本金＝10,000／[10%＋償債基金率 SFF(2%,10)]＝10,000/(0.1＋0.0913)＝52,274 元

※高考進階補充：
◎淨收益計算是否須扣利息及所得稅？

　　淨收益之計算依投資財務之現金流量表表示如下：

　　總收入　　　　　（Potential Gross Income；PEI）
－空置及欠租損失（Vacancy and Collection loss）
　　有效總收入　　　（Effective Gross Income；EGI）
－總費用　　　　　　（Operating Expense；OE）
　　淨收益　　　　　（Net Operating Income；NOI）
－償債支出　　　　　　　（Debt Service；DS）
　　稅前現金流量　　（Before Tax Cash Flow；BTCF）
－所得稅　　　　　　　　　　　　（Tax；T）
　　稅後現金流量　　（After Tax Cash Flow；ATCF）

　　就不動產估價而言，求得淨收益即可以收益資本化率或折現率還原得出不動產收益價格，該合理價格只有一個，不因不同所有權人支付之利息與所得稅差異而產生差別。

　　惟於不動產投資，因著重投資人於投資期間之現金流量獲利，而非不動產本身價值，故需再扣減償債支出及所得稅。且不動產投資之總費用通常不將折舊費計入現金支出，折舊係於所得稅計算時考量：

　　淨收益（Net Operating Income；NOI）
－利　息　　　　　　（Interest；Int）
－折　舊　　　　　　（Depriciation；D）
　　可課稅所得　　　（Taxable Income；TI）
×稅　率　　　　　　（Tax Rate；TR）
所得稅　　　　　　　（Tax；T）

＊Inwood 方式和折現現金流量分析法，經常被用以估計有收益期限之不動產市場價值，請列示各該計算公式，並闡

述其間的差異。(91估價師理論)

兩者差異	Inwood方式	折現現金流量分析法
應用目的	一般為估價	估價並適用於投資
各其淨收益	固定（因採未來平均一年期間客觀淨收益）	不固定（以未來各期分別計算）
淨收益之加總	以單一年收益俾利等比級數彙總公式	須將各期分別折現加總
期末價值	不會特別強調期末價值	因投資多會伺機轉售賺取差價，故會有期末價值
應用比率	收益資本化率	折現率

另外，折現現金流量分析法公式之分子雖為 CFk，但與 Inwood 同為淨收益，而非投資所算之現金流量。

※投資期望報酬之分析方法：

(一) 經驗法（Rule of Thumb Method）：（本法未考慮時間因素）

1. 還本期間法：
　　指單求支出於第幾年期可被收益完全抵銷，致本益平衡，但不考慮還本後之現金流量。
2. 投資報酬率法＝年平均利潤（總利潤／投資年期）／資本額

(二) 比率分析法：
　　計算下列各項比率與估價當期產業平均值或過去數值進行比較分析，並作投資可行性之評估。其各項比率如下：
1. 負債比率：指負債總額與資產總額之比。LVR＝L／V
2. 涵蓋比：指淨收益與貸款分期償還額之比值。DCR＝NOI／DS

3. 本益平衡點（本益均衡率）：指經營費用加貸款分期償還額之和與有效總收入之比值。BR＝(OE＋DS)／EGI

4. 總資產周轉率：指有效總收入與資產總額之比值。TATR＝EGI／V

5. 經營費用率：指經營費用與有效總收入之比值。OER＝OE／EGI

6. 最高貸款率（Maximum Loan Ratio; MLR）：指總資金淨收益除以期望涵蓋比後再與本利均等年賦償還率（MC）之比值。ML＝NOI／期望 DCR／MC

（三）現金流量折現法：NPV.IRR

1. 淨現值法（Net Present Value）：

指將某投資案未來之收支以要求報酬率逐期折算為現值後，加總之。其計算公式為：

$$NPV_E = \sum_{t=1}^{n} \frac{ATCF}{(1+k)^t} + \frac{ATER}{(1+k)^n} - E$$

NPV 為自有資金淨現值

ATCF 為自有資金稅後收益

ATER 為稅後資本回收額

n 為年期

k 為要求報酬率

E 為自有資金

淨現值必須大於或等於零始可投資，否則放棄投資。

2. 內部報酬率法（Internal Rate of Return）：

指計算當淨現值等於零時之報酬率，亦即折現之總投資收益，等於折現之總投資支出。本法之求算需多次嘗試，直到淨現值介於正負之間後，利用插入法，求得近似之報酬率。其計算公式為：

$$NPV_E = \sum_{t=1}^{n} \frac{ATCF}{(1+IRR)^t} + \frac{ATER}{(1+IRR)^n} - E = 0$$

若內部報酬率 IRR 大於投資者要求報酬率，則可投資，否則放棄投資。

為提高投資建議之精準度，需重複前述之步驟，進行敏感度或模擬分析。

◎敏感度分析

敏感度分析的關鍵是如何將不同投資假設變數給予最樂觀（Optimistic）、最可能及最悲觀（Pessimistic）之適當數值，如某變數在最悲觀假設下，投資案仍可行；或某變數在最樂觀假設下，投資案仍不可行，則投資者毋庸費心該不敏感變數，並可予以剔除，以突顯影響較大之敏感度變數，作為重點考量。

◎模擬分析

指將各變數之可能數值和其發生之或然率合併考慮。其進行步驟如下：

1. 可控制變數數值之確立。
2. 預測不可控變數之一組數值和其各別之發生或然率。
3. 隨機抽選不可控變數後與可控變數搭配成組。
4. 計算該組之內在報酬還原率或淨現值。
5. 重複 3.4.步驟至壹百組以上，以產生相當數目之內在報酬還原率或淨現值。
6. 繪製內在報酬還原率或淨現值之概率分布，以觀察該投資案之可能報酬率之分布情形，作為投資人之參考。

肆、實務演練

1．建物殘餘法

1-1 設基地面積 50 坪，及地上建物 2 層，面積 75 坪出租。已知房租所算折舊前淨收益為 500,000 元，基地之土地比較

價格經求取為每坪 100,000 元,設建物收益資本化率為 6%,"建物價格日期當時價值未來每年折舊提存率"為 2%,土地收益資本化率為 4%,求建物單價為何?

答:土地總價＝100,000 元／坪×50 坪＝5,000,000 元

$$建物價格 = \frac{500,000 - 5,000,000 \times 0.04}{(0.06 + 0.02)} = 3,750,000$$

建物單價＝3,750,000／75＝50,000 元

1-2 某不動產折舊前淨收益為 20 萬元,建物經濟耐用年數 40 年,建物收益資本化率 5%,設土地比較價格 400 萬元,土地收益資本化率 3%,試問建物價格及不動產總價為何?

答:建物價格＝(20－400×3%)／(5%＋1／40)＝8／7.5%＝106.7 萬元

不動產總價＝506.7 萬元

2・土地殘餘法

2-1 若建物與基地一併出租,每年折舊前淨收益為 500,000 元,建物依成本法計算其成本價格為 3,000,000 元,設建物收益資本化率為 6%,"建物價格日期當時價值未來每年折舊提存率"為 2%,土地收益資本化率為 4%,求土地價格為何?

答:

$$土地價格 = \frac{500,000 - 3,000,000(0.06 + 0.02)}{0.04} = 6,500,000$$

2-2 某不動產折舊前淨收益為 20 萬元,建物剩餘經濟耐用年數 40 年,建物收益資本化率 5%,設建物成本價格 200 萬元,土地收益資本化率 3%,試問土地價格及不動產總價為何?

答:土地價格＝[20－200×(5%＋1／40)]／3%＝166.67 萬元

不動產總價＝366.67 萬元

（說明：若 N＝50, n＝10, r＝0%，1/40＝2%/(1－10×2%)）

3．不同折舊方式之收益資本化法

某不動產折舊前淨收益為 20 萬元，土地與建物價值比為 6:4，估計建物殘餘耐用年數 20 年，建物收益資本化率 5%，土地收益資本化率 3%，試問不動產收益價格為何？

答：(1). 定額法

折舊提存率＝1/20＝0.05

綜合收益資本化率＝3%×0.6＋(5%＋0.05)×0.4＝0.058

不動產收益價格＝20/0.058＝344.83 萬元

(2). 償債基金法

設儲蓄利率為 2%，則折舊提存率＝2%/[(1＋2%)20－1]＝2%/0.4859＝0.04

不動產綜合收益資本化率＝3%×0.6＋(5%＋0.04)×0.4＝0.054

不動產收益價格＝20/0.054＝370.37 萬元

4．何謂 Hoskold 方式之收益還原法？

如基於房屋折舊前之純收益為 350,000 元，基地和建築物還原利率為 0.07，建築物之殘餘耐用年數為 15 年，對建築物之折舊提存金儲蓄利率為 0.03，試問該不動產之收益價格為何？（利率為 0.03 時，15 年之償還基金率為 0.053767）（84 高）

答：(1) Hoskold 意義：（略）

(2) 收益價格＝$\dfrac{350,000}{0.07+0.053767}$＝2,827,894（元）

5．

一棟平房基地 50 坪，建築面積 30 坪，出租每月租金 10,000 元，押金 50,000 元，地價稅 1 年 4000 元，房屋稅 1 年 6000 元，房屋資本化率 6%，土地資本化率 5%，押金運用利率 10%，房屋耐用年數 40 年，經過年數 10 年，殘價率 20%，房屋重建單價每坪 20,000 元，求基地總價及單價。（70 年丙

特）

『分析』：房地結合體計算地價，通常採土地殘餘法，即房地收益減建物收益，建物收益則需先以建物成本價格求取。

⊙擬答一：

（一）計算建物成本價格

建物重建成本＝20,000×30＝600,000，折舊率＝(1－20%)/40＝2%

建物累積折舊額＝600,000×(1－20%)×10/40＝120,000

建物成本價格＝600,000－120,000＝480,000

（二）計算房地淨收益

總收入：年租金 10,000×12＝120,000、押金收入 50,000×0.1＝5,000，合計 125,000

有效總收入＝125,000（不考慮閒置）

總費用：地價稅 4,000、房屋稅 6,000、折舊提存費 12,000，合計 22,000（不考慮保險費、管理費、維修費）

房地折舊提存後淨收益：125,000－22,000＝103,000

建物淨收益＝480,000×6%＝28,800

土地淨收益＝103,000－28,800＝74,200

土地總價＝74,200/5%＝1,484,000（元）

土地單價＝1,484,000/50＝29,680（元／坪）

⊙擬答二：（假設條件版）

1. 計算建物成本價格

建物重建成本＝20,000×30＝600,000、折舊率＝(1－20%)/40＝2%

建物累積折舊額＝600,000×(1－20%)×10/40＝120,000

建物成本價格＝600,000－120,000＝480,000

2. 計算房地淨收益

總收入：年租金 10,000×12＝120,000、押金收入 50,000×0.1＝5,000，合計 125,000

有效總收入：125,000×(1－0.1)＝112,500（假設閒置率 10%）

總費用：地價稅 1 年 4,000、房屋稅 1 年 6,000

另假設保險費 600,000×0.3%＝1,800、管理費 120,000×3%＝3,600、維修費 600,000×2%＝12,000，合計 27,400

（折舊提存前）

房地淨收益：112,500－27,400＝85,100

收益法"建物價格日期當時價值未來每年折舊提存率 d"＝(480,000－120,000)/480,000/30＝0.025 或＝2%/(1－10×2%)＝0.025

建物淨收益＝480,000×(6%＋2.5%)＝40,800

土地淨收益＝85,100－40,800＝44,300

土地收益價格＝44,300/5%＝886,000（元）

土地收益單價＝886,000/50＝17,720（元／坪）

（折舊提存後）

房地淨收益：85,100－12,000（建物折舊提存）＝73,100

建物淨收益＝480,000×6%＝28,800

土地淨收益＝73,100－28,800＝44,300

土地收益價格＝44,300/5%＝886,000（元）

土地收益單價＝886,000/50＝17,720（元／坪）

6．設某建築物可供住宅用途，基地面積 200 平方公尺，為地下一樓，地上五樓之結構，各層樓面積、月租、收取保證金，有如下表所示。該棟建築物於民國七十二年興建，有電梯、排水管等設備。試依所提供資料，予以評估該建物、基地於民國八十二年之單位價格。（84 年退除役特考）

樓層	面積 （平方公尺）	月租金 （元／平方公尺）	保證金 （元／平方公尺）
F1	100	3,000	40,000
F2	120	2,000	30,000
F3	120	1,500	30,000
F4	120	1,200	25,000
F5	110	1,200	25,000
B1	120	1000	20000

附帶資料：

1. 年息：按 8%計算。

2. 建物每平方公尺重建價格為 25,000 元。

3. 建物耐用年數主體 50 年，設備 20 年，構成比為 6 比 4。
（折舊可採用定額法計算）

4. 維修費：按建物價額 5%計。

5. 管理費：按總租 5%計。

6. 租稅：按 517,500 元計。

7. 火險費：按建物價額 0.05%計。

8. 還原利率：土地為 6%，建物為 10%。

⊙擬答：

1. 估計房地總收入：

租金收入：(100×3,000＋120×2,000＋120×1,500＋120×1,200＋110×1,200＋120×1,000)×12＝13,392,000

運用押金收入：(100×40,000＋120×30,000＋120×30,000＋120×25,000＋110×25,000＋120×20,000)×8%＝1,548,000

總收入：13,392,000＋1,548,000＝14,940,000

閒置損失：設為一個月租金額＝1,116,000

有效總收入＝14,940,000－1,116,000＝13,824,000

2. 估計房地總費用：

(1) 租稅：按 517,500 元計。

(2) 管理費：13,392,000×5%＝669,600

(3) 維修費：17,250,000×5%＝862,500

(4) 火險費：17,250,000×0.05%＝8,625

(5) 折舊費：設殘價率為 0，耐用年數主體 50 年，設備 20 年。此概念即日本將建物分為主體及設備部分分別計算，則折舊費計算如下：

17,250,000×[6/10×1/50＋4/10×1/20]＝17,250,000×0.032＝552,000

故總費用：折舊前＝2,058,225；折舊後＝2,610,225

3. 建物重建成本：25,000×(100＋120＋120＋120＋110＋120)＝17,250,000

建物成本價格：17,250,000－552,000×10＝11,730,000

建物單價＝11,730,000/690＝17,000（元）

4. 建物淨收益：

建物折舊率＝1/50×0.6＋1/20×0.4＝0.032

"建物價格日期當時價值未來每年折舊提存率"＝0.032／(1－0.032×10)＝0.04706（1/21.25）。

建物折舊前淨收益＝11,730,000×(10%＋0.04706)＝1,725,000

建物折舊後淨收益＝11,730,000×10%＝1,173,000

5. 基地價格：

(1) 折舊後：

土地淨收益＝13,824,000－2,610,225－1,173,000＝10,040,775

土地總價＝10,040,775/6%＝167,346,250

土地單價＝167,346,250/200＝836,731（元／平方公尺）

(2) 折舊前：

土地淨收益＝13,824,000－2,058,225－1,725,000＝10,040,775

土地總價＝10,040,775/6%＝167,346,250

土地單價＝167,346,250/200＝836,731（元／平方公尺）

7．○○飯店於10年前向台北市政府以設定地上權50年方式經營不動產，設房地收益資本化率為10%，試以收益法估計該飯店不動產權利價值。

⊙擬答：

1. 收入部份（單位：千元／年）

NO	項目	金額	比率
1	客房收入	558,965	0.3068
2	餐飲收入	909,298	0.4991
3	其他收入	188,911	0.1037
4	租金收入	164,810	0.0905
	商店街	126,000	0.0692
	健身中心	23,400	0.0128
	停車場	15,410	0.0085
	合　　計	1,821,984	1

2. 支出部份（單位：千元／年）

NO	項目	金額	比率
1	薪資及人事費	315,406	0.1842
2	客房營業費用	93,628	0.0547
3	餐飲直接材料	336,162	0.1963
4	餐飲營業費用	128,774	0.0752
5	其他營業成本	80,790	0.0472
6	其他營業費用	20,391	0.0119
7	管銷部份費用	68,468	0.0400
8	廣告業務推廣	39,891	0.0233
9	水電燃料費用	60,040	0.0351

10	總管理處費用	63,452	0.0371
11	地上權攤銷費	8,808	0.0051
12	各項折舊費用	154,584	0.0903
13	建物保險費用	3,600	0.0021
14	開辦費之攤銷	44,004	0.0257
15	土地租金費用	7,332	0.0043
16	各項稅捐費用	37,236	0.0217
17	非營業性支出	249,588	0.1458
	合　　計	1,712,154	1

3. 淨收益：

　　以上收入及支出部份，經與前三年資料較核尚符客觀合理標準，並推估未來平均一年淨收益即為：1,821,984－1,712,154＝109,830

4. 收益價格：

　　一定期間之收益價格＝109,830×複利年金現價率 PVIFA(10%40)＝1,074,033（千元）

　　註：本案係為表示直接資本化法而設，實務上營運不動產宜採折現現金流量分析法較精確。

◆考古題◆

1. 收益還原法之原理為何？並解釋 P＝a/r 這一公式之由來。（72年特）

2. 收益有一定期限之不動產「例如公園預定地上之建築物五年後必須拆除」，可否應用 P＝a/r 之公式來求取收益價格？（72乙特）

3. 一般適用於土地之收益資本化率與適用於建築物之收益資本化率為何不同？如欲就土地就建築物合為一體之淨

收益，估計其收益價格時，該收益資本化率又如何求取？（75年高考）

4. 建築物具有耐用年限，但何以仍可適用 P＝a/r 公式來估計其收益價格？試說明其理由。（76年乙特）

5. 試述對於建築物與基地結合成一體之建築物單獨估價時，應採取之方法為何？（85年基層三等）

6. 運用收益還原法估價時，有收益期限之不動產與無收益期限之不動產，在估價方法上有何差別？試舉估價公式說明之。（85年基層三等）

7. 何謂「土地殘餘法」？並請列出其計算式說明之。（88年經紀人）

8. 為估計甲不動產之價值，經考慮區位、屋齡、建材、使用情形、營運支出比例及土地對不動產價值比例等相關因素後，選擇下表所列 A、B、C 三宗不動產為可供比較比較之買賣實例（或稱比較標的），並透過調查取得此三宗不動產出售之成交價格及相關營收資料如下表所列，請利用這些資料，計算以收益法估計甲不動產價值時，可供採用之收益資本化率（或稱還原率）。（90年估價師理論）

比較標的	估計之毛營收 (Estimate Gross Income)	營運支出比例 (Operating Expense Ratio)	售價 (Sale Price)
A	194,000	0.55	2,600,000
B	230,500	0.51	3,000,000
C	190,000	0.52	2,450,000

⊙擬答：A 收益資本化率
　　　　＝(194,000－194,000×0.55) / 2,600,000＝0.0335
　　　　B 收益資本化率
　　　　＝(230,500－230,500×0.51) / 3,000,000＝0.0376

C 收益資本化率
　　　＝(190,000－190,000×0.52) / 2,450,000＝0.0372

　　本題收益資本化率之決定，可參考決定勘估標的最終價格方式，就所蒐集資料可信度及估價種類條件差異，考量價格形成因素之相近程度綜合決定。本題於假設價格形成因素之相近程度相當下，三個比較標的如皆賦予其相同權重，決定收益資本化率為（0.0335＋0.0376＋0.0372）/ 3＝0.0361

9. Inwood 方式和折現現金流量分析法，經常被用以估計有收益期限之不動產市場價值，請列示各該計算公式，並闡述其間的差異。（91 年估價師理論）

10. 收益還原法中如何推估收益資本化率？台灣近年劇烈的經濟條件變化，可能對此收益資本化率造成怎樣的影響？（92 交通人員升等考試）

11. 以地租及房租為總收益，各應扣除那些費用，始能求得純收益？大修繕類、抵押債務之利息、及自有資金之利息應否自總收益中扣除？理由為何？（92 高考）

12. 何謂收益資本化率？其與報酬率有何異同？不動產估價師常使用市場萃取法決定收益資本化率，請說明市場萃取法之運用要領，及其實務運用上有何問題？（112 年估價師高考）

13. 何謂淨收益？何謂收益資本化率？兩者與收益價格有何關係？（93 經紀人）

答：（一）淨收益：（略）

　　（二）收益資本化率：

　　　　1. 資本化率為將未來各期淨收益折現，還原為不動產價格之還原率。
　　　　2. 資本乘收益資本化率得收益；收益除收益資本化率得資本，故資本化率可謂收益與資本間之

　　　　　橋樑。

　　　3. 資本化率為將收益變成資本之比率，故不動產估價技術規則以收益資本化率稱之。

　（三）淨收益與收益資本化率關係：淨收益愈高，不動產價格愈高，兩者成正比；收益資本化率愈低，不動產價格愈高，兩者成反比。

14. 試說明現金流量折現法（discounted cash flow, DCF）之估價原理、應用場合及其分析時所需預測的項目有那些？（95 估價師）

15. 收益法中直接資本化法之公式為 P=a/r，其中 P 為收益價格，a 為淨收益，r 為收益資本化率，但上述公式必須在收益期間為永續且未來每期淨收益為固定的假定條件下方能成立。試分別以估價公式說明在下列情況下，如何利用收益法進行估價？（96 年經紀人）

　（一）每期淨收益成固定比例（假定為 g）成長，且收益期限為永續。

　（二）收益期間為一固定期間（N），但每期淨收益不固定，期末價值為 Pn'。

　（三）收益期間為一固定期間（N），但每期淨收益為固定，期末價值為 Pn'。

16. 依據不動產估價技術規則之規定，收益資本化率（或折現率）如何決定？（96 經紀人）

17. 勘估標的之有效總收入的估計應包含那些事項？另外估價人員在估計總收入及有效總收入時，應與那些資料做核對比較？。（113 年估價師理論）

18. 請分別說明直接資本化法與折現現金流量分析法的概念。（97 地政高考）

19. 某棟十二層樓辦公大樓之第五層，面積 250 坪，於 2007 年 7 月交易價格每坪 25 萬元，其有效總收益乘數

為 14.62，合理費用比率為 20%，請問其資本化率為多少？（97.12 經紀人）

答：P=$\frac{a}{r}$=淨收益×淨收益乘數=有效總收益×有效總收益乘數；

$25 \times 250 = \frac{a}{(1-20\%)} \times 14.62$；

$a = 341.99$；$r = \frac{341.99}{25 \times 250} = 5.47\%$

20. 直接資本化法之收益資本化率與折現現金流量分析之折現率，兩者之意義為何？性質上有何異同？試比較分析之。另請就不動產估價技術規則中相關規定加以評述。（98 年估價師理論）

21. 採用折現現金流量分析時，如何決定勘估標的之期末價值？在決定期末價值時，有何必須注意的事項？（100 年估價師理論）

22. 請針對自用市場、販賣用市場及投資用市場的不同特徵，建議合適的不動產估價方式，並說明其考量原因；同時，請以現金流量法公式說明總投資期程為 20 年之不動產投資標的，已知未來 10 年的預測收益，同時計入 10 年（不含）以上之不可預測收益時之計算方式。（102 年高考）

23. 請依不動產估價技術規則第 43 條規定，說明收益資本化率或折現率求取方法。若某一不動產估價報告書同時運用直接資本化法與折現現金流量分析，請問依前述規定評估之收益資本化率與折現率之數值是否相同？試評述之。（102 年估價師理論）

24. 請依不動產估價技術規則之規定，說明何謂收益價格？收益法估價之程序為何？及收益法估價過程中應蒐集那些資料？（107 年估價師理論）

第四章　不動產估價應用

第一節　宗地估價

壹、通則

一、合併分割之考慮

　　因土地價格受其面積規模大小左右，若兩筆狹長土地欲合併為一宗進行土地利用，因合併後土地方整利於整體規模經濟效益，依貢獻原則每坪單價可能提高，則應以合併後估價，因此規則明定「數筆土地合併為一宗進行土地利用之估價，應以合併後土地估價，並以合併前各筆土地價值比例分算其土地價格。」目前都市更新權利變換更新前土地估價即依此作法。其土地價值比例分算，日本有採面積比、單價比、總價比或貢獻比進行分算者，實務上總價比方式最常用。另「非以合併為一宗進行土地利用為目的之數筆相連土地，其屬同一土地所有權人所有者，比照前項規定計算。」之規定，雖非以合併為目的，但既相連且屬同一地主所有，仍以合併後之總價評估為原則。相反的，以分割為前提之宗地估價，若為違反經濟合理性之分割，分割後宗地單位價值將可能下降。是以「合併或分割為前提之宗地估價，應考慮合併或分割前後之價格變動情形，而予酌量增減。」

◆**考古題**◆

　　有甲乙丙三宗土地，現在乙地欲出售而甲地與丙地所有人均有意購買，在此種情況下，乙地宜賣給甲地或丙地所有人？其理由何在？並請說明這二種情況下，乙地之估價方法。（73年乙特、93年經紀人）

```
          道  路
┌─────┬───┬─────────┐
│  甲 │ 乙│    丙   │
│     │   │         │
└─────┴───┴─────────┘
```

⊙擬答：

1. 由於甲、乙兩地均屬細長形土地，不利於土地利用。若甲地與乙地合併使用，地形較具發展規模，故乙宜依「貢獻原則」出售予甲較有利。（只有甲願出高價，為限定價格）

2. 丙地由於本身條件已適合建築使用，故若乙出售予丙（或第三人），價格並不有利（此價格為一般之正常價格）。

3. 求乙出售予甲之限定價格：估價步驟如下。

    (1) 先求乙出售予丙或其他第三人的價格，為下限價格。

    (2) 估計甲乙兩地合併之價格。

    (3) 將甲乙兩地合併之價格減甲地價格，以求得乙地之上限價格。

    (4) 求上限價格與下限價格的差額。

    (5) 將此差額依甲地及乙地的地價比率及面積比率或對總價（甲乙丙地合併之價格）的貢獻程度，求得應歸屬於乙的部分。

    (6) 將應歸屬於乙的部分加上乙的下限價格，即求得乙**出售予甲之限定價格**。

※估價師高考層級進階補充：

1. 如下圖(A)所示，甲、乙兩筆土地都屬畸零地，現在甲、乙兩地所有人想交換成圖(B)之形狀，在這種情況下如何評估交換後甲、乙兩地所有人之面積，試從估價理論逐步說明估算交換面積之程序？（94年估價師高考估價理論）

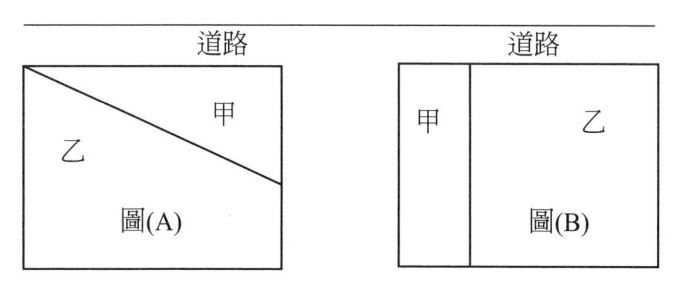

```
        道路                    道路
┌──────────────┐      ┌──────────────┐
│          甲  │      │      │       │
│  乙          │      │  甲  │   乙  │
│              │      │      │       │
│    圖(A)     │      │    圖(B)    │
└──────────────┘      └──────────────┘
```

擬答：
1. 蒐集基準地地價。
2. 以基準地推估甲、乙兩筆土地個別地價。
3. 求甲乙兩筆土地合併後之地價，並將之設為丙宗地之地價。
4. 丙價扣減甲、乙兩筆土地個別地價，以求增值額。
5. 選擇地價比、面積比及貢獻度比計算增值額分配率。
6. 以增值額分配率，求甲、乙兩筆土地增值分配額。
7. 甲、乙兩筆土地個別地價，加上述增值分配額，求得甲、乙兩筆土地應得地價。
8. 將甲、乙兩筆土地應得地價，分別除以丙宗地深度，即可求得其個別寬度。

2. 如下圖所示，AB兩地均屬王先生所有，但在五年前王先生將B地租給李先生，由李先生興建房屋一棟，約定租期20年。現在王先生擬將B地收回，並與A地合併興建樓房，為此與李先生商量，李先生說王先生必須補償他一切損失及應得之權益，如此才願意與王先生解約。在這種情況下請問王先生應給李先生何種補償，其理由為何，並請詳細說明各種補償金額之估價方法？（94年估價師高考估價理論）

```
┌─────────┬─────┐
│         │  B  │
│    A    ├─────┤
│         │ 房屋 │
│         │  ✕  │
└─────────┴─────┘
```

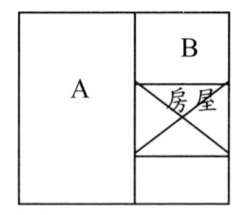

擬答：

　　本案租期尚未到期，而土地所有權人欲解約收回土地，故甲需補償乙建物價格外，另需付給中途解約損失。另因甲收回合併利用價值提高，增值部分及題意所敘「必須補償⋯應得之權益，如此才願意與王先生解約」，故另需計算增值歸乙部分。是以，王先生應給李先生補償項目，及其計算方式如下：

（一）建物價格：以成本法求取建物成本價格。

（二）地上權權利價值：以比較法、收益法或價格比率方式估算之。

（三）B地與A地合併，B地之貢獻價值分配額，其計算步驟如下：

　1. 以比較法估計B地與A地合併後之價格，並加上建物價格。

　2. 以比較法估計A地價格，以收益法估計B地底地價格，並合計之。

　3. 由1.扣減2.即可李先生之上限價格。

　4. 合計建物價格及地上權權利價值，為李先生之下限價格。

　5. 將上限價格扣減下限價格，求得B地與A地合併增值額。

　6. 選擇地價比、面積比及貢獻度比，計算B地與A地增值額分配率。

　7. 以增值額分配率，求B地增值分配額。

　　將（一）、（二）及（三）7.合計，即為王先生應給李先生之合理補償。

二、不同法定用途併存之估價

「一宗土地內有數種不同法定用途時,應考量其最有效使用及各種用途之相關性及分割之難易度後,決定分別估價或依主要用途估價。」如建有別墅之高級住宅區與保護區毗鄰,若保護區提高別墅居住品質寧適性及景觀上之效用,則可不分別估價而以住宅區為主體進行估價。

三、貢獻原則之掌握

「附有建物之宗地估價,應考慮該建物對該宗地價格造成之影響。但以素地估價為前提並於估價報告書敘明者,不在此限。」若建物之興建符合最有效使用原則,將對宗地價格產生貢獻;反之若建物老舊,經濟耐用年限屆滿,除非建物尚有可觀殘餘價格,否則若需負擔較多建物拆除費用,宗地價格則有進行減價修正之可能。但如忽略地上建物之影響而估計素地價格,此「獨立估價」情形於估價報告書敘明者,則可不用考慮建物對該宗地所造成影響。

四、區分地上權估價

區分地上權謂以在他人土地上下之一定空間範圍內設定之地上權。「土地之上下因有其他設施通過,致使用受限制之宗地進行估價時,應先估算其正常價格,再考量該設施通過造成土地利用之影響,並計算其地價減損額後,從正常價格中扣除之,以其餘額為該宗地之價格。」,通過之設施如高壓電線、地下鐵路、捷運、飛航限制及管線設施等,其估價方法及考慮因素如下:

（一）區分地上權估價方法
　1. 設定實例比較法
　　蒐集同一供需圈近鄰地區或類似地區之區分地上權設定

實例，進行情況、價格日期、區域因素及個別因素調整後，求取區分地上權價格。

2. **買賣實例比較法**

蒐集同一供需圈近鄰地區或類似地區之區分地上權買賣實例，進行情況、價格日期、區域因素及個別因素調整後，求取區分地上權價格。

3. **價格比率法（考慮樓層別效用比或地價分配率）**

(1). 蒐集同一供需圈近鄰地區或類似地區之地上權設定或買賣實例，求取該價格佔素地價格比率，並進行情況、價格日期、區域因素及個別因素調整。

(2). 區分地上權價格＝素地價格×地上權價格比率×（設定區分地上權空間樓層別效用比或地價分配率／樓層別效用比或地價分配率總和）。如採聯合貢獻說者採樓層別效用比，土地貢獻說則採地價分配率。

4. **立體利用阻礙率法（補償基準法）**

(1). 求素地價格(M)：蒐集並選擇同一供需圈內近鄰地區或類似地區之比較標的，以比較法或土地開發分析求得素地價格。

(2). 求平面妨礙面積比率(A)：求區分地上權影響範圍佔土地面積之比例。

(3). 求立體利用阻礙率(S)：首先依近鄰地區利用狀況，求建物「地面層」、「地下室」及「建物上空與地下室以下」之立體利用率（分別為 α、β、γ），再求得個別之阻礙率（分別為 a、b、c），兩者相乘加總（aα+bβ+cγ），即為立體利用阻礙率(S)。另地上建物除「直接阻礙率」外，對直接受阻礙以外之其他可興建樓層亦有影響，故宜另考慮其他樓層之「利用阻礙率」。

(4). 計算補償價格＝立體利用阻礙率(S)×平面妨礙面積比率(A)×素地價格(M)。

5. 政府機關計算方式

　　根據「大眾捷運系統工程使用土地上空或地下處理及審核辦法」[1]，捷運工程需穿越公、私有土地之上空或地下之空間範圍。其地上權補償費＝徵收補償地價×穿越地上高度（或地下深度）補償率。現行補償率規定如下：

穿越地上高度補償率表

構造物下緣距地表高度	地上權補償率
0 公尺－未滿 9 公尺	70%
9 公尺－未滿 15 公尺	50%
15 公尺－未滿 21 公尺	30%
21 公尺－未滿 30 公尺	15%
30 公尺以上	10%

1. 捷運工程構造物之下緣距地表高度係以需地機構依第五條測繪之縱剖面圖上，於軌道中心線處自地表起算至捷運工程構造物最下緣之高度為準。
2. 於同一筆土地內捷運工程構造物之最下緣穿越不同補償率之高度時，應分別計算補償。
3. 在同一剖面上穿越地上高度跨越表內二種以上高度者，以補償率較高者計算補償。

穿越地下深度補償率表

構造物上緣距地表深度	地上權補償率
0 公尺－未滿 13 公尺	50%
13 公尺－未滿 16 公尺	40%
16 公尺－未滿 20 公尺	30%
20 公尺－未滿 24 公尺	20%
24 公尺－未滿 28 公尺	10%
28 公尺以上	5%

---

[1] 目前政府機關或國營事業對區分地上權徵收補償規定眾多，除了大眾捷運系統外，尚有交通事業（獎勵民間參與交通建設使用土地上空或地下處理及審核辦法）、民間參與經濟部主管公共建設使用土地、輸電線路、及水利事業，補償率規定亦大同小異。僅「共同管道系統工程使用土地上空或地下處理及審核辦法」未規定補償率，而係明定由不動產估價師估價，較能就個案精確補償。

6. 準土地殘餘法

　　求取原最有效使用之房地淨收益（如原本可蓋 6 樓），扣減設施通過所不能使用之樓層別淨收益（如因地上高架道路通過僅能蓋 4 樓，故扣減 5.6 樓），再加以資本化還原。

7. **一定期間之收益價格**：以 DCF 或 Inwood 方式求取。

※實務計算案例：一宗土地最有效使用為興建地上 8 層地下 2 層建物，比較類似建物估計土地若興建建物其樓層別效用比如下表所示。惟現因地下捷運通過致地下完全不能利用，地上也只能興建 1 至 4 層樓，設該宗土地素地價格為 500 萬，如採補償基準法，捷運公司應給予多少補償？

樓層	B2	B1	F1	F2	F3	F4	F5	F6	F7	F8
效用比	30.1	55.7	100.0	61.5	44.1	42.8	45.1	45.9	46.0	50.0

1. 求立體利用率

　　假設 γ（建物上空及地下室以下佔土地有效利用比率）為 0.1，則 α+β=0.9

α=(100.0+61.5+44.1+42.8+45.1+45.9+46.0+50.)/(30.1+55.7+100.0
　+61.5+44.1+42.8+45.1+45.9+46.0+50.0)
　×0.9=435.4/521.2×0.9=0.7518

β=(30.1+55.7)/(30.1+55.7+100.0+61.5+44.1+42.8+45.1+45.9+46.0
　+50.0)×0.9=85.8/521.2× 0.9=0.1482

2. 求阻礙率

　　因地下捷運通過致地下完全不能利用，地上也只能興建 1 至 4 層樓。

a=(45.1+45.9+46.0+50.0)/(100.0+61.5+44.1+42.8+45.1+45.9+46.0
　+50.0)=42.95%

b=(30.1+55.7)/(30.1+55.7)=100%

c=50%（設上空仍可利用之部份佔 50%）

總立體利用妨礙率

(S)=aα+bβ+cγ=42.95%×0.7518+100%×0.1482+50%×0.1=0.5211

3. 求平面妨礙面積比率

　　捷運即使未通過全部基地面積地下，但剩餘面積經判定亦無法利用，故平面妨礙面積比率(A)=100%

4. 計算補償價格

　　因此補償價格＝土地素地價格(M)×平面妨礙面積比率(A)×立體妨礙率(S)＝500 萬×100%×0.5211=260.55 萬元

（二）高壓電線下土地估價考慮因素

(1). 妨礙土地之實質上最有效使用。

(2). 干擾電訊及可能輻射影響。

(3). 防護設施設置及變更設計增加費用。

五、受有土壤或地下水污染之估價

（一）估價規定：

　　受有土壤或地下水污染之土地，應先估算其未受污染之正常價格，再依據委託人提供之土壤污染評估調查及檢測資料，考量該土壤或地下水污染之影響，並計算其地價減損額後，從正常價格中扣除之，以其餘額為該宗地之價格。

（二）法令參考：

　　按「土壤及地下水污染整治法」第 8 條及第 9 條指定公告事業，分別規範「中央主管機關指定公告之事業所使用之土地移轉時，讓與人應提供土壤污染檢測資料。並報請直轄市、縣（市）主管機關備查。 土地讓與人未依前項規定提供受讓人相關資料者，於該土地公告為控制場址或整治場址時，其責任與本法第三十一條第一項所定之(連帶清償)責任同。」及「中央主管機關公告之事業有下列情形之一者，應於行為前檢具用地之土壤污染評估調查及檢測資料，報請直

轄市、縣（市）主管機關或中央主管機關委託之機關審查：一、依法辦理事業設立許可、登記、申請營業執照。二、變更經營者。……」不動產估價受託土地如屬該類土地，即需留意土壤及地下水污染對土地價值之影響。尤其需查明勘估標的是否位於「污染控制場址[2]」或「污染整治場址[3]」，可查詢「土壤及地下水污染整治網」對場址列管情形及汙染管制區可查詢。

（三）國際規範：

1. 國際評價基準：此配合 GN NO.7 評價中有害及有毒物質的考量（Consideration of Hazardous and Toxic Substances in Valuation）」，3.1：「本 GN 內的有害或有毒物質，是指由於其存在或在附近而對生命有潛在性傷害，致對財產價值可能有負面影響的特殊物質而言。此等物質可能併入基地內或基地上之改良物……」估價師對此類有害或有毒物質之虞之不動產，需依據 5.1「……於知道或可合理發現可能有對財產價值負面影響的環境狀況出現時，評價人員應對委託者揭露其對此狀況的處理知識、經驗與能力的範圍。」而此類價值影響程度之調查可能非估價師本身專業，故 5.6「對評價財產有影響的環境因素提出具體訊息之其它相關專家，其名字與性質應在評價報告裡告知。」即予以規定。

2. 美國：美國 USPAP 其 AO (Advisory Opinion) -9："The Appraisal of Real Property That May Be Impacted by Environmental Contamination"訂有已遭受或疑似遭受污染之不動產，考量

---

[2] 指土壤污染或地下水污染來源明確之場址，其污染物非自然環境存在經沖刷、流布、沉積、引灌，致該污染物達土壤或地下水污染管制標準者。

[3] 指污染控制場址經初步評估，有嚴重危害國民健康及生活環境之虞，而經中央主管機關審核公告者。

環境污染衝擊所造成之影響進行評估之準則。

　　3.日本:「不動產鑑定評價基準」亦將用地土壤污染等地下環境狀況（土壤及土層之狀態、土壤污染之有無及狀態），納入物件調查應具體記載之價格形成因素之一。

六、土地徵收補償市價查估

　　101年1月4日土地徵收條例修正公布，其中第30條規定:「被徵收之土地，應按照徵收當期之市價補償其地價。在都市計畫區內之公共設施保留地，應按毗鄰非公共設施保留地之平均市價補償其地價。前項市價，由直轄市、縣（市）主管機關提交地價評議委員會評定之。各直轄市、縣（市）主管機關應經常調查轄區地價動態，每六個月提交地價評議委員會評定被徵收土地市價變動幅度，作為調整徵收補償地價之依據。」土地徵收補償已改變以往以公告土地現值加成補償，所稱市價，依條例第11條第5項，係指市場正常交易價格。市價查估需考慮個別因素，屬宗地估價。以下就土地徵收補償市價查估辦法規定之辦理步驟分述如下:

（一）蒐集、製作或修正有關之基本圖籍及資料

（二）調查買賣或收益實例、繪製有關圖籍及調查有關影響地價之因素

　1.調查實例類型及原則

　　調查實例，以蒐集市場買賣實例為主，並得蒐集市場收益實例。該收益實例，指租賃權或地上權等他項權利，且具有租金或權利金等對價給付之實例。此類實例較為具體可信，對推估土地收益價格將更為精確。

　2.情況調整或不予採用

　　買賣或收益實例如有不動產估價技術規則第23條情形

之一，致價格明顯偏高或偏低者，應先作適當之修正。但該影響交易價格之情況無法有效掌握及量化調整時，應不予採用，俾利所蒐集之實例得以反映市場正常交易價格。

　　3.影響之區域因素

　　應調查影響之區域因素，包括土地使用管制、交通運輸、自然條件、土地改良、公共建設、特殊設施、環境污染、工商活動、房屋建築現況、土地利用現況及其他影響因素之資料等。

（三）劃分或修正地價區段，並繪製地價區段圖：本段劃區段目的在界定近鄰地區，以為區域因素調整與否之參據。

　　1.劃分地價區段之一般原則

　　劃分地價區段時，應攜帶地籍圖及地價區段勘查表實地勘查，以鄉（鎮、市、區）為單位，斟酌前述影響地價之區域因素，於地籍圖上將地價相近、地段相連、情況相同或相近之土地劃為同一地價區段。

　　2.局部集中建築使用土地及零星建築用地地價區段劃分原則

　　非建築用地中經依法允許局部集中作建築使用且其地價有顯著差異時，應就該建築使用之土地單獨劃分地價區段。非都市土地及都市計畫農業區、保護區之零星建築用地，或依規定應整體開發而未開發之零星已建築用地，在同一區段範圍內，得將地價相近且使用情形相同而地段不相連之零星建築用地，視為一個地價區段另編區段號。

　　3.公共設施保留地

　　公共設施保留地應單獨劃分地價區段，並得視臨街情形或原建築使用情形再予細分。易言之，得視土地之臨街情形或局部集中建築使用土地及零星建築用地等對地價影響程度再予細分。帶狀公共設施保留地穿越數個地價不同之區段

時，得視二側非保留地地價區段之不同，分段劃分地價區段。同一公共設施保留地分次徵收時，得視為同一地價區段劃設。

（四）估計實例土地正常單價
1. 估計土地正常單價以比較法為主、收益法為輔。
2. 建物依成本法：買賣或收益實例之土地上有建物者，其建物成本價格之估計，即採成本法。
3. 價格日期調整

買賣或收益實例查估土地正常單價估計，均應調整至估價基準日（9月1日或3月1日）。

（五）選取比準地及查估比準地地價
1. 明定比準地選取時機及原則

比準地應於預定徵收土地範圍內各地價區段，就深度、寬度、形狀、位置等具代表性之土地分別選取。此外，依本條例第 30 條規定，在都市計畫區內之公共設施保留地，應按毗鄰非公共設施保留地之平均市價補償其地價。因此，公共設施保留地毗鄰地價區段，亦須選取比準地。

2. 查估比準地地價：比準地地價之查估程序如下：

(1) 就估價基準日調整後之土地正常單價中，選擇 1 至 3 件比較標的。

(2) 將比較標的價格進行個別因素調整，推估比準地試算價格。

(3) 考量價格形成因素之相近程度，決定比準地地價。價格形成因素之相近程度，即依比準地地價估計表差異百分率絕對值加總欄位判斷，就各試算價格分別賦予權重，加權平均計算後決定比準地地價。如有採用收益實例者，比準地亦應納入收益價格綜合決定地價。

(六)估計預定徵收土地宗地單位市價

1. 個別因素調整項目

預定徵收土地宗地市價應以選取之比準地為基準,參酌宗地條件、道路條件、接近條件、周邊環境條件及行政條件等個別因素調整估計之。行政條件以徵收計畫報送時之土地使用管制規定填寫。

2. 個別因素調整細目

個別因素可再細分,由估價人員視土地個別因素實際有差異之細項調整。且各細項應於影響地價個別因素評價基準表之最大影響範圍內調整。

3. 公共設施保留地

都市計畫公共設施保留地之宗地市價不受以比準地考量個別因素調整之限制。

(七)徵收土地宗地單位市價提交地價評議委員會評定

直轄市、縣(市)政府提交評議前應將土地徵收補償市價或市價變動幅度之作業依據、處理過程、評議內容作成書面議案,作為地評會評議之依據。

土地徵收市價查估完整書表及作業手冊,可上內政部地政司「市價徵收補償專區」下載參考。

◆考古題◆

何謂「素地價格」?素地價格可採那些方法評估?其最終價格應如何決定?試申述之。(84年乙特)

⊙擬答:

(一)素地價格:

(1)實質上之素地:無土地改良物或設定負擔之土地。
(2)觀念上之素地:就具土地改良物或已設定負擔之土地,惟視其不存在者。

（二）素地估價方式舉要如下：

(1) 比較法：以所選擇之比較標的素地買賣實例價格為基礎，進行情況、價格日期、區域因素及個別因素之調整求得。

(2) 分配法：如所蒐集之實例為房地案例時，利用成本法求得建物價格予以扣除後，所餘者即為素地價格。另如掌握建物與基地之價格比率，以房地總價乘土地價值比率亦可。

(3) 土地殘餘法：（略）

(4) 土地開發分析：（略）

(5) 開發成本法：如該素地係最近開發完成之土地，則可運用開發成本法估計其地價。

（三）以市價比較法或分配法所求得之價格，宜與依土地殘餘法所得之收益價格互相斟酌後決定之。如能掌握開發成本時，則可運用土地開發分析價格。於運用各種估價方式所得之價格綜合權衡後，即得決定該素地之最終價格。

貳、特殊宗地估價

一、溫泉地之估價

「溫泉地之估價，應考慮溫泉地之水權內容、開發成本、水量、水質、水溫、當地之交通情形、相關設施及遊客人數等影響溫泉地價格之因素。」

依照溫泉法定義如下：

1. 溫泉係符合溫泉基準之溫水、冷水、氣體或地熱（蒸氣）。

2. 溫泉取供事業指以取得溫泉水權或礦業權，提供自己或他人使用之事業。

3. 溫泉使用事業指自溫泉取供事業獲得溫泉，作為觀光休閒遊憩、農業栽培、地熱利用生物科技或其他使用目的之事業。

　　溫泉取供事業開發溫泉，應附土地同意使用證明，並擬具經水利技師及應用地質技師或礦業技師簽證之溫泉開發及使用計畫書，向直轄市、縣（市）主管機關申請開發許可。「溫泉取供事業」應依水利法或礦業法等相關規定申請取得溫泉水權或溫泉礦業權並完成開發後，向直轄市、縣（市）主管機關申請經營許可。以溫泉作為觀光休憩目的之「溫泉使用事業」，應將溫泉送經中央觀光主管機關認可之機關（構）、團體檢驗合格，並向直轄市、縣（市）觀光主管機關申請發給溫泉標章後，始得營業。溫泉業者如欲取用溫泉水資源應依法申請水權登記或臨時用水登記，以取得水權狀或臨時用水執照，由水利主管機關徵收水權費。溫泉業者並須依水利法規定經水利主管機關核准後，方得建造、改造或拆除水利建造物。以上規定須納入估價時考慮。

※進階補充：

　　日本關於溫泉地估價所採用方式為：溫泉地估價額＝溫泉地基本額×溫泉地指數×溫泉（溫度）湧出量指數，並考慮湧出量補正率估計之。

案例：一溫泉地泉質佳，泉水溫度 55℃，依溫度之湧出量修正率 105%，掘水井深度 120 公分，泉水湧出量每分鐘 500 公升，湧出量指數 7.50，溫泉地指數為 3.2，基本價值為 160 萬元，試求溫泉地價值。

答：溫泉地基本價值為 160 萬元

　　泉水溫度 55℃，修正率 1.05

　　泉水湧出量每分鐘 500 公升，湧出量修正 7.50

　　溫泉地指數由估價師考量溫泉地位置及設施認定為 3.2

故溫泉地價值＝160 萬元×1.05×7.50×3.2＝4032 萬元。

二、高爾夫球場之估價

「高爾夫球場之估價，應考慮會員制度、球場設施、開發成本、收益及營運費用等因素。」依據「高爾夫球場管理規則」所稱「高爾夫球場，係指設有發球區（台）、球道、球洞區之球場與其附屬建築物及設施。附屬建築物及設施包括設有行政管理、環保及服務設施、機械房、倉庫、休息亭、練習場或其他與高爾夫球場有關之建築物及設施。」高爾夫球場總面積不得少於 30 公頃；十八洞者，不得少於 50 公頃；超過十八洞者，就超過部分，每增加一洞，最少應增加 3 公頃，並以不超過 120 公頃為限。

高爾夫球場買賣實例較少，應用比較法之比較調整宜留意；而一般採會員制度之營運模式亦須留意未來平均一年客觀淨收益之精確性；成本法則需考量開發成本之市場性。

三、林地之估價

林地之估價，得視林木之成長情形而分別採取比較法、收益法及成本法估計之。於採成本法估價時，其總費用之計算，應考量造林費、林地改良費及道路開挖費用。

※參考規定：

國有林林產物處分規則第 19 條規定：「林產物價金由管理經營機關依下列公式計算之：

$$林產物價金 = \frac{林產物總市價}{1 + 利潤率 + 資金利率} - 生產費$$

林產物市價及生產費，依時價查定之。

利潤率定為百分之十至十五，依各處分案之作業條件查定之。」可供估價時參考。

四、農場或牧場之估價

農場或牧場之估價,以比較法估價為原則。如無買賣實例者,得以附近土地價格為基礎,考慮其位置、形狀、地形、土壤特性及利用狀況等差異,比較推估之。

五、鹽田之估價

鹽田之估價,以比較法估價為原則。如無買賣實例者,得以附近土地價格為基礎,考慮其日照、通風、位置及形狀等差異,比較推估之。

六、池沼之估價

池沼之估價,以比較法估價為原則。如無買賣實例者,得以附近土地價格為基礎,考慮位置、形狀、利用狀況等差異,比較推估之。

七、墓地之估價

墓地之估價,以比較法估價為原則。無買賣實例者,得以附近土地價格為基礎,考慮位置、形狀、利用狀況等差異,比較推估之。

按內政部依土地徵收條例第 34 條第 2 項規定訂定之「土地徵收遷移費查估基準」第 4 點「墳墓遷移費依該直轄市或縣(市)墳墓遷葬標準發給之。」查估遷葬費時可參考各地方政府墳墓遷葬補償標準。如以「臺北市墳墓遷葬補償標準表」為例,補償金額按墳墓面積乘以每一平方公尺新臺幣 6,060 元計算;但墳墓面積以 16 平方公尺為限。

八、公共設施用地及公共設施保留地之估價

(一)估價規定:公共設施用地及公共設施保留地之估

價，以比較法估價為原則。如無買賣實例者，得比較其與毗鄰土地使用分區及使用強度差異，及土地價值減損情況，並斟酌毗鄰土地平均價格為基礎推算之。

（二）比例參考：日本對於鐵軌道用地之估價，是以該鐵軌道用地所沿接土地價額之三分之一為其估價額，我國對此比率尚未形成共識，需由估價師視個案判定。

（三）補償規定：

土地徵收條例第 30 條規定：「被徵收之土地，應按照徵收當期之市價補償其地價。在都市計畫區內之公共設施保留地，應按毗鄰非公共設施保留地之平均市價補償其地價。前項市價」依上述徵收補償計算原則，係為「完全補償」被徵收土地所有權人為目標[4]，其土地若未被徵收原可能產生與毗鄰土地相同之利用價值，與規則規定估價方式有所不同。依據「土地徵收條例施行細則」及「土地徵收補償市價查估辦法」另有以下規定：

1.毗鄰部分為公共設施用地，經納入計算致平均市價降低者，不予納入。

2.零星建築用地經劃屬公共設施保留地：以該保留地距離最近之三個同使用性質地價區段之平均市價計算。計算結果較高者，應從高計算。

3.區段徵收區內公共設施保留地，以同屬區段徵收範圍內之非公共設施保留地加權平均計算。

公共設施保留地土地徵收市價加權平均舉例如次：

---

[4] 實務見解僅達到相當補償。

```
              區段號 6          區段號 1
              5,000 元          30,000 元
              毗鄰長度 55m      毗鄰長度 41m

   區段號 5         區段號 7              區段號 2
   30,000 元        公設保留地            60,000 元
   毗鄰長度 54m    毗鄰總長度 315m        毗鄰長度 82m
                    46,619 元

              區段號 4          區段號 3
              50,000 元         80,000 元
              毗鄰長度 0m       毗鄰長度 83m
```

圖例一　公共設施保留地地價加權平均計算表

編號：1

| 年期 | 93 | 區段編號 | 7 | 區段範圍 | 略(請詳細填寫) |

區段地價計算	毗鄰各非公共設施保留地		
	區段號	區段線長度	區段地價（元/平方公尺）
	1	41	30,000
	2	82	60,000
	3	83	80,000
	4	0	50,000
	5	54	30,000
	6	55	5,000
	合計	315	46,619

◆**考古題**◆

1. 請以比較法及補償基準法，評述土地之上下有其他設施通過時，地價減損額之評估方式。（102年高考）
2. 某甲以非都市土地之農地申請變更為住宅社區，並劃定百分之十為公園綠地，及百分之二十五為道路等其他公共設施用地，請說明如何應用理論及何種估價方式估算其公園綠地之不動產價格。（96年估價師）
3. 公共交通建設以設定地上權方式取得私有土地使用權時，試問如何評估該地上權之補償價額？（94年地方特種）
4. 如何運用樓層別效用比率法求取區分地上權之價格？（93年經紀人）
5. 何謂價格比率法？其估價要領如何？請說明之。（92年經紀人普考）
6. 請說明區分地上權估價中的「設定實例比較法」及「補償基準法」的原則。（92年交通人員升等考試）
7. 不動產估價技術規則第八十二條規定，土地之上下因有其他設施通過，致使用受限制之宗地，應先估算其正常價格，再考量該設施通過造成土地利用之影響，並計算其地價減損額後，從正常價格中扣除之，以其餘額為該宗地之價格。試就本條規定之內容作詳細之說明，並具體敘述估計地價減損額之方法。（90年估價師高）
8. 何謂立體利用阻礙率？在何種場合之估價需考慮立體利用阻礙率問題？並請具體說明其運用方法。（88年升）
9. 試述區分地上權之意義，並請說明區分地上權之估價方法。（88年升）
10. 如有高壓電線通過某私人之土地，對該土地利用有何影響？又該土地價格應如何評估？（88年身心障三）

11. 高壓電線對其線下土地利用有何影響？估計高壓電線下土地價格之要領如何？（年 86 高）

12. 試述區分地上權與普通地上權之差別？並請說明依設定實例比較法進行區分地上權價格估計之步驟？（84 年公升）

13. 在土地徵收補償市價查估時，估價人員以買賣實例估計土地正常單價，若土地上有區分所有建物，買賣實例為其中部分層數或區分單位者，以及地上有建物，且買賣實例為全部層數者，其土地正常買賣單價的估計程序各為何？請分別詳述之。（113 年估價師理論）

第二節　房地估價

　　房地估價是指對房地結合體之估價,故需同時把握建物及基地價格。而目前由於房使用型態多為區分所有建物,因此估價時需掌握區分所有建物價格差異之特性。

一、區分所有建物估價原則

　　「區分所有建物之估價,應就專有部分、共用部分之比例及基地權利合併估價,並考量其與比較標的之樓層別效用比及位置差異作適當之調整。」即房地估價需考慮區分所有建物之特色,了解公寓大廈之專有及共用部分區別。為提高對於樓層別效用比認定之共識,並規定:「前項樓層別效用比由全聯會按不同地區所蒐集之案例公告之,供前項調整之參考,並依市場行情及地方習慣推估之。」

※房地估價名詞介紹:
一、區分所有:
　　指數人區分一建築物而各有其專有部分,並就其共用部分按其應有部分有所有權。
二、專有部分:
　　指公寓大廈之全部或一部分,具有使用上之獨立性,且為區分所有之標的者。
1. 主建物:具使用上及構造上之獨立性建物,包含客廳、餐廳、臥房、廚房等。主建物應編列門牌。
2. 附屬建物:與主建物相連之陽台、雨遮等,其於建物登記簿標示部、所有權狀上均登記為相連主建物之附屬建物。另外地下層、屋頂突出物如約定歸屬地面層、頂層所有者,則以附屬建物方式登記。

3. 約定共用：指公寓大廈專有部分經約定供共同使用者。最常見即騎樓雖屬一樓專有部分，卻需提供公眾使用。

三、共用部分：
　　指公寓大廈專有部分以外之其他部分及不屬專有之附屬建築物，而供共同使用者。

1. 專有共用：所有權歸屬個別住戶，但須提供其他住戶共同使用之部分，如一樓騎樓。
2. 共有共用：係由全體住戶共同分擔，例如配電室、台電受電室、機械房、蓄水池、水箱、空調室、清水池等，即俗稱之「大公」。
3. 約定專用：公寓大廈共用部分經約定供特定區分所有權人使用者。如大樓地下室法定停車位，所有權屬全體或部分區分所權人所共有。部分亦有使用權透過全體區分所有權人簽訂分管契約方式約定專用於特定住戶。
4. 公共設施分擔方式：住戶分擔公共設施係依契約自由原則由住戶協議，一般採各「主建物面積」或「主建物與附屬建物面積」與全棟「主建物」或「主建物與附屬建物」面積總和之比例，計算該住戶分攤公共設施之比例。
5. 公共設施無所有權狀，在建物登記簿中亦僅有「標示部」及「共同使用部分附表」兩部分，且大多係隨同主建物移轉，而不能單獨處分、設定抵押，亦不能分割。

二、運用樓層別效用比進行公寓大廈估價（偏向聯合貢獻說）

（一）樓層別效用比意義

　　建物各樓層因高度不同，其可及性、寧適性、視野景觀及避難時效之效果隨之不同，致各樓層效用、價值及價格（或租金）有所差別，將價格（或租金）差別以百分率表示，即為樓層別效用比。

（二）樓層別效用比求取方式

1. 價格導向：蒐集各樓層單價，以某層樓（通常為四樓）為基準折算各樓層比率。

2. 租金導向：蒐集各樓層實質單位租金，以某層樓（通常為四樓）為基準折算各樓層比率。

（三）以樓層別效用比估計樓房價格

1. 房地合併估計：

某層樓總價＝（某層樓樓層別效用比／總樓層樓層別效用比）×整棟房地產總價

2. 房地分別估計：

某層樓總價＝（某層樓樓層別效用比／平均樓層別效用比）×基地單價×持分面積＋（某層樓樓層別效用比／平均樓層別效用比）×建物單價×該層建物面積

3. 房地合併、專用及共用部分分別估計：

某層樓總價＝整棟房地產總價×（專有部分總面積／總樓地板面積）×[（某層樓樓層別效用比×某層樓專有部分）／Σ（各層樓樓層別效用比×各層樓專有部分）]＋整棟房地產總價×（共有部分總面積／總樓地板面積）×[（某層樓樓層別效用比×某層樓共有部分）／Σ（各層樓樓層別效用比×各層樓共有部分）]

內政部依消費者保護法第 17 條規定公告修正「預售屋買賣定型化契約應記載及不得記載事項」，已於 99 年 5 月 1 日正式實施。要求需列明主建物、附屬建物及共有部分面積之售價應分開計價。本項估算過程較為細緻，與分開計價政策較接近。

三、運用地價分配率進行公寓大廈估價（偏向土地貢獻說）

（一）**地價分配率意義**：指將地價作立體分配所採用之比率。各樓層單價之差距，是由各樓層所持分土地之立體空間位置不同所造成，與建物本身無關。建物各樓層建造成本相同，各樓層房價差距應反應在地價上。

（二）**地價分配率求取方式**

　　1. 某層樓地價分配率＝某層樓樓層別效用比÷平均樓層別效用比×全棟建物成本價格佔全棟房地總價格比率。（抽出法1）

　　2. 以各樓層售價扣除建築直接、間接成本、資本利息及利潤所餘價格，以某一層數為基準換算各樓層比率。（抽出法2）

　　3. 從各樓層實質租金，扣除各項必要經費及應歸屬建物淨收益所餘收益，以某一層數為基準換算各樓層比率。（土地殘餘法）

（三）**以地價分配率估計樓房價格**

　　某層樓總價＝建物價格＋（某層樓地價分配率／平均地價分配率）×基地單價×土地持分面積

四、房地案例之基地估價

（一）**全棟式（如透天住宅）**：

　　1. 抽出（abstraction或extraction）法（偏向土地貢獻說）：

　　以勘估標的之房地價格推估其基地單價時，得以下列方式估計之：

(1)勘估標的之基地價格＝勘估標的之房地價格－勘估標的之建物成本價格。

(2)勘估標的之基地單價＝$\dfrac{\text{勘估標的之基地價格}}{\text{勘估標的之基地面積}}$

2. 分配（allocation）法[5]（偏向聯合貢獻說）：

勘估標的之土地價值比率及建物價值比率已知者，以勘估標的之房地價格推估其基地單價時，亦得以下列方式估計之：

(1)勘估標的之基地價格＝勘估標的之房地價格×土地價值比率

(2)勘估標的之基地單價＝$\dfrac{\text{勘估標的之基地價格}}{\text{勘估標的之基地面積}}$

前項所稱土地價值比率及建物價值比率，應參酌當地市場調查資料，運用估價方法計算之。

（二）區分所有建物：

1. 抽出（abstraction或extraction）法（偏向土地貢獻說）：

區分所有建物其房地價格推估該區分所有建物基地單價時，得以下列方式估計之：

(1)該區分所有建物基地權利價格＝該區分所有建物房地價格－該區分所有建物之建物成本價格。

(2)該區分所有建物之基地權利單價＝$\dfrac{\text{該區分所有建物基地權利價格}}{\text{該區分所有建物之基地持分面積}}$

(3)基地單價＝該區分所有建物之基地權利單價×$\dfrac{\text{平均地價分配率}}{\text{該區分所有建物之地價分配率}}$

2. 分配（allocation）法（偏向聯合貢獻說）：

勘估標的之土地價值比率及建物價值比率已知者，以房地價格推估該區分所有建物基地單價，亦得以下列方式估計之：

---

[5] 廣義的分配法包含抽出法及狹義的分配法。

(1) 該區分所有建物基地權利價格＝該區分所有建物房地價格×土地價值比率

(2) 該區分所有建物之基地權利單價 ＝ $\dfrac{該區分所有建物基地權利價格}{該區分所有建物之基地持分面積}$

(3) 該區分所有建物之基地單價 ＝ $\dfrac{該區分所有建物之基地權利單價 \times 平均樓層別效用比}{該區分所有建物之樓層別效用比}$

前項所稱土地價值比率及建物價值比率，應參酌當地市場調查資料，運用估價方法計算之。

※估價師高考層級進階補充：

　　區分所有建物其房地價格推估該區分所有建物基地單價時，如採聯合貢獻說但仍用抽出法者，本書認為計算式為：

1. 該區分所有建物基地權利價格＝該區分所有建物房地價格－該區分所有建物之建物成本×樓層別效用比／平均樓層別效用比

2. 該區分所有建物基地權利單價＝該區分所有建物基地權利價格／該區分所有建物之基地持分面積

3. 基地單價＝該區分所有建物基地權利單價×平均樓層別效用比／該區分所有建物樓層別效用比

實例演練一

某大樓每層售價如下表，設全棟建物成本價格佔全棟房地總價格比率為40%，試求該大樓各層樓之地價分配率。

樓層別	單價（坪/元）a	樓層別效用比 b	地價分配率 b-c
1	340,000	150.4%	105.4%
2	280,000	123.9%	78.9%
3	258,000	114.2%	69.2%
4	226,000	100.0%	55.0%

5	230,000	101.8%	56.8%
6	230,000	101.8%	56.8%
7	230,000	101.8%	56.8%
8	240,000	106.2%	61.2%
9	250,000	110.6%	65.6%
10	260,000	115.0%	70.0%
平均	254,400	112.6%	67.6%

c＝112.6%×40%＝45%

實例演練二

賡續上題，某大樓之 8 樓總價 500 萬元，建物成本價格 212 萬元，基地持分面積 5 坪，求該大樓基地單價。

答：（一）抽出法：基地權利價格＝500－212＝288（萬元）

基地權利單價＝288／基地持分 5（坪）＝57.6（萬元）

基地單價＝57.6×67.6%／61.2%＝63.6（萬元）

（二）分配法：建物價值比率＝$\dfrac{212}{500 \times \dfrac{112.6\%}{106.2\%}}$＝40%、故土地價值比率＝60%

該戶基地權利價格＝500×60%＝300（萬元）

基地權利單價＝300／基地持分 5（坪）＝60（萬元）

基地單價＝60×112.6%／106.2%＝63.6（萬元）

備註：雖然不同貢獻說應用，如建物價值比率確實求取，兩種估值將相同。

五、房地案例之建物估價

相對於前述房地案例求取基地估值，若「勘估標的之土地價值比率及建物價值比率已知者，以勘估標的之房地價格推估其建物價格時，得以房地價格乘以建物價值比率計算之。」亦為分配法之應用。

六、貢獻說應用

對已知之房地價格，若欲分離計算土地及房屋個別價格，其中房地結合所產生之超額利潤應歸給土地或房屋？即有不同貢獻原則之應用如下：

（一）土地貢獻說：

在分別計算不動產價值時，有關不動產之超額利潤是因土地區位特性所貢獻，故主張計算土地價值時，以建物成本價格（僅含建物正常利潤，未含房地結合之超額利潤），由不動產總額中扣除之，求得土地價值（房地結合之超額利潤歸土地）。

（二）建物貢獻說：

認為不動產價值係因建物樣式尤其新屋價值所創造，通常以土地取得成本（僅含土地正常利潤，未含房地結合之超額利潤）來認定地價，由不動產總額中扣除，求得建物價值（房地結合之超額利潤歸建物）。

（三）聯合貢獻說：

主張不動產價值係由土地及建物共同創造，故將房地總價以土地及建物價值比例分算土地及建物價值（房地結合之超額利潤歸土地及建物）。

設房地總價＝土地成本＋土地正常利潤＋建物成本＋建物正常利潤＋超額利潤

$P = L + L' + B + B' + S$

其中 P：房地總價

L：土地成本

L'：土地正常利潤

B：建物成本

B'：建物正常利潤

S：超額利潤

則三種貢獻原則分配之土地及建物價格將有所差別：

1. 土地貢獻原則：

    土地價格＝PL＝L+L'+S

    建物價格＝PB＝B+B'

2. 建物貢獻原則：

    土地價格＝PL＝L+L'

    建物價格＝PB＝B+B'+S

3. 聯合貢獻原則：

    土地價格＝PL＝L+L'+S×（L+L'）/（L+L'+B+B'）

    建物價格＝PB＝B+B'+S×（B+B'）/（L+L'+B+B'）

    以上三種貢獻原則之比較如下：

種類	土地貢獻原則	聯合貢獻原則	建物貢獻原則
超額利潤	土地區位創造	房地創造	建物效用創造
各層房價	不同	不同	不同
各層建物價	相同	不同	不同
各層基地權利單價（持分地價）	不同	不同	相同
比率運用	地價分配率	樓層別效用比	建價分配率
方法應用	抽出法（估土地）	分配法（須先掌握土地及建物價值比率）	抽出法（估建物）

※高考層級進階補充：

美國及 IVS（2007）對房地分離估土地價格雖有 extraction method 及 allocation method 兩種，但並不會談貢獻問題。國內實務見解如採聯合貢獻說，係接近 allocation method，但 Appraisal Institute（2008：363）指出 allocation 並非主要土地估價方式，且土地價值比率之求證不易。美國估價師認為土地宜視為空地（as though vacant）估價，因房地如拆除建物後，土地回歸空地原貌，如有超額利潤存在，則屬經營者（建物投資者）所有。

楊松齡與游適銘（2010）於「房地價格分離之剩餘歸屬探討—由產權結構之觀點」1 文中，將 5,568 件房地成交總價與所估計房地價值差距之超額利潤影響因素進行分析。實證結果建物價值比例提高將使超額利潤增加。由於房地產總價係土地及建物所構成，雖總價增加使超額利潤提高，但其中係由建物價值比例提高所支撐結果，反之土地價值比例增加使超額利潤減少，以此結果推論似偏向建物貢獻說。

三種貢獻原則訴求理由比較如下：

	土地貢獻原則	建物貢獻原則	聯合貢獻原則
觀念	有土斯有財	此樹為我栽	聯合貢獻
訴求	土地使用分區劃定後，即決定容積率效益	無建物無法實現容積效益	皆有貢獻
舉例	1. 大安森林公園優於四號公園 2. 台東複製台北 101 卻不如台北經營成效	忠孝商圈區位優，SOGO 較其他百貨經營佳	1. 建物各樓層房地單價不同，存在樓層別效用比。 2. 甲乙出資賺錢依出資貢獻分享。
理由	1. 土地交易所得免稅，房屋交易所得	1. 金融機構貸款因預扣土地增值稅，故	1. 土地建物結合方能創造最有效使用。

	需課營業稅，建設公司爰壓低建物價值。 2. 土地有永續性，建物則有耐用年限，故土地貢獻較大。	所有權人為高貸而壓低土地價值。 2. 建物雖有耐用年限，但藉折舊仍可永續。	明確區分土地及建物個別貢獻尚具難度。 3. 建物施以折舊提存亦能如土地永續，兩者同樣重要。 4. 目前土地及建物分別課稅，貢獻分算方能避免任一賦稅過高或過低。 5. 土地貢獻將提高土增稅，造成銀行債權損失、拍定人再移轉增值稅賦減輕之不公。
應用	1. 地價調查估計規則第 14 條，以買賣實例估計土地正常單價方法如下：土地可出售總價格＝全棟房地可出售總價格-全棟建物現值-全棟建物之裝潢、設備及庭園設施等費用-全棟建物買賣正常利潤。 2. 不動產估價技術規則第 99 條第 1 項及第 100 條。	房屋稅條例第 11 條規定房屋標準價格以不動產買賣價格減除地價。	1. 營業稅法施行細則第 21 條規定：「營業人以土地及其定著物合併銷售時，除銷售價格按土地與定著物分別載明者外，依房屋評定標準價格占土地公告現值及房屋評定標準價格總額之比例，計算定著物部分之銷售額…」。 2. 不動產估價技術規則第 99 條第 2 項及第 101 條。
疑義	1. 分算停車位，建物價呈負數 2. 建物成本固定無法反應實務上地下層工程成本高。	1. 高爾夫球場開發價值無建物可供分配。 2. 僅租賃權、地上權因無土地所有權情況，效益當然歸建物。	

七、綜合演練

案例介紹：一棟六層樓房，每層僅一單位且每單位面積均為 50 坪，假設建物價格 10（萬/坪）、基地單價 116.67（萬/坪），一至六層每坪售價分別為：50.35.30.27.28.30 萬元，基地持分面積各 10 坪，建物價格佔不動產價格 30%，請依土地貢獻說、建物貢獻說及聯合貢獻說計算各樓層地價、建物價與總價。

1. 土地貢獻說（地價分配率）

樓層	A 建物面積(坪)	B 基地持分面積(坪)	C 房價(萬/坪)	D 樓層別效用比	E 建物效用=123.5%×30%	F 地價分配率=D-E	G 該樓層基地權利單價(萬/坪)	H 該樓層建物單價(萬/坪)	I 該樓層基地權利總價(萬元)=B×G	J 該樓層建物總價(萬元)=A×H	K 該樓層不動產總價(萬元)=I+J
1F	50	10	50	185.2%	37.0%	148.2%	200	10	2000	500	2500
2F	50	10	35	129.6%	37.0%	92.6%	125	10	1250	500	1750
3F	50	10	30	111.1%	37.0%	74.1%	100	10	1000	500	1500
4F	50	10	27	100.0%	37.0%	63.0%	85	10	850	500	1350
5F	50	10	28	103.7%	37.0%	66.7%	90	10	900	500	1400
6F	50	10	30	111.1%	37.0%	74.1%	100	10	1000	500	1500
平均	50	10	33.33	123.5%	37.0%	86.5%	116.7	10	1167	500	1667

G 該樓層基地權利單價＝基地單價×（某層樓地價分配率／平均地價分配率）

2. 建物貢獻說（建價分配率）

樓層	A 建物面積(坪)	B 基地持分面積(坪)	C 房價(萬/坪)	D 樓層別效用比	E 土地效用=123.5%×(1-30%)	F 建價分配率=D-E	G 該樓層建物單價(萬/坪)	H 該樓層土地單價(萬/坪)	I 該樓層土地總價(萬元)=B×H	J 該樓層建物總價(萬元)=A×G	K 該樓層不動產總價(萬元)=I+J
1F	50	10	50	185.2%	86.4%	98.8%	26.7	116.7	1167	1333	2500
2F	50	10	35	129.6%	86.4%	43.2%	11.7	116.7	1167	583	1750
3F	50	10	30	111.1%	86.4%	24.7%	6.7	116.7	1167	333	1500
4F	50	10	27	100.0%	86.4%	13.6%	3.7	116.7	1167	183	1350
5F	50	10	28	103.7%	86.4%	17.3%	4.7	116.7	1167	233	1400
6F	50	10	30	111.1%	86.4%	24.7%	6.7	116.7	1167	333	1500
平均	50	10	33.33	123.5%	86.4%	37.0%	10.0	116.7	1167	500	1667

G 該樓層建物權利單價＝建物單價×（某層樓建價分配率／平均建價分配率）

3. 聯合貢獻說（樓層別效用比）

樓層	A 建物面積(坪)	B 基地持分面積(坪)	C 房價(萬/坪)	D 樓層別效用比	G 該樓層基地權利單價(萬/坪)	H 該樓層建物權利單價(萬/坪)	I 該樓層基地權利總價(萬元)	J 該樓層建物權利總價(萬元)	K 該樓層不動產總價(萬元)
1F	50	10	50	185.2%	175.0	15.0	1750	750	2500
2F	50	10	35	129.6%	122.5	10.5	1225	525	1750
3F	50	10	30	111.1%	105.0	9.0	1050	450	1500
4F	50	10	27	100.0%	94.5	8.1	945	405	1350
5F	50	10	28	103.7%	98.0	8.4	980	420	1400
6F	50	10	30	111.1%	105.0	9.0	1050	450	1500
平均	50	10	33.33	123.5%	116.7	10.0	1167	500	1667

G 該樓層基地權利單價＝基地單價×（某層樓樓層別效用比／平均樓層別效用比）

H 該樓層建物權利單價＝建物單價×（某層樓樓層別效用比／平均樓層別效用比）

◎分配法求算基地單價

樓層	A 建物面積(坪)	B 基地持分面積(坪)	C 房價(萬/坪)	D 樓層別效用比	E 該區分所有建物房地價格=A*C	F 該區分所有建物房地權利價格(萬元)=E*0.7	G 該區分所有建物基地權利單價(萬/坪)=F/B	H 該區分所有建物基地單價(萬/坪)
1F	50	10	50	185.2%	2500	1750	175.0	116.7
2F	50	10	35	129.6%	1750	1225	122.5	116.7
3F	50	10	30	111.1%	1500	1050	105.0	116.7
4F	50	10	27	100.0%	1350	945	94.5	116.7
5F	50	10	28	103.7%	1400	980	98.0	116.7
6F	50	10	30	111.1%	1500	1050	105.0	116.7
平均	50	10	33.33	123.5%	1667	1166.7	116.7	116.7

以規則第 101 條勘估標的之土地價值比率及建物價值比率已知者推估該區分所有建物基地單價：

$$H\ 該區分所有建物之基地單價 = \frac{該區分所有建物之基地權利單價 \times 平均樓層別效用比}{該區分所有建物之樓層別效用比}$$

賡續前例：若每層面積不同如下表所示，其餘條件一樣，請依土地貢獻說計算地價分配率。

樓層	A 建物面積(坪)	B. F6=1之建坪比	C 房價(萬/坪)	D 樓層別效用比	E 總樓層別效用比=B×D	F 建物效用=171.1%/1.33×28.87%	G 地價分配率=D-F
1F	60	1.71	50	185.2%	317.5%	37.0%	148.2%
2F	60	1.71	35	129.6%	222.2%	37.0%	92.6%
3F	45	1.29	30	111.1%	142.9%	37.0%	74.1%
4F	40	1.14	27	100.0%	114.3%	37.0%	63.0%
5F	40	1.14	28	103.7%	118.5%	37.0%	66.7%
6F	35	1.00	30	111.1%	111.1%	37.0%	74.1%
平均	46.67	1.33	33.33	123.5%	171.1%	37.0%	86.5%

PS.建物成本比＝（60＋60＋45＋40＋40＋35）×10／（60×50＋60×35＋45×30＋40×27＋40×28＋35×30）＝2800／9700＝28.87%

八、房地估價之注意事項

（一）「實際建築使用之容積率超過法定容積率之房地估價，應以實際建築使用合法部分之現況估價，並敘明法定容積對估值之影響。」實務上超容積建築現象普遍，若非採都市更新可照原容積興建外，拆除重建僅能以較低法定容積興建時，即需敘明法定容積對估值之影響。

（二）「附有違章建築之房地估價，其違建部分不予以評估，但委託人要求評估其價值，並就合法建物及違建部分於估價報告書中分別標示各該部分之價格者，不在此限。」因違建非合法，故除委託人要求提供其效用產生之價值外，不應與合法建物合併估價。實務上有視其磚造或鋼筋混凝土造以未含間接成本之每坪造價，乘使用面積評估其重置成本之作法。

（三）「未達最有效使用狀態之房地估價，應先就其低度使用狀況估價，並求取其最有效使用狀態之正常價格，視其低度使用狀況進行修正。」即掌握最有效使用價格為主。

（四）「建物原核定用途與現行土地使用管制不符之合法建物，應以現行土地使用分區管制允許之建物用途估價，並就其與建物法定用途估價之差額於估價報告書中敘明。」當勘估之合法建物於謄本上或使用執照上登載之法定用途違反土地使用分區管制時，例如原屬工業區內之工業廠房因都市計畫變更為住宅區時，建物法定用途仍為工業用而致與住宅區之土地使用管制違反時；應以現行土地使用管制允許之建物用途評估，並考量建物當時之法定用途與變更後土地使用管制允許建物用途之價值差異於估價報告書中敘明。

（五）「建物已不具備使用價值，得將其基地視為素地估價。但應考量建物拆除成本予以調整之。」建物已不具備使用價值且易拆除者，其基地得視為素地，進行獨立估價；惟

若拆除所需耗費成本過大，則需另行進行減價修正，成為部分估價。

以上房地估價原則，重點即為最有效使用原則之掌握。至實際建築使用容積率與法定容積率之不同、未達最有效使用狀態與最有效使用狀態之差別，則應以符合最有效使用原則之「法定容積率」與「最有效使用狀態」為主體估價，當然「實際建築使用容積率」與「未達最有效使用狀態」亦應估價作為客體一併參考；惟若改建之日遙遠，則以現況為主估價。

◆考古題◆

1. 某住宅大樓位於政府已公布的淹水潛勢區，同時，回顧過去 5 年來的災害歷史，曾出現淹水達 30 公分的紀錄，造成建物與財產損失。首先請說明樓層別效用比與地價分配率的定義，並進一步考量該地區的災害潛勢與樓層價差關係，說明符合該區現況的樓層別效用比與地價分配率的調整方式。（102 年高考）
2. 試比較說明樓層別效用比與地價分配率之意義與理論基礎。依現行都市更新權利變換實施辦法之規定，採何種計算方式對一樓地主較為有利？理由何在？（98 年估價師理論）
3. 何謂樓層別效用比？何謂地價分配率？茲有一棟五樓公寓，其各樓層之單價由下往上分別為：20 萬元／平方公尺、15 萬元／平方公尺、12 萬元／平方公尺、10 萬元／平方公尺、12 萬元／平方公尺。如果建築物價格為不動產價格之 60%，請求算該建築物各樓層之樓層別效用比及地價分配率。（94 年高考估價）
4. 自用之建築物及其基地之估價方法為何？出租之建築物

及其基地之估價方法為何？試區分二者最主要之差異。
（94年高考估價）

5. 請解釋樓層別效用比及地價分配率之意義，又二者之求取方法如何。評估樓房基地價格時，宜採用何種比率，其理由為何？（92年乙特）

6. 何謂土地貢獻說？何謂聯合貢獻說？（91年估價師特）

7. 請說明估計樓房價格時，運用樓層別效用比或地價分配率估價，二者有何差別？（89年高）

8. 臺灣不動產市場上大都屬房地結合體交易，但在某些場合如貸款、課稅等，會有拆分建物與土地價格之需求，請問房地價如何進行拆分，其理論依據為何？透天厝住宅之房地價拆分與區分所有建築物房地價拆分有無不同？請詳細說明之。（112年估價師理論）

9. 如果現有一棟五層樓的房屋，其中第三樓在最近發生買賣，請問你如何運用此項資料來估計該棟樓房的基地價格，如果發生買賣的樓層不是第三樓，而是第一樓，則基地價格是否不一樣，理由何在？（87年乙特）

10. 請說明如何利用地價分配率及樓層別效用比率，進行大樓估價？（84年乙特）

11. 試說明土地貢獻原則、建物貢獻原則、聯合貢獻原則等之意義及其應用。（82.84年政大）

第三節　土地改良物估價

一、土地改良物之分類

按土地法第 5 條規定：「本法所稱土地改良物，分為建築改良物及農作改良物二種：附著於土地之建築物或工事，為建築改良物。附著於土地之農作物及其他植物與水利土壤之改良，為農作改良物。」，是以土地改良物分為建築改良物及農作改良物兩大類。

> ※「建築物」依照建築法規定，相關定義如下：
> (1). 建築物：為定著於土地上或地面下具有頂蓋、樑柱或牆壁，供個人或公眾使用之構造物或雜項工作物。
> (2). 雜項工作物：為營業爐、水塔、瞭望臺、廣告牌、散裝倉、廣播塔、煙囪、圍牆、駁崁、高架遊戲設施、游泳池、地下儲藏庫、建築物興建完成後增設之中央系統空氣調節、昇降設備、防空避難、污物處理及挖填土石方等工程。
> (3). 建築物之主要構造：為基礎、主要樑柱、承重牆壁、樓地板及屋頂之構造。

二、建物估價原則

建物估價，以成本法估價為原則。辦理建物估價時，其附屬設施（如遮雨棚等，或房屋附屬設備如昇降機設備、空調設備等）得一併估計之。

三、農作改良物估價

(一)估價種類

農作改良物之估價,指附著於土地之果樹、茶樹、竹類、觀賞花木、造林木及其他各種農作物之估價。

> 依「農作改良物徵收補償費查估基準」第 3 點,各種農作改良物徵收補償費核算方法如下:
> (一)果樹、茶樹及竹類:
>   1. 依生長或結果習性,分類評定不同等級之補償單價,並限定其單位面積栽培限量核算補償費。
>   2. 樹苗密植,難以點數者,一律按面積核算補償費。
> (二)觀賞花木:
>   1. 椰子類、柏木類、喬木類、灌木類、蔓藤類及整形樹等類別,各以高度或徑寬評定不同等級之補償單價,並限定其單位面積栽培限量核算補償費。但樹苗密植難以點數者,一律按面積核算。
>   2. 草本觀賞花卉,以單位面積價額核算補償費。
>   3. 觀賞花木於徵收公告前一年內移植者,視同特小級計算補償;於徵收公告前一年至二年內移植者,視同次小級計算補償。
> (三)造林木:
>   1. 無利用價值者,按照造林費計算。其造林費標準,以查估當時當地林業主管機關所公布最新單價為準。
>   2. 有利用價值者,按照山價查定,並依查估時該木材市價減去必要之生產(伐木及搬運)費用個案處理。
> (四)其他各種農作改良物:以單位面積收穫價值核算補償費。
> 前項各種農作改良物之種類、等級、數量、種植面積、規格及補償單價,可參考該基準表。

(二)估價考慮因素

農作改良物之估價,應依其類別,考量其生產環境、農業災害、生產技術、生產期間、樹齡大小、生長情形、結果

習性、管理狀況及農業設施等因素估計之。

（三）估價方式如下

1. 幼小（成本法或費用價法）

農作改良物幼小且距孳息成熟期尚長者，依其種植及培育費用，並視作物生長情況估計之。

2. 接近成熟（市價逆算法）

農作改良物接近孳息成熟期者，應估計其收穫量及市場價格，必要時得扣減價格日期至作物孳息成熟期間收成所應投入之費用。

3. 有期待收穫價值（期望價法）

農作改良物距成熟期一年以上，且有期待收穫價值者，得以產地價格為基礎，推估未來收穫價格後，折算為價格日期之價格。但應扣除價格日期至作物孳息成熟期間收成所應投入之費用。

（四）工事及水利土壤之改良

附著於土地之工事及水利土壤之改良，以成本法估價為原則。但得斟酌比較法及收益法估價之結果，決定其估價額。

四、受有污染之建物

受有土壤或地下水污染之建物，應先估算其未受污染之正常價格，再依據委託人提供之土壤污染檢測資料，考量該土壤或地下水污染之影響，並計算其減損額後，從正常價格中扣除之，以其餘額為該建物之價格。（請參閱前述「受有土壤及地下水污染之估價」）

◆考古題◆

估價人員進行農作改良物估價時，應考慮那些因素？農作改良物之估價方式有那些？（113年估價師理論）

第四節　權利估價

壹、他項權利估價

一、估價種類

權利估價，包括地上權、典權、永佃權、農育權、不動產役權、耕作權、抵押權、租賃權、市地重劃、容積移轉及都市更新權利變換之估價。

二、估價考慮因素

權利估價，應考慮契約內容、權利存續期間、權利登記狀況、相關法令規定、民間習俗及正常市場權利狀態等影響權利價值之因素估計之。

三、地上權

（一）考慮因素：地上權估價，應考慮其用途、權利存續期間、支付地租之有無、權利讓與之限制及地上權設定之空間位置等因素估計之。

（二）其他規定：

1.遺產及贈與稅法施行細則第 31 條：「地上權之設定有期限及年租者，其賸餘期間依左列標準估定其價額：

(1).賸餘期間在五年以下者，以一年地租額為其價額。

(2).賸餘期間超過五年至十年以下者，以一年地租額之二倍為其價額。

(3).賸餘期間超過十年至三十年以下者，以一年地租額之三倍為其價額。

(4).賸餘期間超過三十年至五十年以下者，以一年地租額之五倍為其價額。

(5).賸餘期間超過五十年至一百年以下者，以一年地租額之七倍為其價額。

(6).賸餘期間超過一百年者，以一年地租額之十倍為其價額。

地上權之設定，未定有年限者，均以一年地租額之七倍為其價額。但當地另有習慣者，得依其習慣決定其賸餘年限。

地上權之設定，未定有年租者，其年租按申報地價年息百分之四估定之。

地上權之設定一次付租、按年加租或以一定之利益代租金者，應按其設定之期間規定其平均年租後，依第一項規定估定其價額。」

2.國有非公用土地設定地上權作業要點第 5 點：「設定地上權之存續期間、權利金及地租，由審議小組依下列規定評定：

(1).存續期間：最長 70 年。

(2).權利金：以土地市價之 3 成至 7 成計算。但有特定開發用途者，不在此限。

(3).地租：土地申報地價年息百分之一至百分之五。

前項第二款所稱土地市價，依國有財產計價方式規定辦理查估。」

（三）估價方法：與前述區分地上權估計方法相似。

四、典權

（一）估價考慮因素：典權估價，應考慮權利存續期間、權利讓與之限制等因素，以典價為基礎估計之。

（二）其他規定：遺產及贈與稅法施行細則第 33 條：

「典權以典價為其價額。」，國有財產估價作業程序亦規定以典價估計，此係以取得典權之代價而估計。

（三）估價方法：因典權回贖時需以原典價回贖典物，故典權估價可視為一定期間收益價格估價。假設典價 1000 萬，典權約定期限剩餘 10 年，典權每年收益 50 萬，則典權價格為：50 萬×10 年複利年金現價率＋1000 萬×10 年複利現價率，此係以典權帶來之收益而估計。

五、農育權及永佃權

（一）估價考慮因素：

1.農育權估價，應考慮設定目的、約定方法、權利存續期間、支付地租之有無及高低、權利讓與之限制、民間習俗、得為增加土地生產力或使用便利之特別改良等因素估計之。

2.民法物權編雖刪除永佃權，增列農育權，惟仍有九十九年八月三日前已存在之永佃權估價需要，估價時「應考慮佃租支付情形、民間習俗等因素估計之。」若採收益法估價，支付佃租部分應視為費用自總收入扣除。

（二）其他規定：遺產及贈與稅法施行細則第 32 條：「永佃權價值之計算，均依一年應納佃租額之五倍為標準。」

六、不動產役權

不動產役權估價，應考慮需役不動產與供役不動產之使用情況、權利存續期間、不動產役權使用性質、民間習俗等因素估計之。

七、耕作權

（一）估價考慮因素：耕作權估價，應考慮耕作期間、權利登記狀況、相關法令規定等因素估計之。

（二）法規應用：土地法第 133 條：「承墾人自墾竣之日

起，無償取得所領墾地之耕作權，應即……為耕作權之登記。但繼續耕作滿十年者，無償取得土地所有權。前項耕作權不得轉讓。但繼承或贈與於得為繼承之人，不在此限。第一項墾竣土地，得由該管直轄市或縣（市）政府酌予免納土地稅二年至八年。」例如一耕作權再 2 年取得所有權，預計 2 年後所有權有 600 萬價值，則目前耕作權價格為 P=600×2 年複利現價率。

八、抵押權

（一）估價方式：抵押權估價，應估計價格日期當時勘估標的正常價格，以實際債權額為基礎，考慮其他順位抵押權設定狀況、流通性、風險性、增值性及執行上之難易程度等因素調整估計之。

（二）其他規定：國有財產估價作業程序規定「抵押權價值之估算，以其實際債權額為其價額，其有約定利息者，應加計利息。」

※高考層級進階補充

　　IVS（2011）於估價應用（Valuation Applications）對抵押貸款（secured lending）估價指出，當不動產過於特殊致無充分證據採用比較法或收益法，則須考慮該不動產並不適合做為擔保品。

※抵押權評價計算題：

1. 阿杰欲投資一房貸抵押權，此房貸目前月付 3 萬元，償還期尚餘 15 年，貸款餘額為 400 萬元。如未來提前清償機率微乎其微，若阿杰要求報酬率8%，抵押權合理價格為何？
PV=30,000× PVIFA(8%/12,15× 12)=3,139,218 元
（比較與 30,000=4,000,000× MC(4.2%/12,15× 12) 結果差異）

2. 阿杰欲投資一房貸抵押權，此房貸年利率固定 6%，為期 20 年，總額為 500 萬元，按月攤還本息。如預計七年後提前清償，若阿

> 杰要求報酬率8%，抵押權目前價格為何？
> PMT=5,000,000× MC(6%/12,20× 12)=35,822 元
> BAL7=35,822× PVIFA(6%/12,13× 12)=3,873,758 元
> PV=35,822× PVIFA(8%/12,7× 12)＋3,873,758× PVIF(8%/12,7× 12)=2,298,313＋229,8284=4,596,597 元

九、租賃權

（一）**估價考慮因素**：租賃權估價，應考慮契約內容、用途、租期、租金支付方式、使用目的及使用情形等因素估計之。按民法第 421 條第 1 項：「稱租賃者，當事人約定，一方以物租與他方使用、收益，他方支付租金之契約」，故需掌握租賃契約內容。

（二）**運用時機**：

時機	參考法規
1. 承租人將不動產轉租於他人	如民法及早期促進產業升級條例。
2. 承租人轉讓其租賃權	如國有非公用不動產出租管理辦法。
3. 出租人收回不動產給予承租人之補償	如土地徵收條例、平均地權條例因市地重劃或區段徵收、都市更新權利變換規定須給予承租人補償，惟上開規定未直接稱租賃權。另如耕地三七五租約之終止租約損失補償，惟筆者認為該補償與一般租賃權有別。
4. 課稅之需要	如遺產及贈與稅法似歸類為「有財產價值之權利」，亦未直接稱租賃權。
5. 照價收買之補償	平均地權條例亦未直接稱租賃權。

（三）估價方法：買賣實例比較法、價格比率法、差額租金還原法。

1. 買賣實例比較法：租賃權價格實例以比較法方式估價。
2. 價格比率法：租賃權價格＝所有權價格×租賃權價格比率。

　　比率之決定，以往有參考相關法規如平均地權條例第 63 條規定：「出租之公、私有耕地因實施市地重劃致不能達到原租賃之目的……重劃後分配土地者，承租人得向出租人請求按…公告土地現值三分之一之補償。……重劃後未受分配土地者，其應領之補償地價，……承租人領取三分之一。」惟本書認為該終止租約損失補償，與本處租賃權之補償有別。

3. 差額租金還原法：此法適用於得轉租之不動產，原承租人因具有租賃權，得以獲致市場經濟租金與契約約定租金之差額。以租金收益率還原，即得其於剩餘租賃期間內獲致之總額，係歸屬於租賃權之權益。

   (1). 市場經濟租金：指反映租賃不動產市場行情之經濟價值的適當實質租金。
   (2). 契約約定租金：指契約原約定之實際實質租金。
   (3). 複利年金現價率：指以剩餘租賃期間與租金收益率為基礎之複利年金現價率。
   (4). 租賃權價格＝（市場經濟租金－契約約定租金）×複利年金現價率。

　　差額租金還原法公式為：（經濟租金－契約租金）×複利年金現價率。

※高考層級進階補充：
◎附有租賃權之所有權估價
一、甲不動產尚負擔為期二十年之地上權，地上權人每年年底支付 30 萬元契約租金，該不動產之經濟租金為 50 萬元，若該不動產收益資本化率為 8%，預計期滿後之收益資本化率為 10%，則此不動產價格如何估計？

答：
1. 分段計算：

   P=300,000× PVIFA(8%,20)+500,000/10%× PVIF(10%,20)

   =2,945,444+743,218=3,688,662 元

2. 分層計算：

   P＝300,000× PVIFA(8%,20)＋300,000/10%× PVIF (10%,20)＋(500,000－300,000) /10%× PVIF(10%,20)

   ＝2,945,444＋445,931＋297,287＝3,688,662 元

＊以上所得之不動產所有權價格乃係附租賃權之所有權價格，並非最有效使用之價格。因該不動產之經濟租金為 50 萬元，但於此 20 年內卻以 30 萬元契約租金求其價格。該不動產最有效使用之價格應為：

500,000× PVIFA(8%,20)＋500,000/10%× PVIF (10%,20)＝4,909,074＋743,218＝5,652,292。與上述 3,688,662 差距，為承租人所獲得，即為租賃權價格（差額租金還原法）(500,000－300,000)× PVIFA (8%,20)＝1,963,630 之結果。

二、設乙不動產一般收益資本化率為 10%，現約定負擔 20 年之租賃權，其租金年成長率為 5%，約定每 5 年一次調整租金至市價水準，則此調整租金不動產之收益資本化率如何估計？若現行租賃權人每年底付 20 萬元給所有權人，則此不動產價格如何估計？

答：

1. 收益資本化率

    每 5 年租金成長率 G＝(1＋5%)^5－1＝0.2763

    收益資本化率＝10%－0.2763× SFF(10%,5)＝5.47%
200,000× PVIFA(10%,5)＋200,000×(1＋5%)^5× PVIFA(10%,5)× PVIF(10%,5)＋200,000×(1＋5%)^{10}× PVIFA(10%,5)× PVIF (10%,10)＋200,000×(1＋5%)^{15}× PVIFA(10%,5)× PVIF(10%,15)＋200,000×(1＋5%)^{20}／5.47%× PVIF(10%,20)＝758,157.3× [1＋(1＋5%)^5× PVIF (10%,5)＋(1＋5%)^{10}× PVIF(10%,10)＋(1＋5%)^{15}× PVIF(10%,15)] ＋ 9,701,271× PVIF(10%,20)＝758,157.3×[1＋0.7925＋0.628＋0.4977]＋1,442,032＝3,654,487 元

※一段期間一起反應租金成長率之收益資本化率證明：

    設一年淨收益 a，每年租金成長率 g，並於每 n 年一起反應調整，證明如下：

$$a \times \frac{(1+r)^n - 1}{r(1+r)^n} + \frac{a \times (1+g)^n \times \frac{1}{(1+r)^n}}{R} = \frac{a}{R} \Rightarrow \frac{(1+r)^n - 1}{r(1+r)^n} + \frac{(1+g)^n \times \frac{1}{(1+r)^n}}{R} = \frac{1}{R}$$

$$\Rightarrow R \times \frac{(1+r)^n - 1}{r(1+r)^n} + (1+g)^n \times \frac{1}{(1+r)^n} = 1 \Rightarrow R \times \frac{(1+r)^n - 1}{r(1+r)^n} = 1 - (1+g)^n \times \frac{1}{(1+r)^n}$$

$$\Rightarrow R = \frac{1 - (1+g)^n \times \frac{1}{(1+r)^n}}{\frac{(1+r)^n - 1}{r(1+r)^n}} \Rightarrow R = \frac{r(1+r)^n - r \times (1+g)^n}{(1+r)^n - 1}$$

$$\Rightarrow R = \frac{r(1+r)^n - r - r \times (1+g)^n + r}{(1+r)^n - 1} \Rightarrow R = r - \frac{r \times (1+g)^n - r}{(1+r)^n - 1}$$

$$\Rightarrow R = r - \frac{r}{(1+r)^n - 1} \times [(1+g)^n - 1]$$

十、市地重劃估價

（一）估價規則規定：

「市地重劃估價，其重劃前、後地價評估項目應依平均地權條例及其施行細則、市地重劃實施辦法及獎勵土地所有權人辦理市地重劃辦法等相關法令規定辦理。」上開涉及相關法令分述如下。

（二）作用目的：

應調查各宗土地之「位置、交通及利用情形」，估計重劃前後地價，提經地價評議委員會評定後，作為計算公共用地負擔、費用負擔、土地交換分配及變通補償之標準（平均地權條例施行細則§81）。

（三）考慮因素：（市地重劃實施辦法§20）

1. 重劃前估各宗地：調查土地位置、地勢、交通、使用狀況、買賣實例及當期公告現值等。

2. 重劃後估路線價或區段價：參酌各街廓土地之位置、地勢、交通、道路寬度、公共設施、土地使用分區及重劃後預期發展情形。

（四）重劃後分配面積：各宗土地重劃後應分配之面積，依下列公式計算：（市地重劃實施辦法§29）

$G = [a(1 - A \times B) - Rw \times F \times L1 - S \times L2](1 - C)$

亦即：分配面積=[原面積（1－上漲率×一般負擔率）－街角地側面負擔－正面負擔]（1－費用負擔率）

由於重劃前後地價影響分配面積，地價查估至為關鍵，故自辦市地重劃應委託不動產估價師查估（95年3月1日台內地字第0950017125號函），但重劃前後地價之價格日期

應以何為準？於相關法令未明訂，基於權利變換慣稱立體重劃，因此都市更新權利變換實施辦法第 8 條：「評價基準日以都市更新事業計畫核定發布之日為準。但權利變換計畫與都市更新事業計畫一併報核者，應由實施者定之，其日期限於權利變換計畫報核日前六個月內。」可參考應用。

貳、容積移轉及權利變換估價

一、容積移轉

（一）估價考慮因素：

容積移轉估價，應考慮容積送出基地、接受基地及其他影響房地產價格及相關法令等因素估計之。

（二）「都市計畫容積移轉實施辦法」相關規定：本辦法之適用地區，以實施容積率管制之都市計畫地區為限。

1. 容積：指土地可建築之總樓地板面積。
2. 容積移轉：指一宗土地容積移轉至其他可建築土地供建築使用。
3. 送出基地：指得將全部或部分容積移轉至其他可建築土地建築使用之地。
4. 接受基地：指接受送出基地容積移入之土地。
5. 基準容積：指以都市計畫及其相關法規規定之容積率上限乘土地面積得之積數。

（三）送出基地以下列各款土地為限：

1. 都市計畫表明應予保存或經直轄市、縣（市）主管機關認定有保存價值之建築所定著之私有土地。
2. 為改善都市環境或景觀，提供作為公共開放空間使用

之可建築土地。
   3. 私有都市計畫公共設施保留地。但不包括都市計畫書規定應以區段徵收、市地重劃或其他方式整體開發取得者。

　　送出基地申請移轉容積時，以移轉至同一主要計畫地區範圍內之其他可建築用地建築使用為限；其情形特殊者，提經內政部都市計畫委員會審議通過後，得移轉至同一直轄市、縣（市）之其他主要計畫地區。

（四）接受基地之可移入容積上限
   1. 接受基地之可移入容積，以不超過該接受基地基準容積之 30%為原則。
   2. 位於整體開發地區、實施都市更新地區、面臨永久性空地或其他都市計畫指定地區範圍內之接受基地，其可移入容積得酌予增加。但不得超過該接受基地基準容積之 40%。

（五）容積換算相關規定：
   1. 基本公式：
　　送出基地移出之容積，於換算為接受基地移入之容積時，應按申請容積移轉當期各該送出基地及接受基地公告土地現值之比值計算，其計算公式如下：
　　接受基地移入送出基地之容積＝送出基地之土地面積×（申請容積移轉當期送出基地之公告土地現值／申請容積移轉當期接受基地之公告土地現值）×接受基地之容積率。
   2. 保存價值之已建築土地：上式需再乘以（1－送出基地現已建築之容積／送出基地之基準容積）。
   3. 已設定或徵收地上權或註記供捷運系統穿越使用者，則需乘以〔1－（送出基地因國家公益需要設定地上權、徵

收地上權或註記供捷運系統穿越使用時之補償費用／送出基地因國家公益需要設定地上權、徵收地上權或註記供捷運系統穿越使用時之公告土地現值）〕。

（六）折繳代金需委外

接受基地得以折繳代金方式移入容積，其折繳代金之金額，由直轄市、縣（市）主管機關委託三家以上專業估價者估價師查估後評定之；其所需費用，由接受基地所有權人負擔。

臺北市估價公式：折繳代金金額＝（含容積移入之接受基地價格－未含容積移入之接受基地價格），基地價格兼採比較法及土開法，都市設計送審日至核定日之間，再進行價格日期調整。

（七）古蹟土地容積移轉

另依「古蹟土地容積移轉辦法」，送出基地移出之容積，於換算為接受基地移入之容積時，其計算公式如下：

接受基地移入容積＝送出基地移出之容積×（申請容積移轉當期送出基地之毗鄰可建築土地平均公告土地現值／申請容積移轉當期接受基地之公告土地現值）

前項送出基地毗鄰土地非屬可建築土地者，以三筆距離最近之可建築土地公告土地現值平均計算之。

前二項之可建築土地平均公告土地現值較送出基地申請容積移轉當期公告土地現值為低者，以送出基地申請容積移轉當期公告土地現值計算。

（八）容積移轉估價程序

(1).估計送出基地正常價格（單價）。
(2).估計接受基地正常價格（單價）。
(3).求取地價轉換率＝送出基地正常價格（單價）／接受基地正常價格（單價）。

(4).計算接受基地移入之容積＝送出基地移出之容積×地價轉換率。

(5).計算送出容積價格＝送出基地正常價格×送出基地移出之容積佔整體利用價值比例（運用樓層別效用比或地價分配率）。

(6).計算接受容積價格＝接受基地正常價格×接受基地移入之容積佔整體利用價值比例（運用樓層別效用比或地價分配率）。

(7).就送出容積價格與接受容積價格，協調決定容積移轉價格[6]。

    a. 接受容積價格－送出容積價格＝差額

    b. 送出容積價格／（接受容積價格＋送出容積價格）＝差額分配率

    c. 差額×差額分配率＝差額分配額

    d. 送出價＋差額分配額＝容積移轉價格（後再乘調整率）

二、權利變換

（一）權利變換意義：

指更新單元內重建區段之土地所有權人、合法建築物所有權人、他項權利人或實施者，提供土地、建築物、他項權利或資金，參與或實施都市更新事業，於都市更新事業計畫實施完成後，按其更新前權利價值及提供資金比例，分配更新後建築物及其土地之應有部分或權利金（都市更新條例§3）。

---

[6] 該步驟係參考林教授英彥「不動產估價實務問題解答（二版）」（2004）。

（二）權利變換評估項目：

都市更新權利變換估價，其評估項目應依都市更新條例及都市更新權利變換實施辦法等相關法令之規定辦理。需評估項目整理如下：

更新	權利價值
前	各宗土地、不願參與分配者、應分配但未達最小分配面積單元者權利價值
	租賃權、地役權、權利價值協調不成：合法建物、地上權、永佃權、三七五租約、抵押權、典權（都更條例&36-&40）
後	建築物及其土地應有部分、權利變換範圍內其他土地

按都市更新權利變換實施辦法第 6 條及第 8 條規定：「權利變換前各宗土地及更新後建築物及其土地應有部分及權利變換範圍內其他土地於評價基準日之權利價值，由實施者委託三家以上專業估價者查估後評定之。」，「評價基準日以都市更新事業計畫核定發布之日為準。但權利變換計畫與都市更新事業計畫一併報核者，應由實施者定之，其日期限於權利變換計畫報核日前六個月內。」

（三）母法強調土地價值：

權利變換為實施都市更新之方式之一，按都市更新條例第 51 條及第 52 條意旨略以：「實施權利變換時，權利變換範圍內供『公共使用之道路、溝渠、兒童遊樂場、鄰里公園、廣場、綠地、停車場』等七項用地，除以各該【原有公共設施用地、公有道路、溝渠、河川及未登記地】等土地抵充外，其不足土地與『工程費用、權利變換費用、貸款利息、稅捐及管理費用』，經直轄市、縣（市）主管機關核定

後，由權利變換範圍內之土地所有權人按其權利價值比例共同負擔，並以權利變換後應分配之土地及建築物折價抵付。……」、「權利變換後之土地及建築物扣除前條規定折價抵付共同負擔後，其餘土地及建築物依各宗土地權利變換前之權利價值比例，分配與原土地所有權人。」

（四）建物殘餘及權利價值：

另按都市更新條例第 57 條及第 60 條意旨略以：「……因權利變換而拆除或遷移之土地改良物，應補償其價值或建築物之殘餘價值，其補償金額由實施者查定之……」、「權利變換範圍內合法建築物及設定地上權、永佃權或耕地三七五租約之土地，由土地所有權人……於實施者擬定權利變換計畫前，自行協議處理。前項協議不成，或土地所有權人不願或不能參與分配時，由實施者估定……於土地所有權人應分配之土地及建築物權利範圍內，按合法建築物所有權、地上權、永佃權或耕地三七五租約價值占原土地價值比例，分配予各該……人，納入權利變換計畫內。……」

（五）更新前區分所有建物房地分離[7]：

1. 一般情形：權利變換前為區分所有建物者，應以全棟建物之基地價值比率及建物價值比率，分算各區分所有建物房地總價之基地權利價值及建物權利價值，公式如下：

各區分所有建物之基地權利價值＝各區分所有建物房地總價×基地價值比率

$$基地價值比率 = \frac{素地單價 \times 基地總面積}{素地單價 \times 基地總面積 + [營造或施工費單價 \times (1-累積折舊率) \times 全棟建物面積]}$$

---

[7] 本規定最早多適用於九二一地震更新前估價，雖建物已倒塌，但仍以更新前（建物未倒塌前）全棟建物評估之。土地及建物價值比率亦以更新前條件估計之。

區分所有建物情況特殊，如有區分所有建物對應基地持分過大過小，顯與一般正常持分比例有別，致基地權利價值顯失公平者，得依第 126 條之 2（即後段（六）有地無屋）計算之基地權利價值予以調整。

2. **素地總價值較高之調整[8]**：

權利變換前區分所有建物之基地總價值低於區分所有建物坐落基地之素地總價值者，各區分所有建物之基地權利價值，計算程序如下：

(1).依前條規定計算基地價值比率。

(2).各區分所有建物基地權利價值＝各區分所有建物房地總價×基地價值比率。

(3).各區分所有建物基地權利價值比率＝各區分所有建物基地權利價值／Σ（各區分所有建物基地權利價值）。

(4).各區分所有建物調整後基地權利價值＝區分所有建物坐落基地之素地總價值×各區分所有建物基地權利價值比率。

※高考進階補充

設某更新案基本資料如下：

基地總面積（坪）	100	營造或施工費單價（萬／坪）	5
使用容積率	200%	耐用年數	50
法定容積率	300%	屋齡	30
平均房價單價（萬／坪）	25	殘價率	0
全棟建物面積（坪）	200	累計折舊率	60%
全棟房地總價（萬）A	5,000	素地單價（萬／坪）	48

因此，基地價值比率計算得＝4800／(4800＋400)＝92.3%
先依上述「1.一般情形」計算如下表，原本甲至癸 10 人之基地權利價值分算如 c 欄，因本例基地價小於素地價（4615 萬元＜4800 萬元），故重新以素地價分配如 e 欄。

---

[8] 大部分都市更新案件適用此情形，各項計算條件亦以更新前為準。

樓層別	所有權人	a 樓層別效用比	更新前區分所有建物房地分離情形 b=A*a 各區分所有建物房地總價	c=b*B 各區分所有建物之基地權利價值	低於素地總價值情形 d 各區分所有建物基地權利價值比率 d=c/c 各層總合	e=E*d 各區分所有建物基地權利價值
1	甲	150.4%	668.0	616.6	13.4%	641.3
2	乙	123.9%	550.3	508.0	11.0%	528.3
3	丙	114.2%	507.2	468.2	10.1%	487.0
4	丁	100.0%	444.2	410.0	8.9%	426.4
5	戊	101.8%	452.2	417.4	9.0%	434.1
6	己	101.8%	452.2	417.4	9.0%	434.1
7	庚	101.8%	452.2	417.4	9.0%	434.1
8	辛	106.2%	471.7	435.4	9.4%	452.8
9	壬	110.6%	491.2	453.5	9.8%	471.6
10	癸	115.0%	510.8	471.5	10.2%	490.4
總計		1125.7%	5,000	4,615	100%	4,800

3. **透天建物**：權利變換前為非屬區分所有之建物者，應以該建物之房地總價乘以基地價值比率計算基地權利價值。但基地權利價值低於素地價值者，以素地價值為準。

（六）**有地無屋**：權利變換前地上有區分所有建物之基地所有權人未持有該區分所有建物產權者，其土地權利價值計算方式如下：

1. **有建物對應**：該基地所有權人持有之土地持分可確認其對應之區分所有建物者，依前述（五）「更新前區分所有建物房地分離（第 125、126 條）」計算其對應區分所有建物之基地權利價值，再扣除該合法區分所有建物權利價值。

2. 無對應建物：該基地所有權人持有之土地持分無法確認其對應之區分所有建物者，依下列方式計算：
   (1)依前述（五）「更新前區分所有建物房地分離（第125、126條）」計算同一建築基地平均單價。
   (2)前目平均單價乘以無持分建物權屬之基地持分面積。
   (3)計算地上建物全棟之權利價值。
   (4)前目乘以無持分建物權屬之基地持分比例。
   (5)第二目扣除前目之餘額。

以上步驟簡言之，先計算同一建築基地平均單價；該單價乘以無持分建物權屬之基地持分面積；於計算地上建物全棟之權利價值乘以無持分建物權屬之基地持分比例所得之值；再將前兩者相減而得。

前項無持分建物權屬之基地所有權人與其地上建物所有權人自行協議者，依其協議辦理。

※上述「（六）有地無屋」舉例如下：

1. 有建物對應：如上表所示，若「乙」有屋無地、除甲至癸9人有屋含地外，另有一地主「子」有地無屋，「乙」與「子」兩者可對應，地上建物全棟之權利價值設為1100萬元，「乙」建物權利價值為110萬元，「子」則為418.3萬元（528.3萬元－110萬元）。

2. 無對應建物：再假設甲、乙…癸10人皆有屋含地，僅另一地主「子」有地無屋，其地價計算過程如下～
   (1)依前述（五）計算同一建築基地平均單價：基（素）地總價/總面積＝4800／100＝48萬／坪。
   (2)前目平均單價乘以無持分建物權屬之基地持分面積：48×100×1／11＝436.4萬元
   (3)計算地上建物全棟之權利價值：如前述設為1100萬元。
   (4)前目乘以無持分建物權屬之基地持分比例：1100萬元×1／11＝100萬元

> (5) 第二目扣除前目之餘額：436.4－100＝336.4 萬元
>
> ※建物權利價值計算：
>
> 　　全聯會第六號公報就合法建築物所有權人權利價值有規範評估方式，首先以估價規則第 31、32 條或第 47 條評估合法建物使用土地之收益價格（但不含期末處分價值），再以該收益價格扣除建物殘餘價值。公報注意須知並提及委託者應先釐清土地所有權人與權利變換關係人間之法律關係後，提供相關參數，載入估價條件中。且除一定期間收益價格估計之原則外，估價師仍得依估價規則其他規定評估合法建築物所有權人及地上權人權利價值。雖依都市更新條例第 39 條本應先與地主協調，不成再由實施者參酌估價師估值評定，但通常不易協議仍需仰賴估價師。估價規則討論時，蓋此類建物一來契約租金不會太高，可收益年期亦不長造成建物權利價值估值不高，影響權利變換關係人參予誘因。其他爭議之處如究應以土地租金（地主受損）或建物租金（屋主收益）角度查估？採契約租金或經濟租金？賸餘年期可否逕以建物殘餘耐用年數二分之一定之等？因尚無共識而決議不於估價規則增訂，仍由公會於範本中訂定。

（七）未建築使用：

　　權利變換前之基地未建築使用者，以素地價值推估其土地權利價值。

（八）更新後考量因素：

　　權利變換後區分所有建物及其土地應有部分，應考量都市更新權利變換計畫之建築計畫、建材標準、設備等級、工程造價水準及更新前後樓層別效用比關聯性等因素，以都市更新評價基準日當時之新成屋價格查估之。其中更新前後樓

層別效用比關聯性需把握更新前後樓層間相對效用高低邏輯之一致性。

◆考古題◆

1. 請比較權利變換估價與容積移轉估價之原則與場合,並列舉說明此二項估價時,應考量之因素。(95 年地政高考)

2. 某不動產設定為期 20 年之地上權。依照租約之條款,每年之實質租金為 50 萬。當市租水準已高達每年 80 萬時,該地上權之價值若干?(若其報酬率為 5%)(92 年身心障礙人員三等考試)
   擬答:(80 萬－50 萬)× [(1＋5%)^{20}－1]／[(1＋5%)^{20}× 5%]＝373.87 萬元

3. 何謂權利變換估價?並請述明進行權利變換估價,應考量之因素有那些。(91 年估價師特)

4. 試述差額租金還原法之意義及其理論根據,並說明運用差額租金還原法估計租賃權價格之要領。(90 年估價師高)

5. 估計租賃權價格之時機為何?並請扼要說明租賃權價格之估價方法。(88 年升)

6. 何種場合需要估計土地租賃權之價格?並請說明其估價方法。(87 年監特)

7. 略述不動產金融估價之要點。(67 年乙等特考)
   擬答:(一)意義:以不動產為擔保,設定抵押權以得到融通之資金稱為「不動產金融」。就抵押之不動產,判斷其擔保能力,以決定其融資限度,稱為不動產金融估價。
   (二)原則:應注重安全性、確實性及保守性。

（三）流程：（略）

（四）判斷正常價格、查定價格與融資限度：

1. 正常價格：為債權不能受償須拍賣該不動產時，所能預期之價格，故需預測未來價格日期之價格。惟抵押不動產若無市場性，拍定可能性低，故價格應予以下修。

2. 查定價格：從正常價格中扣除各種風險及應計之土地增值稅等所得之價格為查定價格。風險之處理可依一定比率扣除，訂定數種風險率或依擔保品種類分訂風險率等方式為之。

3. 融資限度：因嗣後實行抵押權可能發生拍定價低於正常價格、收回利息以及行使抵押權之費用，故一般以查定價格之幾成（該成數即融資比率）為準，作為融資之最高限度額。

8. 試問需進行租賃權價值評估之情況為何？假設某出租土地面積為 100 坪，租期尚餘 2 年，目前每年支付租金為新臺幣 3,500 元／坪，若市場經濟租金為新臺幣 5,500 元／坪，則租賃權價格為多少？並請據此說明差額租金還原法之應用限制（假設折現率為 10%）（104 年估價師）。

9. 實施市地重劃時須評估重劃前、後地價，請問需考量之影響因素有那些？宜運用何種方法評估其價值？（106年估價師理論）

10. 請問採權利變換方式進行都市更新之區分所有建物，權利變換前區分所有建物之基地總價值低於區分所有建物坐落基地之素地總價值者，各區分所有建物之基地權利價值如何計算？權利變換後區分所有建物及其土地應有部分權利價值的查估應考慮那些因素？（107年估價師理論）

第五節　租金估計

租金估價依民法第 421 條第 1 項規定：「稱租賃者，當事人約定，一方以物租與他方使用、收益，他方支付租金之契約」，就租賃市場中，使用、收益他人不動產所支付之代價（租金）所作之評估，稱為租金估價。租金估價係就不動產之法定孳息所作之評估，有別於租賃權估價係就租賃權權利價值所作之評估。

一、租金估計考慮因素

不動產之租金估計應考慮契約內容、租期長短、使用目的、稅費負擔、租金水準、變遷狀態、租約更新、變更條件及其他相關因素估計之。

二、租金種類

（一）**支付租金**：承租人名目上每期支付之租金。假設每月支付租金 20,000 元，年支付租金即為 20,000（元）×12＝240,000（元）。

（二）**實質租金**：指承租人每期支付予出租人之租金，加計押金或保證金、權利金及其他相關運用收益之總數。賡續前例，若有 40,000 元押金，設年利率為 2%，則年實質租金＝240,000（元）＋40,000（元）×2%＝240,800（元）。實質租金相當於收益法所稱總收入。

（三）**必要費用**：即為租賃各項必要支出經費，配合收益法規定有下列各項：

1. 一般租賃費用：地價稅或地租、房屋稅、保險費、管理費、維修費。
　　2. 重置費用：建物折舊提存費、重置提撥費。
　　3. 閒置費用：租賃損失準備費、空房損失準備費。
　　4. 營運性租賃之營運費用。

　（四）**淨租金**：為實質租金扣除必要費用之餘額，又稱純租金。（淨租金相當於收益法所稱淨收益）

　（五）**契約租金**：指租賃不動產依據現行租賃契約所計算之實質租金。

　（六）**經濟租金**：指反映租賃市場合理行情不動產經濟價值之實質租金。
　　不動產租金估計，以估計勘估標的之實質租金（收益法之總收入）為原則。

三、新訂租約

　　新訂租約之租金（正常租金）估計，得採下列方式為之：

　（一）**租賃實例比較法**：以新訂租約之租賃實例為比較標的，運用比較法估計之。即於同一供需圈之近鄰地區或類似地區，以新訂租約租賃實例為比較標的，掌握替代原則、供需原則與競爭原則，運用比較法觀念估計之。程序如下：
　　1. 蒐集並查證比較租賃實例相關資料。
　　2. 選擇與勘估標的條件相同或相似之比較租賃實例。
　　3. 對比較租賃實例價格進行情況調整及價格日期調整。
　　4. 比較、分析勘估標的與比較租賃實例間之區域因素及個別因素之差異，並求取其調整率或調整額。

5. 計算勘估標的之試算租金。
6. 決定勘估標的之比較租金。

（二）**積算法**：以勘估標的價格乘以租金收益率，以估計淨收益，再加計必要費用。步驟如下：
1. 勘估標的價格：可由比較法或成本法求取。
2. 租金收益率：求取方法可採用收益法決定收益資本化率或折現率之方法。惟租金收益率需與租金之期間配合，故需注意租金之短期租賃特性與收益法收益資本化率考慮長期永續性之不同。

期待利潤率與收益資本化率關係：

比　　較	租金收益率	收益資本化率
期間	短期租賃特性	長期永續性
利息率觀點	短期較小	長期較大

3. 必要費用：指維持租賃之必要費用。
4. 新訂租金＝勘估標的價格×租金收益率＋必要費用。

（三）**收益分析法**[9]：分析企業經營之總收入，據以估計勘估標的在一定期間內之淨收益，再加計必要費用。步驟如下：
1. 分析總收入：推估企業經營之總營業額，以分析總收入。
2. 估計淨收益：以總收入扣除各項必要費用。即收益分配原則之應用。各項必要費用以企業經營者負擔的角度計算。
3. 計算租賃必要費用：指維持租賃之必要費用，如一般租賃費用、重置費用及閒置費用。租賃必要費用以出租人負擔的角度計算。

---

[9] 收益分析法求取租金與收益法求取收益價格有別。

4. 新訂租金＝淨收益＋租賃必要費用。

四、續訂租約

續訂租約之租金估計（通常為限定租金），得採下列方式為之：

（一）租賃實例比較法：以續訂租約之租賃實例為比較標的，運用比較法估計之。即於同一供需圈之近鄰地區或類似地區，以續訂租約租賃實例為比較標的，掌握替代原則、供需原則與競爭原則，運用比較法觀念估計之。

（二）利率法：以勘估標的於價格日期當時之正常價格為基礎，乘以續租之租金收益率，以估計淨收益，再加計必要費用。步驟如下：
1. 勘估標的價格：求算勘估標的之正常價格，可由比較法或成本法求取。
2. 續租租金收益率：以新訂租約之租金收益率為基準。並考量勘估標的價格及租金變動程度、目前同一供需圈內租賃實例之續租租金收益率後決定之。
3. 必要費用：指維持租賃之必要費用。
4. 續訂租金＝勘估標的價格×續租租金收益率＋必要費用。

（三）推算法（趨勢法）：以勘估標的原契約租金之淨收益，就其租金變動趨勢調整後，再加計必要費用。步驟如下：
1. 求淨收益：指租賃不動產依據原契約之實質租金，再扣除原契約租金必要費用，所得之淨收益。
2. 求算變動趨勢：指綜合考慮租金、地價、房價、所得、物價水準等之變動率。

3. 計算必要費用：指維持租賃之必要費用。
4. 續訂租金＝淨收益×變動率＋必要費用。

（四）**差額分配法**：分析勘估標的原契約租金與市場經濟租金之差額中，應歸屬於出租人之適當部分，加計契約租金。若續訂租約時，該不動產支出經費較原先提高者，則應另加計經費增加額。

上述將差額歸屬於出租人之適當部分，應考量以下因素判定：

1. 出租人及承租人對近鄰地區發展之貢獻程度。
2. 契約之經歷時間與殘餘時間。
3. 承租人使用情形、租金及費用變動情形。
4. 當地調整租金慣例。

【租金估價綜合比較分析】

租約性質	方　　法	公　　式
新訂租約	積算法	勘估標的價格×租金收益率＋必要費用
	租賃實例比較法	新訂租金×比較調整率
	收益分析法	期待淨收益＋必要費用
續訂租約	差額分配法	原契約租金＋租金差額歸屬於出租人之適當部分
	利率法	勘估標的價格×續租租金收益率＋必要費用
	推算法	淨收益×變動率＋必要費用。
	租賃實例比較法	續訂租金×比較調整率

※估價師高考層級進階補充

一、底地權收益分配法

1. 底地權意義：（IVS 稱 leased fee estate）

　　指設有租賃權或他項權利之土地，土地所有權人所保有之權利（具有負擔之所有權）。

2. 底地權收益分配法：

　　指就設有租賃權或他項權利之不動產總收入中，求取歸屬不動產之淨收益，扣除建物淨收益及土地租賃權之收益，以求得底地權淨收益後，加計土地必要費用。

3. 估價程序：

(1).估計「具有負擔不動產之總收入」（A）

(2).估計「必要費用」（B）

(3).估計「建物淨收益（建物成本價格×建物收益資本化率）」（C）

(4).估計「屬於土地租賃權淨收益（土地價格×租賃權價值比率×土地收益資本化率）」（D）

(5).屬於「底地權之淨收益」（E）＝（A）－（B）－（C）－（D）

(6).土地租金＝（E）＋土地必要費用

二、租金估價計算題

例題1：設丁大戶有不動產欲出租委託台端估計正常租金，設台端估計該不動產正常價格800萬元，期待利潤率5%，總費用共10萬元，則每月合理實質租金為何？

答：800萬元×5%＝40萬元（純租金）

　　40萬元＋10萬元＝50萬元（積算租金）

　　50萬元／12＝41,667元（每月租金）

例題2：設某租賃實例每月租金20,000元，該租賃實例區域條件較勘估標的優10%，個別條件較勘估標的差

5%，屬正常情況，價格日期相當，請問勘估標的月租金如何決定？若勘估標的租賃契約欲另收取 2 個月租金為押金，押金運用利率 3%，則月租金又如何決定？

答：1.20,000×100/110×100/95＝19,319 元
　　2.20,000×12×100/110×100/95＝229,665
　　　　19,139×2×3%＝1,148
　　　(229,665－1,148)／12＝19,043 元

例題3：設大甲原承租不動產租金每月 20,000 元，租約因屆滿有續訂租約之需要。若目前市場合理租金每月 30,000 元，續訂租約時，該不動產支出經費增加額為 2,000 元。試問續訂租金應如何訂定？

答：設估價判斷租金增加差額中，出租人及承租人之貢獻均等，續訂租金為：
　　20,000＋（30,000－20,000）×50%＋2,000＝27,000 元

例題4：設大常原承租不動產租約因屆滿有續訂租約之需要，若目前該不動產市場經濟價值 3,000,000 元，續訂租約時之收益率 5%，該不動產支出經費每年為 20,000 元。試問續訂租金應如何訂定？

答：3,000,000×5%＋20,000＝150,000＋20,000＝170,000 元

例題5：設錦輝原承租不動產租約因屆滿有續訂租約之需要，若現行契約租金為 300,000 元，原總費用估計為 80,000 元。原租約至新訂租約價格日期之期間內，房租變動指數、地價指數、物價指數經查分別為 1.05、0.98、1.00，經查該不動產於價格日期各項總費用為 10,000 元。試問續訂租金應如何訂定？

答：300,000－80,000＝220,000
　　地價變動率為(1.05＋0.98＋1.00)／3＝1.01
　　220,000×1.01＋10,000＝232,200 元（每年租金）

◆**考古題**◆

1. 何謂經濟租金？何謂實質租金？何謂支付租金？某甲以低於市場行情一成的租金向某乙承租房屋一年，言明月租金 9,000 元、押金兩個月，於一年期定存利率 2% 下，請問年經濟租金、實質租金、支付租金各為多少？（101 年經紀人）

2. 何謂限定租金？在進行不動產估價時，採取收益法進行不動產價格估價時，必須對於不動產租金清楚地掌握，請問對於新訂及續租租金應該如何估計？（96 年經紀人）

3. 某甲向某乙承租房屋一棟，已居住十年並擬繼續承租。基於各種社會經濟條件的改變，某乙擬調整租金。試問某乙應如何估計該租金？（94 年地方特）

4. 試申述不動產續租（特別是有爭議）時之租金評估，應如何蒐集資料並進行租金評估較為周延？（93 年估價師理論）

5. 支付租金與實質租金有何區別？當支付年租金為 30 萬元，且於訂約之初承租人另行支付權利金 300 萬元給出租人，並約定 10 年後終止租約時該權利金不用退還，則實質租金若干（假設通行投資年利率為 4%）？（91 年北基特）

    答：實質年租金 $= 30\,萬 + 300\,萬 \times \dfrac{4\%(1+4\%)^{10}}{(1+4\%)^{10}-1} = 66.99\,萬元$

6. 如何運用收益分析法求取不動產租金？（91 年經紀人）

7. 何謂利率法？以該法求取續租租金應留意哪些事項？試說明。（85 年乙特）

8. 何謂推算法？以該法求取續租租金應留意哪些事項？（85 年乙特）

第五章 公部門估價

第一節 地政機關區段價法

　　影響地價的因素有一般因素、區域因素、個別因素等。一般因素之影響範圍是全面性的，勘估標的與比較標的同受一般因素影響，故比較法不需就一般因素調整。區域因素係地區性的，尤其同一供需圈，由於區域條件相近，地價差異不大。目前全國有約 1590 萬筆土地，全國地政機關約七百多位地價人員難以就全部土地逐一查估，故將 1590 萬筆土地劃分為約 12.8 萬個地價區段估計，估價成本方符稽徵效益。區段地價優點在於簡便，忽略各筆土地個別因素即在所難免。

壹、區段土地估價

　　地政機關地價查估[1]係採區段土地估價方式，並以地價調查估計規則為準。該規則主要在規範地價調查估計之辦理程序及從事調查時作業之相關規定、計算建物現值之程序，

---

[1] 地政機關地價查估另有土地建築改良物估價規則，係由地政署在民國 35 年與地價調查估計規則同時發布，全文計 26 條，用以規範建築改良物之估價。目前建築改良物之估價主要係由工務單位及稅捐單位負責查估，地政單位已較少涉及建築改良物之估價，故此一規則已形同具文。目前房屋課稅價格之評定，係由稅捐單位查定房屋標準價格，經各縣市不動產評價委員會評定後公告，作為核計房屋課稅價格之依據。

估計土地正常買賣單價之方法、地價區段之劃分及區段地價之估計方法、宗地單位地價之計算等。直轄市或縣（市）地政機關為地價調查估計之主辦機關，實務上多授權所轄地政事務所辦理。地價調查估計規則相關內容如下：

一、地價調查估計之辦理程序

地價調查估計之辦理程序如下：
（一）蒐集、製作或修正有關之基本圖籍及資料。
（二）調查買賣或收益實例、繪製地價區段草圖及調查有關影響區段地價之因素。
（三）估計實例土地正常單價。
（四）劃分或修正地價區段，並繪製地價區段圖。
（五）估計區段地價。
（六）計算宗地單位地價。

二、調查買賣或收益實例

調查買賣或收益實例、繪製地價區段草圖及調查有關影響區段地價之因素。

三、估計土地正常買賣單價方法

估計土地正常買賣單價方法如下：

A．製作買賣實例調查估價表估計（結合成本法及部分比較法概念）：
（一）判定交易情況和土地情況
1. 非屬特殊情況：買賣實例總價格即為正常買賣總價格。
2. 特殊情況者：其為特殊情況者，應依進行情況調整修正後，必要時並得調查鄰近相似條件土地或房地之市場行情價格，估計該買賣實例之正常買賣總價格。

（二）地上無建物者：

　　　土地正常買賣單價＝正常買賣總價格÷土地面積

（三）地上有區分所有建物，買賣實例為其中部分層數或區分單位者：

　1. 估算全棟房地可出售總價格。其公式如下：

　　全棟房地可出售總價格＝Σ〔（各樓層房地正常買賣平均單價×各樓層可出售面積）＋（車位平均價格×車位數）〕

　2. 計算全棟建物現值。

　3. 估算全棟建物之裝潢、設備及庭園設施等費用。

　4. 估算全棟建物買賣正常利潤。

　5. 計算土地可出售總價格：

　　土地可出售總價格＝全棟房地可出售總價格－全棟建物現值－全棟建物之裝潢、設備、庭園設施等費用－全棟建物買賣正常利潤[2]

　6. 計算土地正常買賣單價。其公式如下：

　　土地正常買賣單價＝土地可出售總價格÷基地面積

（四）地上有建物，且買賣實例為全部層數者：

　1. 計算全棟建物現值。

　2. 估算全棟建物之裝潢、設備及庭園設施等費用。

　3. 估算全棟建物買賣正常利潤。

　4. 計算土地正常買賣總價格：

　　土地正常買賣總價格＝全棟房地正常買賣總價格－全棟建物現值－全棟建物之裝潢、設備、庭園設施等費用－全棟建物正常利潤

---

[2] 此一計算式與不動產估價技術規則房地估價中房地分離規定之差異，在於地價調查估計規則多扣減「裝潢設備庭園設施等費用」，且實務上該費用並未先扣折舊，故地價調查估計規則房地分離後之地價可能較低。

5. 計算土地正常買賣單價：
   土地正常買賣單價＝土地正常買賣總價格÷基地面積
B・成本法──計算建物現值程序：
   （一）計算建物重建價格：
      建物重建價格＝建物單價×建物面積
   （二）計算建物累積折舊額：
      建物累積折舊額＝建物重建價格×建物每年折舊率×經歷年數
   （三）計算建物現值（即建物成本價格）：
      建物現值＝建物重建價格－建物累積折舊額
C・收益法計算：
   以收益實例估計土地正常單價之方法，依不動產估價技術規則第三章第二節規定辦理。

四、劃分地價區段規定

劃分地價區段辦理規定如下：

（一）地價區段劃分：
 1. 作業底圖：攜帶地籍圖、地價分布圖及地價區段勘查表實地勘查。
 2. 考量因素：斟酌地價之差異、當地土地使用管制、交通運輸、自然條件、土地改良、公共建設、公用設施、環境污染、工商活動、房屋建築現況、土地利用現況、發展趨勢及其他影響地價因素。
 3. 劃分方式：
    (1). 基本原則：於地籍圖藍圖上，將地價相近、地段相連、情況相同或相近之土地劃為同一區段。
    (2). 路線區段：已開闢道路及其二側或一側帶狀土地，其地價與一般地價區段之地價有顯著差異

者，得就具有顯著商業活動之繁榮地區，依當地發展及地價高低情形，劃設繁榮街道路線價區段。繁榮街道以外已開闢之道路，鄰接該道路之土地，其地價顯著較高者，得於適當範圍劃設一般路線價區段。

(3). 插花區段：非建築用地中經依法允許局部集中作建築使用且其地價有顯著差異時，應就該建築使用之土地單獨劃分地價區段。非都市土地及都市計畫農業區、保護區之零星建築用地，或依規定應整體開發而未開發之零星已建築用地，在同一區段範圍內，得將地價相近且使用情形相同而地段不相連之零星建築用地，視為一個地價區段另編區段號。

(4). 公設區段：公共設施保留地應單獨劃分地價區段。但其毗鄰之非公共設施保留地均屬相同區段地價之地價區段時，得併入毗鄰之非公共設施保留地劃為同一地價區段。帶狀保留地穿越數個地價不同之區段時，得視二側非保留地地價區段之不同，分段劃分地價區段。

(二) 區段界線劃分原則：

1. 地價區段（一般地價區段）：應以地形、地貌等自然界線、道路、溝渠等界線或使用分區、編定使用地類別等使用管制之界線或適當之地籍線為準。
2. 繁榮街道路線價區段：應以裡地線為區段界線。
3. 一般路線價區段：應以距離臨街線適當深度範圍為準。

五、估計區段地價方式

估計區段地價方式如下：

（一）有買賣實例或收益實例之區段：以調整至估價基準日[3]之實例土地正常單價，求其中位數為各該區段之區段地價。

（二）無買賣實例及收益實例之區段：
1. 應於鄰近或適當地區選取二個以上使用分區或編定用地相同，且估計出區段地價之區段，作為基準地價區段，按影響地價區域因素評價基準表及影響地價區域因素評價基準明細表，考量價格形成因素之相近程度，修正[4]估計目標地價區段之區段地價。
2. 無法選取使用分區或編定用地相同之基準地價區段者，得以鄰近使用性質類似或其他地價區段之區段地價修正之。

六、宗地單位地價計算方法

宗地單位地價計算方法如下：

（一）屬於繁榮街道路線價區段之土地：由直轄市或縣（市）地政機關依繁榮街道路線價區段宗地單位地價計算原則計算。

（二）其他地價區段之土地：以區段地價作為宗地單位地價。

---

[3] 估價基準日指每年九月一日，即比較法之價格日期調整，案例蒐集期間為前一年九月二日至當年九月一日。
[4] 此相當於比較法之區域因素調整。基準地價區段為比較標的、目標地價區段為勘估標的。

（三）跨越兩個以上地價區段之土地：分別按各該區段之面積乘以各該區段地價之積之和，除以宗地面積作為宗地單位地價。

七、公共設施保留地地價計算方式

直轄市或縣（市）主管機關依本條例第四十六條規定查估土地現值時，對都市計畫公共設施保留地之地價，應依下列規定辦理（平施§63）：

（一）公共設施保留地處於繁榮街道路線價區段者，以路線價按其臨街深度指數計算。但處於非繁榮街道兩旁適當範圍內劃設之一般路線價區段者，以路線價為其地價。

（二）公共設施保留地毗鄰土地均為路線價道路者，其處於路線價區段部分，依前款規定計算，其餘部分，以道路外圍毗鄰非公共設施保留地裡地區段地價平均計算。（如後圖一）

（三）公共設施保留地毗鄰土地均為路線價區段者，其處於路線價區段部分依第一款規定計算，其餘部分，以道路外圍毗鄰非公共設施保留地裡地區段地價平均計算。（如後圖二）

（四）帶狀公共設施保留地處於非路線價區段者，其毗鄰兩側為非公共設施保留地時，以其毗鄰兩側非公共設施保留地之區段地價平均計算，其穿越數個地價不同之區段時，得分段計算。

（五）前四款以外之公共設施保留地，以毗鄰非公共設施保留地之區段地價平均計算。

（六）前項所稱平均計算，指按毗鄰各非公共設施保留地之區段線比例加權平均計算。

（七）區段徵收範圍內之公共設施保留地區段地價計算方

式,以同屬區段徵收範圍內之毗鄰非公共設施保留地區段地價加權平均計算。

(八)都市計畫公共設施保留地之地形、地勢、交通、位置之情形特殊,與毗鄰非公共設施保留地顯不相當者,其地價查估基準,由直轄市或縣(市)主管機關定之。

圖一(台灣省 81 年 3 月圖例五)

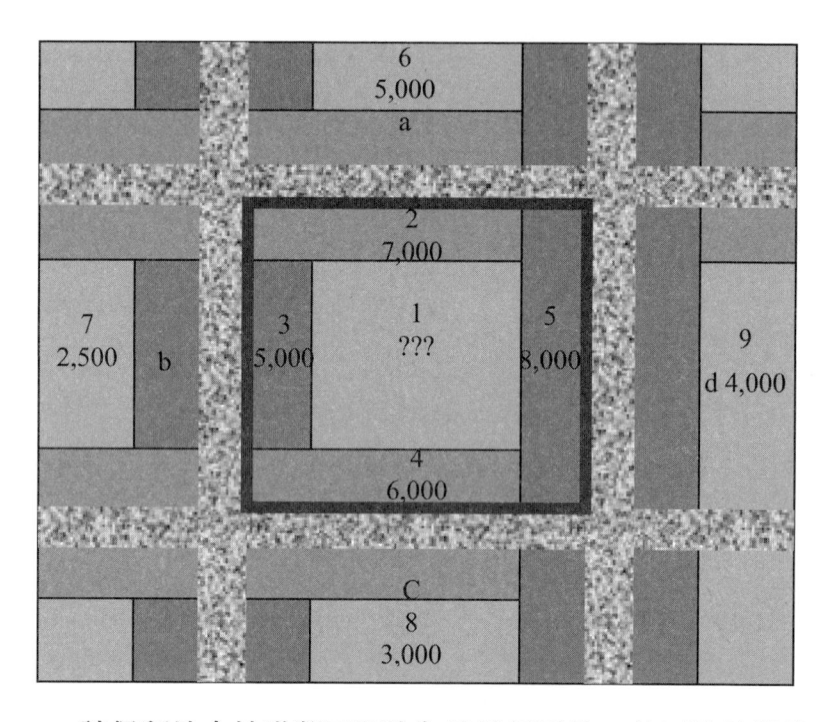

```
        6
      5,000
        a

        2
      7,000
  7        3       1        5          9
2,500  b  5,000  ???    8,000      d 4,000

        4
      6,000

        c
        8
      3,000
```

該保留地由於毗鄰四週均為路線價道路,依平均地權條例施行細則第 63 條第 1 項第 2 款之規定於路線價道路區段範圍內者(即 2、3、4、5 區段)以所屬路線價為其地價。至 1 區段則以 6、7、8、9 區段加權平均,其計算式＝5000×a／(a＋b＋c＋d)＋2500×b／(a＋b＋c＋d)＋3000×c／(a＋b＋c＋d)＋4000×d／(a＋b＋c＋d)。

圖二（台灣省 81 年 3 月圖例六）

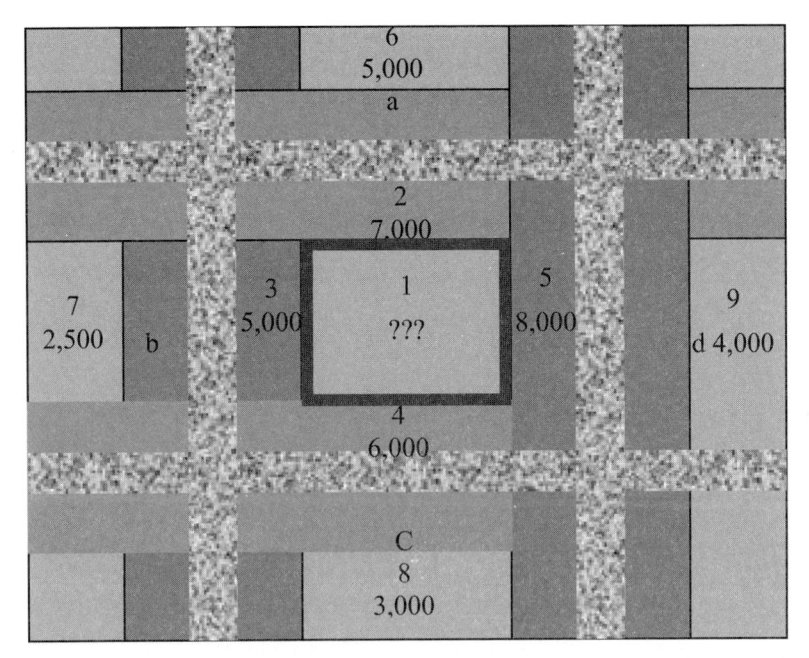

```
         6
       5,000
         a

         2
       7,000

  7     3     1     5       9
2,500 5,000  ???  8,000   d 4,000
   b

         4
       6,000

         C
         8
       3,000
```

　　該保留地由於毗鄰四週均為路線價區段，依平均地權條例施行細則第 63 條第 1 項第 3 款之規定，1 區段以 6、7、8、9 區段加權平均，其計算式＝5000×a／(a＋b＋c＋d)＋2500×b／(a＋b＋c＋d)＋3000×c／(a＋b＋c＋d)＋4000×d／(a＋b＋c＋d)。

八、國外財產稅估價制度

　　筆者近年拜訪十多個國家政府估價/財產稅單位，多採個別宗地估價、應用 CAMA、AVM 甚至 MRA(複迴歸)估價、強調離散係數 COD、PRD 等水平垂直課稅公平、房地多合併估價(有些會再進一步拆分)、個別不動產查價地圖公開資訊、估值異議制度等，均值得我國學習，我國地價調查估計規則應先修正不限於繁榮街道才考慮宗地個別因素，結合 AI 潮流電腦估價反映宗地估價。

貳、地價基準地估價

一、基準地意義

為試辦建立地價之衡量基準，促進合理地價之形成，地政機關應於一定範圍之地區內選定及查估基準地，以掌握地價高低層次，作為查估個別宗地價格、編製地價指數、計算路線價及估計正常價格指標之參考。內政部訂有「地價基準地選定及查估要點」以為操作規範。

基準地學理上慣稱「標準宗地」，日本國土交通省自 1970 年實施地價公示制度以來，標準地設置之數量，截至 2024 年（令和 6 年）1 月已設置 26,150 點。此外，日本都道府縣依據標準地設定之模式，1997 年以後另外增設基準地，由一位不動產鑑定士或不動產鑑定士補辦理估價，於每年九月底公布當年七月一日為價格日期基期之地價。至 2024 年（令和 6 年）7 月 1 日止，都道府縣設定之基準地已有 21,425 點。韓國也於 1989 年仿照日本施行該項制度。

以基準地代表區段土地地價，可避免地價調查估計規則規定以買賣或收益實例之中位數決定區段地價，所產生每年實例取樣差異因素導致之問題，此為國內目前積極推行之制度。總查估點數自 93 年 608 點逐年增加，迄 109 年計查估逾 2,542 點。

二、選定及查估之作業程序

1. 準備有關圖籍。
2. 劃分近價區段。
3. 選定基準地。
4. 查估基準地地價。

5.審議基準地地價。

三、選定及分佈原則

（一）基準地選定原則
　　1. 代表性：以面積適中，具近價區段一般土地代表性為準。
　　2. 顯著性：以容易識別為準。
　　3. 恆久性：以不易變更形質為準。
　　4. 均勻性：以各地能均勻分布為準。
　　5. 完整性：以形狀方整為準。

（二）基準地分佈密度
　　　一個近價區段設定一點為原則，都市土地未來並得斟酌下列情形調整：
　　1. 商業區：每五十筆設定一點。
　　2. 住宅區：每一百筆設定一點。
　　3. 工業區：每二百筆設定一點。

四、基準地地價推估

（一）估價定位
　　　地價基準地定位為查估其素地價格，採獨立估價為原則。
（二）估價方法
　　　基準地地價應兼採比較法、收益法、成本法或其他適當之估價方法二種以上方法，依不動產估價技術規則規定查估之。但因情況特殊不能採取二種以上方法估價者，不在此限。
（三）實務做法
　　　地價基準地為查估其素地價格，參酌不動產估價師素地估價之實務作業方式，可建築用地之估價方法以比

較法及成本法之土地開發分析為主；非建築用地則簡化以比較法即可；基準地如具收益性得以收益法估價。

比較法比較標的之選取以素地、透天厝次第選取，無適當實例時始選取區分所有建物。

五、操作書表

為推動基準地選定及查估工作，內政部訂有相關估價表格式。本書特提供一則實務估價案例，其相關書表如下：
（一）地價基準地估價報告表
（二）比較法調查估價表
（三）收益法調查估價表
（四）成本法及房地分離估價表
（五）土地開發分析調查估價表
（六）建物營造費調整計算表

表1 地價基準地估價報告表

編號：A10BA00XX-1

一、基準地資料

(一) 基準地編號	A10BA00XX
(二) 土地標示	臺北市中山區正義段三小段XX地號
(三) 地上建物門牌	臺北市中山區中山北路1段XX號
建物名稱	XX辦公大樓
總樓層數	地上16層地下4層
(四) 面積(m²)	1,303.00
(五) 使用分區或編定用地	商三
(六) 建蔽率	65%
(七) 容積率	560%
(八) 形狀	長方形
(九) 路寬度 (m)	28.0
(十) 深度 (m)	40.0
(十一) 臨街情形	單面臨路
(十二) 主要街道名稱	中山北路1段
(十三) 近價區段範圍	中山北路1段、市民大道2段、中山北路1段33巷、市民大道2段5巷所圍街廓範圍
(十四) 路寬 (m)	40
(十五) 地勢	平坦
(十六) 當期公告現值(元/m²)	496,381

填寫日期：106年5月1日
不動產估價師：

二、地上物現況：■建築改良物　□農作改良物　□無地上物

三、基準地所屬交易型態多寡：1 (1貨2組貨) / 3 / 31

四、價格日期：106 / 3 / 31

位置略圖：A10BA00XX 1,250,000 元/m²

五、各種估價權重及權重

比較價格	4,099,000	30%	元/坪
收益價值	4,020,000	10%	元/坪
土地開發分析價格	4,169,000	60%	元/坪

六、本期基準地地價　4,133,000 元/坪

七、決定理由：依不動產估價技術規則第15條，視蒐集資料而言，考量近鄰地區交易型態以買賣為主，市場交易資料可信度、比較價格具相當行情度、收益法基於本區租實市場較不熱絡，且收益法具既有性，有相當程度，而土地開發分析價格以決定綜合價格具不確定性：市土地未地價值，與基準地價相符，綜合上影響基準地價形成因未反基準地地價較去年下跌○○%，係為○○元/坪。本年度基準地地價呈現○○趨勢。因○○○○，致基準地地價呈現○○趨勢。

八、推估基準地價之附件：
1. 比較法調查估價表　2. 成本法及房地分離估價表
3. 收益法調查估價表　4. 成本法調查估價表
5. 土地開發分析法調查估價表

九、審議情形及決定理由：照案通過

基準地地價	1,250,000	元/m²
	4,133,000	元/坪
上期基準地地價	3,229,000	元/坪

十、備註：

承辦員：　　課(股)長：　　主任(局長)：

表 2 比較法調查估價表

編號：A10BA00XX-2

比較主要項目	比較細項	勘估標的 條件	比較標的1 條件	差異率	比較標的2 條件	差異率	比較標的3 條件	差異率
1位置(建物門牌或土地坐落)		臺北市中山區正義段三小段XXX地號	臺北市中山區XX段XX小段XXX地號		臺北市中山區中山北路X段X號X樓		臺北市中正區忠孝西路X段X號X樓	
2類型 (0其他1套地2.店3公寓4連棟5大樓6透天)		5	5					
3分區 (0其他1住2商3工)		2	2		2		2	
4交易型態：1.揭露實價 2.未揭露實價 3.待售價		a價格類型	1		1		3	
5標的面積(平方公尺)			158,000,000		130,000,000		27,600,000	
6土地價格(元/平方公尺)			130.00		450.00		140.00	
7情況調整百分率(A)			1,215,385		1,183,107		1,109,670	
8價格日調整百分率(B)		一般正常情況 106年3月31日	一般正常情況 105年10月5日	0%	一般正常情況 105年5月31日	0%	待售價 106年1月17日	-10%
				1%		2%		1%
10 交通運輸因素	15主要運輸度	中山北路 40 M	中山北路 40 M	0%	中山北路 40 M	0%	忠孝西路 40 M	0%
	16捷運或都外交通之便利	近臺北車站捷運站優	近臺北車站捷運站優	0%	近臺北車站捷運站優	0%	近臺北車站捷運站優	0%
	17公車之便利性	優	優	0%	優	0%	優	0%
	18鐵路運輸之便利性	近臺北車站優	近臺北車站優	0%	近臺北車站優	0%	近臺北車站優	0%
	19交通道之有無及接近程度	普通	普通	0%	普通	0%	普通	0%
	20小計			0%		0%		0%
11 自然條件	21景觀	稍優	稍優	0%	稍優	0%	稍優	0%
	22排水之良否	優	優	0%	優	0%	優	0%
	23地勢	普通	普通	0%	普通	0%	普通	0%
	24災害影響	無	無	0%	無	0%	無	0%
	25小計			0%		0%		0%
12 公共設施	26學校	近臺大法商成功高中優	近臺大法商成功高中優	0%	近臺大法商成功高中優	0%	近臺大法商成功高中優	0%
	27市場	近百貨及傳統市場優	近百貨及傳統市場優	0%	近百貨及傳統市場優	0%	近百貨及傳統市場優	0%
	28公園、廣場、徒步區	近臺北車站特定區優	近臺北車站特定區優	0%	近臺北車站特定區優	0%	近臺北車站特定區優	0%
	29嫌惡設施	近中正紀念堂等優	近中正紀念堂等優	0%	近中正紀念堂等優	0%	近中正紀念堂等優	0%
	30服務性設施(郵局、銀行)	優	優	0%	優	0%	優	0%
	31小計			0%		0%		2%
13發展趨勢		普通	普通	0%	普通	0%	稍劣	2%
14其他治安及地方聲望		優	優	0%	優	0%	優	0%
32區域因素調整百分率(C)				0%		0%		4%

	34 宗地條件	39 土地總面積(平方公尺)	1,303.00	1%	130.00	1%	1,105.00	0%
		40 寬度(公尺)	28.0	1%	25.0	1%	9.0	3%
		41 深度(公尺)	40.0	0%	40.0	0%	12.0	-2%
		42 形狀(不規則形:0,方形:1,長方形:0.7,雙面:2,三面:3)	1	-2%	1	-2%	1	-2%
		43 臨路情形(單面:1)	3	0%	3	0%	2	-1%
		44 小計		0%		0%		0%
3 3 個 別 因 素 調 整	35 道路條件	45 道路寬度	中山北路 40 M	0%	中山北路 40 M	0%	忠孝西路 40 M	0%
		46 道路鋪裝	優	0%	優	0%	優	0%
		47 道路種別(普通1:水泥道路2:主要道路3)	3	0%	3	0%	3	0%
		48 其他		0%		0%		0%
		49 小計		0%		0%		0%
	36 接近條件	50 接近捷運(公車)站之程度	捷運站 50 M	2%	捷運站 50 M	2%	捷運站 50 M	1%
		51 接近學校之程度	近臺大法商成功高中 20	0%	近臺大法商成功高中 250	0%	近臺大法商成功高中 250	1%
		52 接近市場之程度	近百貨及傳統市場 100 M	0%	近百貨及傳統市場 100 M	0%	近百貨及傳統市場 50 M	1%
		53 接近公園之程度	近臺北車站特定區 20 M	0%	近臺北車站特定區 50 M	0%	近臺北車站特定區 120 M	0%
		54 接近火車站之程度	近臺北車站 50 M	0%	近臺北車站 50 M	0%	近臺北車站 50 M	0%
		55 接近捷運近商圈之程度	稍優	2%	稍劣	2%	稍劣	2%
		56 其他接近商圈之程度	稍優	0%	稍優	0%	稍優	0%
		57 小計		4%		4%		4%
	37 週遭環境條件	58 地勢	普通	0%	普通	0%	普通	0%
		59 日照	普通	0%	普通	0%	普通	0%
		60 嫌惡設施(類型)	無	0%	無	0%	焚化爐	4%
		61 停車方便性	優	0%	優	0%	優	0%
		62 其他		0%		0%		0%
		63 小計		0%		0%		4%
	38 行政條件	64 使用分區(0其他1住2商3)	2	0%	2	0%	2	0%
		65 建蔽率	65%	0%	65%	0%	65%	0%
		66 法定容積率	560%	0%	560%	0%	560%	0%
		67 允建容積與現況容積率	896%	0%	896%	0%	674%	5%
		68 禁限建之有無(有:0)	1	0%	1	0%	1	0%
		69 其他		0%		0%		0%
		70 小計		0%		0%		5%
	71 個別因素調整百分率(D)			4%		2%		12%
	72 總調整率E=(1+A)*(1+B)*(1+C)*(1+D)			5.0%		4.0%		5.9%
	73 勘估標的試算價格	b日期接近性(月數)	1,276,640	5	1,230,904	1	1,174,923	2
	74 標的差異度(與權重成反比)	c最近新地(是否)	66%	1	91%	1	143%	2
	75 差異百分率絕對值加總	d差異百分率絕對值加總	4%	9.0%	5%	8.0%	8%	35.0%
	76 試算價格與兩價差(不可>20%)	e比較項目修正係數	44.7%	6	36.4%	6	18.9%	12
	77 標的決定權數			45%		35%		20%
	78 勘估標的基地單價(元/平方公尺)		1,240,000		79 勘估標的基地單價(元/坪)		4,099,000	

表3 成本法及房地分離估價表

編號：A10BA00XX-3

比較標的1基本資料				成本價格計算			
標的門牌	臺北市中山區XX段X小段XXX地號			調整單價率		0	100.00%
基地坐落	臺北市中山區XX段X小段XXX地號			營造或施工費標準單價調整表推算(0:是 1:否)		1	交易日期 105年10月5日
建號	主要構造種類			以附表營造或施工費調整單價			
總樓層數	地上層數	標的登記面積	m²	1.營造或施工費標準單價			
	地下層數	標的計算面積(加除車位)	m²	2.規劃設計費			
標的樓層		建築工期	年	3.廣告銷售費			
資本	資金來源	資金比例	加權平均利率	4.管理費			
利息	自有資金	40%	1.04%	0.42%	5.稅捐及其他負擔		
綜合	借貸資金	40%	2.63%	1.05%	6.資本利息		
利率	預售收入	20%	0%	0.00%	7.開發或建築利潤		1.47%
計算	分期投入資本數額及年數調整		50%	標的建物成本(元/m²)			
				標的建物成本價格(元/m²)			
建築完成年月	剩餘耐用年數	總耐用年數		地上 ■無建築改良物 □有建築改良物(□區分所有建物□全部層數)			
/				比較標的總價格(元)			158,000,000
折舊方法	殘餘價格率			正常賣賣總價格(元)			158,000,000
計算方式				土地面積(m²)			130.00
累積折舊額(元/m²)				土地正常買賣單價(元/m²)			1,215,385
備註欄	1.本標的移轉樓房價(元/坪)： 2.本標的營造單價(元/坪)：						

表4 成本法及房地分離估價表

編號：A10BA00XX -4

比較標的2基本資料						成本價格計算			
標的門牌	臺北市中山區中山北路X段X號X樓				24,200	100.00%	營造或施工費標準單價調整單價率	調整單價率	
基地坐落	XX段X小段XXX地號				交易日期	105年5月31日	以附表營造或施工費調整表推算(0:是 1:否)		1
建號	32	主要構造種類	4				1.營造或設計費	：為營造施工費之	2.8%
總樓層數	地上層數	4	標的登記面積	450.00 m²		678	2.規劃設計費	：比較標的2總成本之	4.5%
	地下層數	1	標的計算面積(扣除車位)	450.00 m²		1,428	3.廣告銷售費	：比較標的2總成本之	4.5%
標的樓層	全		建築工期	1.0 年		1,428	4.管理費	：比較標的2總成本之	1.2%
資金來源	利率		資金比例	加權平均利率			5.稅捐及其他負擔		381
資 自有資金	1.13%		40%	0.45%		214	6.資本利息	資本利息之綜合利率	0.76%
本 借貸資金	2.69%		40%	1.07%	1.52%	3,399	7.開發或建築利潤	：為累計入額之	12%
利 綜合							標的重建成本(元/m²)		31,727
率 預收收入	0%		20%	0.00%			地上□無建築改良物 ■有建築改良物(□區分所有建物 ■全部層載)		
計算 分期投入資本數額及年數調整						22,643	比較標的總價格(元)		130,000,000
	累積折舊額						正常買賣總價格(元)(即買賣倒房地價格)		128,500,000
建築完成年月	已經歷年數	剩餘耐用年數	總耐用年數				標的建物成本價格(總價)(不含車位)		10,189,311
90 / 4	15	35	50			9,084	標的土地面積(m²)		100.00
折舊方法	定額法	殘餘價格率	5%			943,990	土地正常買賣單價(元/m²)		1,183,107
計算式	重建成本×(1-殘價率)÷總耐用年數×已經歷年數								
累積折舊額(元/m²)						80,000			
備 1.本標的移轉樓層房價(元/坪)：									
註 2.本標的營造單價(元/坪)：									
欄									

表5 成本法及房地分離估價表

編號：A10BA00XX-5

比較標的3基本資料

標的門牌	臺北市中正區忠孝西路X段Y號X樓				40,837	100.00%
基地坐落	XX段X小段XXX地號				交易日期	106年1月17日
建號	主要構造種類		5			
總樓層數	地上層數	210	標的登記面積	140.00 ㎡		
	地下層數	12	標的計算面積(扣除車位)	128.00 ㎡		
標的樓層	3	建築工期	2.2年			
資金來源	利率	資金比例	加權平均利率			
自有資金	1.04%	40%	0.42%			
借貸資金	2.63%	40%	1.05%	1.47%		
預售收入	0%	20%	0.00%			
資本利息綜合利率計算	分期投入資本額及年數調整			50%		

成本價格計算

營造或施工費標準單價	調整單價率	
以附表營造或施工費調整單價		40,837
1. 營造或施工費之	2.5%	1,021
2. 規劃設計費 :為營造施工費之	4.5%	2,419
3. 廣告銷售費 :比較標的3總成本之	4.5%	2,419
4. 管理費		
5. 稅捐及其他負擔 :比較標的3總成本之	1.0%	538
6. 資本利息 資本利息綜合利率	1.61%	763
7. 開發或建築利潤 :為累計投入額之	12%	5,760
標的重建成本(元/㎡)		53,756
標的建物成本價格(元/㎡)		39,378

地上 □無建築改良物 ■有建築改良物（■區分所有建物 □全部層數）

比較標的總價格(元)		27,600,000
正常買賣總價格(元)(即賣掉的房屋價格)		24,600,000
標的建物成本價格(總價)(不含車位)		5,040,388
標的土地持分面積(㎡)		19.00
標的土地權利單價(元/㎡)		1,029,453
土地正常買賣單價(元/㎡)		1,109,670

累積折舊

建築完成年月	已經歷年數	剩餘耐用年數	總耐用年數	
91/4	15	35	50	
折舊方法	定額法	殘餘價格率	10%	
計算式	重建成本×(1-殘價率)÷總耐用年數×已經歷年數			14,378

備註欄：
1. 本標的移轉樓層房價(元/坪)：635,333
2. 本標的營造單價(元/坪)：135,000

表6 成本法調查估價表

編號：A10BA00XX-6

勘估標的基本資料

勘估標的門牌	臺北市中山區中山北路1段XX號				
基地坐落	XX段X小段XXX地號				
建號	3259	主要構造種類	6		
總樓層數	地上層數	16	登記面積	457.40	m²
	地下層數	4	標的計算面積(扣除車位)	418.00	m²
標的樓	地上8	8	建築工期	2.8	年
資本利息綜合利率計算	資金項目	利率	資金比例	加權平均利率	
	自有資金	1.04%	40%	0.42%	
	借貸資金	2.63%	40%	1.05%	1.47%
	預售款	0%	20%	0.00%	
	分期投入資本數額及年數調整			50%	
	資金運用年數			2.8	
	綜合利率計算			2.06%	
建築完成年月	88 / 10	已經歷年數	17	剩餘耐用年數	33	總耐用年數	50
折舊方式	定額法			殘餘價格率	10%		
計算方式	1.本標的的營造單價(元/坪)：重建成本x(1-殘價率)÷總耐用年數x已經歷年				17,406		140,000
備註欄							

成本價格計算

營造施工費標準單價	以附表營造或施工費調整表推算(0：是 1：否)	1	調整單價(%)	價格日期	106年3月31日
				42,350	100.00%
1.營造或施工費	:為營造施工費之		2.5%	42,350	
2.規劃設計費	:累計投入額之		2.5%	1,059	
				43,409	
3.廣告費銷售費	:勘估標的總成本之		4.5%	2,521	
4.管理費	:勘估標的總成本之		4.5%	2,521	
5.稅捐及其他負擔	:勘估標的總成本之	10%	1.0%	560	
				49,011	
6.資本利息	:累計投入額之		2.06%	1,007	
				50,018	102.06%
7.開發或建築利潤	:累計投入額之		12%	6,002	112%
				56,020	
標的重建成本價格(元/m²)					
勘估標的建物成本價格(元/m²)				38,614	
勘估標的建物成本價格(總價)(不含車位)				16,140,549	

第五章 公部門估價

289

表7 收益法調查估價表

編號：A10BA00XX-7

	收益面積(㎡)	土地持分面積(㎡)		成本價格	
	457.40	61.00		25,623,526	17,661,931

	樓層別		8	重建成本	
總收入	推估月租金(元/㎡)		647	採用收益資本例推估之件數	3
	年租金(月租金×12+權利金×MC)×面積		3,551,254	推估未來平均一年租金	3,551,254
	押租金(保證金)		591,876	一年期定存利率	1.36%
	押租金(保證金)運用收益		8,050	其他收入	0
	總收入合計		3,559,303	每年閒置及其他原因之收入損失月數	1.2
	有效總收入				3,203,373
總費用	地價稅或地租		196,387	維修費	58,112
	房屋稅		135,341	重置提撥費	154,966
	管理費		35,593	其他費用	0
	保險費		11,064	建物未來每年折舊提存率	2.59%
	總費用合計				591,464
淨收益	房地淨收益		2,611,909	建物收益資本化率決定理由	由收益資本例房地淨收益單價，除以買賣實例所推估房地單價，基於建物資本化率略高於土地資本化率，及建物與土地資本化率加權平均得出房地資本化率。
	前期決定之建物收益資本化率	3.60%	3.50%		
	本期建物收益資本化率		1,075,731		
	建物淨收益				
	依規則第42條扣除之淨收益		0	土地每年淨收益	1,536,178
	前期決定之土地收益資本化率	2.60%	2.50%	土地收益資本化率決定	由收益資本例房地淨收益單價，以推估之市場房地資本化率後，扣除建物資本化率，及建物與共價比共價加權平均得出土地資本化率之原則，決定土地資本化率。
土地價格	本期土地收益資本化率				
	土地收益總價格(元)		61,447,132		
	土地收益單價(元/㎡)		1,007,330		
	考慮容積差異調整土地收益單價(元/㎡)		1,128,210		
	考慮樓層別調整基地收益單價(元/㎡)		1,216,000	0.第43條第1款	1.第43條第2款
	考慮樓層別調整基地收益單價(元/坪)		4,020,000	方式	2.以比較法案試算方式	2
備註					

表9 附-建物營造費調整計算表

編號：A10BA00XX-9

標準建物營造費	按R.C結構,地上10層,地下2層標準建物			單價（元/坪）	110,000
				單價（元/㎡）	33,275
調整項目	標準建物狀況	勘估建物狀況		調整率或調整額	小計
價格日期				1000	1000
結構	基礎	筏式基礎及基樁	筏式基礎及基樁	0	
	標柱	一般標準	一般標準	0	
	樓板	一般標準	一般標準	0	
	屋頂型式	水泥平頂	水泥平頂	0	0
裝修	外牆	80%馬賽克 20%水泥漆	78%二丁掛 22%小口磁磚	750	
	內牆	5%貼洞石 80%水泥漆 15%貼磁磚	85%水泥漆 15貼磁磚	-1,136	
	地板	75%貼地磚 25%磨石子	30%標木地板 40%地毯 30%貼地磚	674	
	門窗	烤漆門×1 柳安木門×6 落地鋁門×1 鋁窗×8	硫化銅門×1 柳安木門×7 落地鋁門×1 鋁窗×10	228	
	天花板	90%水泥漆 10%防水夾板	40%水泥漆 60%立體裝飾	1,582	
	設備	水、電、電訊、瓦斯、發電機 防、緊急照明、發電機	水、電、電訊、瓦斯、消 防、緊急照明、發電機	0	2,098
高度	樓層高度	2.8公尺	2.85公尺	0	0
其他				0	0
勘估建物營造費（元/坪）					113,098
勘估建物營造費（元/㎡）					34,212

表8 土地開發分析法調查估價表

編號：A10BA00XX-8

基本資料

土地坐落	臺北市中山區正義三小段XX地號				
土地面積	1,303.00 ㎡	394.16 坪	使用分區		商三
建蔽率%	65%		容積率%		560%
容積面積	7,296.80 ㎡	2207.28 坪	結構種類		RC
規劃樓層數	地上 12	地下 3	開發年數(年)		2.0
(0:樓層依市場型態規劃 1:假設推算)			合併虛擬樓星元(0:否 1:是)		0
地下室開挖	80%	利潤率(R)	20%	營造施工費標準單價(元/㎡)	41,745

總銷售金額計算

樓層	用途	可銷售面積(坪)	平均銷售單價(元/坪)	b總銷售金額(元)
1F	商店	243.26	1,250,000	304,076,088
2F以上	辦公或住宅	2675.87	800,000	2,140,695,660
屋突	共同使用	68.98	837,500	57,768,709
其他可銷售面積		543.54		455,217,424
地下層	停車場	804.08		214,400,000
	停車位數	67	3,200,000	
合計		4335.73		3,172,157,880

價格決定說明：
銷售金額是否以比較法蒐集之相同案例內之供需圈內之新成屋案例作為比較標的進行推估
1. 確實成交價 2. 詢問成交價 3. 待價

總銷售金額價格：3,172,157,880 ÷(1+ 20%)÷(1+ 2.93%)=(元)
土地開發分析價格：1,642,850,697 土地總價= 800,000

$V=S\div(1+R)\div(1+i)-(C+M)$

備註欄：1. 本標的2F以上平均房價(元/坪)：800,000
2. 本標的營造單價(元/坪)：138,000

資本利息綜合利率計算

資金來源	資金比例	利率	年利率	c資金分期比
自有資金	40%	1.36%	1.70%	86.39%
借貸資金	40%	2.88%		
預售收入	20%	0.0%		
	資金分期比	價值	比率	
建物	86.39%	614,486,024	27.22%	綜合利率(i)
房地		2,257,336,722		2.93%
土地	86.39%	1,642,850,697	72.78%	

成本計算

項目	細項	費率	金額(元)
直接成本(C)	調整率 以附表營造施工費調整表推算(0:是 1:否)	100%營造施工費調整單價	41,745
			1
			598,331,085
間接成本(M)	規劃設計費	2.7%	16,154,939
	廣告費銷售費	4.8%	152,263,578
	管理費	4.3%	136,402,789
	稅捐及其他負擔	0.7%	22,205,105
小計	間接成本率	12.5%	327,026,412

598,331,085 + 327,026,412 = 1,261,000 (元/㎡)
土地單價= 4,169,000 (元/坪)

3. 可銷售面積與法定容積面積比值：1.6

（未合併或虛擬開發單元者免填附表）

附表1-合併或虛擬開發單元基本資料表

		合併或虛擬開發單元
1	土地坐落	臺北市中山區正義段三小段XX地號合併（虛擬）開發單元
2	面積(M²)	3,000.00
3	使用分區	商三
4	建蔽率	65%
5	容積率	560%

附表2-以合併或虛擬開發單元推算基準地地價表

	比較項目	合併或虛擬開發單元	基準地	調整率
1	面積(M²)	3,000.00	1303.00	0%
2	使用分區	商三	商三	0%
3	建蔽率	65%	65%	0%
4	容積率	560%	560%	0%
5	形狀	方形	長方形	-2%
6	地勢	平坦	平坦	0%
7	寬度(M)	80	28	-4%
8	深度(M)	120	40	1%
9	臨路情形	單面臨路	單面臨路	0%
10	臨路路寬(M)	40	40	0%
11	商業效益	稍優	稍優	0%
12	開發效益	優	普通	-5%
13	其他			0%
			總調整率	90%

參、地價指數應用

一、編製目的

臺閩地區由於工商業高度發展及經濟活動變遷快速,致使都市地區土地價格變動頻繁,是以為民眾提供正確的都市地價資訊誠屬必要。內政部爰對都市地區地價指數查編工作自八十三年度(八十二年七月)起正式辦理,依據「都市地區地價指數查編要點」針對臺北市、高雄市及臺灣省各縣(市)和福建省金門縣、連江縣所轄鄉、鎮、市、區之都市土地,採平均區段地價面積加權法編製指數,分別於每年元月十五日及七月十五日定期發布。

二、編製方法

都市地價指數係以都市計畫內使用分區相同之住宅區、商業區、工業區三種使用分區地價區段,按其區段地價之高低,劃分為高、中、低三個區段地價等級,於各個區段地價等級中選一區段界線穩定性高之中價位區段作為查價區段,並依據地價調查估計規則規定估計區段地價,再用各個區段地價等級面積予以加權平均,得出各該使用分區之平均區段地價。都市地價指數編製方法係就各都市土地住宅區、商業區、工業區之平均區段地價以及上開使用分區面積,運用「裴氏公式」計算得出各類指數。

採用裴氏公式如下:

(一)全國都市地價總指數－按直轄市、縣(市)別公式:

$$I_i = \frac{\sum_{m=1}^{22}\sum_{k=1}^{n}\sum_{j=1}^{3}(P_{ijkm} \times Q_{ijkm})}{\sum_{m=1}^{22}\sum_{k=1}^{n}\sum_{j=1}^{3}(P_{ojkm} \times Q_{ijkm})} \times 100$$

（二）全國都市地價指數－按使用分區別公式：

$$I_{ij} = \frac{\sum_{m=1}^{22}\sum_{k=1}^{n}(P_{ijkm} \times Q_{ijkm})}{\sum_{m=1}^{22}\sum_{k=1}^{n}(P_{ojkm} \times Q_{ijkm})} \times 100$$

其中：I 表地價指數

P 表使用分區平均區段地價

Q 表使用分區面積

o 表基期

i 表計算期

j 表使用分區別（住、商、工）

k 表鄉、鎮、市、區別

m 表直轄市、縣（市）別

n 表鄉、鎮、市、區數

除「都市地區地價指數查編要點」外，實務作業並依據「內政部都市地區地價指數審議小組設置要點」及「辦理都市地區地價指數查編工作注意事項」，讀者可上網查閱。

肆、住宅價格指數應用

一、住宅價格指數意義

民間傳統習慣以計算平均房價方式發布價格變動訊息，但因各時期市場交易物件品質存在差異，平均房價的增減未必真實反應價格水準的變動，特別是房屋品質落差程度較高地區，更容易產生此問題。住宅價格指數類似物價指數之概念，係呈現「固定品質」住宅價格之「相對變動」。

二、編製方法

(一) 特徵價格法

編製原則與行政院主計總處編製消費者物價指數（CPI）方式雷同，透過品質標準化且具代表性的估價標的（標準住宅），做為衡量各時期住宅價格之依據。並採特徵價格法應用拉氏指數公式。台北市就全市標準住宅主要特徵，建坪 27.19 坪、所在樓層第 5 層、總樓層數 9 樓、屋齡 22 年為基礎，於 102 年 7 月開始發布。

(二) 分類方式

除全市住宅價格月指數外，更進一步以全市建築型態分為公寓（5 樓含以下無電梯）指數與大樓（6 層含以上有電梯）指數等兩類，另以價格相近及同心圓概念，將全市 12 個行政區合併為四個次分區。未來更將進一步分為 12 個行政區。

◆考古題◆

1. 試述土地徵收補償市價查估辦法中市價的意義為何？此市價與不動產估價技術規則所規定的何種價格種類相似？有何差異？另預定辦理區段徵收範圍內的農地，交易價格不斷上漲，此等交易案例可否作為查估補償價格的比較標的？試詳述之。（102 年地政高考）

2. 因應土地徵收條例第 30 條之修正，內政部已發布「土地徵收補償市價查估辦法」，作為查估土地市價的依據。試述該辦法之查估作業程序。其與評估公告土地現值所依據之地價調查估計規則的規範，有何差異？其是否可以實現以合理市價補償的目標？請詳述之。（101 年地政高考）

3. 政府於課徵不動產相關稅賦（如地價稅、房屋稅）以及徵收土地時都需要估價。請問課稅目的以及徵收目的所為之不動產估價，在目標以及方法上的相同與相異處為何？為達成前述目標時，臺灣目前的主要問題為何？（97年地政高考）

4. 何謂標準宗地？建立標準宗地制度對土地估價有何貢獻？（93年地政高考）

5. 公部門之土地估價（如公告土地現值之查估）與民間之土地估價，在估價方法上有何差別？並請就公部門之估價方法做扼要說明。（92年乙特）

6. 地方政府依法查估土地現值時，對於都市計畫公共設施保留地，若保留地處於繁榮街道路線價區段者，其地價如何計算？又該保留地為帶狀且處於非路線價區段者，其地價如何計算？試依法說明之。（92年估價師高）

7. 公部門之土地估價（如公告土地現值之查估）與民間之土地估價，在估價方法上有何差別？並請就公部門之估價方法做扼要說明。（92年基層特考）

8. 請說明地價調查估計規則之辦理程序，並列出影響區段地價之因素。（90年高）

9. 劃分地價區段及估計區段地價之方法如何？試依「地價調查估計規則」之規定說明之。（87年基特）

10. 政府於「規定地價」過程計算宗地地價時，位於「一般區段」者，與位於「繁榮街道區段」者，其計算方法有何差別？試申論之（87年監調人）

11. 試扼要說明地價調查估計規則之辦理程序為何？（85年原）

12. 試問如何計算土地合理總價格？（85年原）

第二節　路線價估價

　　一般估價需運用不同估價方法估價，方能決定客觀公正之勘估標的價格，但每宗土地皆以不同方法估價較為繁瑣，此對地政機關需對全國約 1590 萬筆土地進行估價較不經濟，因此需採權宜措施。其基本理念即先就區段估價，再計算宗地地價。換言之，需先以區段價或路線價掌握地價高低層次，各宗土地地價則不必逐一估價而用計算方式，如此方能在短時間內完成大量土地估價。

壹、路線價估價法

一、路線價估價法

（一）意義：

　　對面臨特定街道而可及性相等的市街土地 1.設定標準深度，求取在該深度上幾宗土地之代表性單價而 2.附設於該路線上，此單價即為「路線價」。據此路線價再 3.配合深度指數表及其他修正率表，即可計算出臨街同一街道之 4.其他宗地地價。公式如下：

　　宗地地價＝路線價×深度指數×面積±修正額。

（二）適用路線價估價法之條件及特色：

　　1.需估價土地眾多。
　　2.估價人員有限。
　　3.查估作業時間有限。
　　4.查估結果不因人而異。

（三）臨街地價：

　　路線價之區段以往以 18 公尺為標準深度，劃分臨街地與裡地，繁榮街道之臨街地，方為路線價之適用地區。未來則將因地制宜將標準深度訂為 15 至 30 公尺，路線價並將適用於全街廓。

（四）深度指數：

　　1.意義：深度指數是指由於土地之臨街深度不同致價格有所差別，將此種差別程度製成比率，即為深度指數。深度指數表，係就影響價格因素中，依深度表示價格之變化比率者，其以標準深度為 100%，依此基準呈現深度深淺差異所引起之相對價值關係的變化。

　　2.特性：一般臨街地愈接近路線者利用價值愈大，距離愈遠者價值愈低，部分學者認為其遞減率也會隨著深度增加而減小，可謂「減速遞減」。

（五）深度指數種類：

1. **單獨深度百分率**：將標準深度宗地區分成與道路平行的幾宗土地，訂定各單獨宗地之價格比率。
2. **累計深度百分率**：將標準深度宗地區分成與道路平行的幾宗土地，累計各深度之單獨深度百分率，即得累計深度百分率。累計深度百分率隨深度呈遞增狀態。
3. **平均深度百分率**：將標準深度宗地區分成與道路平行的幾宗土地，求取各該深度平均之深度百分率，即得平均深度百分率。平均深度百分率隨深度呈遞減狀態。

　　舉例而言，三種深度指數百分率情形如下：

	路線價		價值
S	A=40 萬元	距離	
	B=30 萬元		
	C=20 萬元	100 呎	
	D=10 萬元		

S＝A＋B＋C＋D＝100 萬元

深度(呎)	單獨深度百分率	累計深度百分率	平均深度百分率
25	40%(A/S)	40%=(A/S)	40%=(A/S)
50	30%(B/S)	70%=(A+B)/S	35%=(A+B)/S/2
75	20%(C/S)	90%=(A+B+C)/S	30%=(A+B+C)/S/3
100	10%(D/S)	100%=(A+B+C+D)/S	25%=(A+B+C+D)/S/4
125	9%	109%	略
150	8%	117%	略
175	7%	124%	略
200	6%	130%	略

三種深度百分率關係如下表：

種類	深度指數關係	
單獨深度百分率	A>B>C	遞減
累計深度百分率	A<(A+B)<(A+B+C)	遞增
平均深度百分率	A>(A+B)/2>(A+B+C)/3	遞減

（六）深度指數表編製要領：

1. 決定標準深度：選擇具代表性的深度作為標準深度，如以往 18 公尺，未來則將因地制宜訂為 15 至 30 公尺。
2. 擬定地價遞減比率：將標準深度宗地區分成與道路平行的幾宗土地，擬定各宗地價格遞減比率。價格隨深度加深而遞減，但遞減幅度是越深越小，即部分學者認為之「減速

遞減」。另深度過淺之土地,其利用價值受限之逆遞減考慮。
3. 換算成累計深度百分率或平均深度百分率。
4. 重新檢討、調整,確認後訂定。

(七)深度指數於路線價估價之運用:
1. 運用累計深度百分率:
宗地地價＝路線價×該深度累計深度百分率×宗地寬度。
2. 運用平均深度百分率:
宗地地價＝路線價×該深度平均深度百分率×宗地寬度×宗地深度。

(八)四三二一法則九八七六法則:
1. 四三二一法則:
　　將標準深度 100 呎深之臨街地與街道平行區分四等分,由臨街面起算,第一個 25 呎之價值佔路線價之 40%,第二個 25 呎之價值佔路線價之 30%,第三個 25 呎之價值佔路線價之 20%,第四個 25 呎之價值佔路線價之 10%。超過 100 呎深部分,則需以九八七六法則補充。
2. 九八七六法則:
　　臨街地深度超過 100 呎,即就超過 100 呎之第一個 25 呎之價值佔路線價之 9%,第二個 25 呎之價值佔路線價之 8%,第三個 25 呎之價值佔路線價之 7%,第四個 25 呎之價值佔路線價之 6%。

※估價師高考進階補充：歐美之路線價法補充：

1. 蘇慕斯法則（克利夫蘭法則）	100呎深之土地，前半臨街50呎部份，佔全宗地總價72.5%，後半50呎部份佔27.5%。100呎-150呎部分宗地所增之價值僅為15%。
2. 霍夫曼法則	100呎深之土地，最初之25呎等於37.5%，最初之50呎等於67%，75呎等於87.7%，至100呎等於100%。
3. 哈柏法則	深度因素 $= \dfrac{\sqrt{\text{所給深度} \times 100\%}}{\sqrt{\text{標準深度}}}$

※我國與日本及美國深度指數規定比較

	我　國	日　本	美　國
標準深度	以往18M、未來15-30 M	視情況採10-70M	大多為深100呎寬1呎
表示方法	元	點數朝向日圓	美元
深度百分率	平均	平均	累計
深度指數	1. 遞減 2. 標準深度後無指數	1. 遞減 2. 整個街廓均有指數 3. 深度過淺修正率表	1. 遞增 2. 標準深度前後皆有指數
宗地地價計算	路線價×深度指數×寬度×深度	路線價×深度指數×寬度×深度	路線價×深度指數×寬度

附表　現行深度指數表

台灣省深度指數表（部分縣市另有調整）

深度	4m以下	4~8	8~12	12~16	16~18m
指數	130%	125%	120%	110%	100%

台北市深度指數表

深度	10.8 以下	10.8~12.6	12.6~14.4	14.4~16.2	16.2~18m
指數	120%	115%	110%	105%	100%

高雄市深度指數表

深度	未滿 12 m	12~15	15~18
指數	110%	105%	100%

除臨街深度不同會造成價格的差別外，臨路情形、形狀、街角等地會影響價格，因此亦需進行修正。

二、我國規定須檢討之處

深度指數目前於各縣市政府「繁榮街道路線價區段宗地地價計算原則」中規定，現行規定有一些不合時宜之處值得檢討：

1. 深度指數表之組距差異紊亂（台北市 1.8 公尺、高雄市 2-3 公尺、台灣省 4-2 公尺）。
2. 標準深度均止於 18 公尺，缺乏合理性依據。
3. 深度指數變動率未呈遞減，不符價格變動理念。
4. 臨街深度愈淺地價愈高，不符土地利用觀點。
5. 路角地加成之臨街寬度標準應檢討。逐級加成標準可研究按使用分區或商業使用強度區分。

三、深度指數表編制之建議

1. 由標準深度向深度較淺及較深之兩側延伸編制，超過標準深度之指數隨深度增加而遞減；低於標準深度之深度過淺不符土地利用觀點亦呈逆遞減。
2. 深度指數範圍應足以涵蓋當地最大街廓深度。

3. 逆遞減區間宜因地制宜。
4. 以公尺為單位編制，但得合併數公尺為深度指數表級距。
5. 臨街標準深度可改為以一定區間表示。並可考慮按都市街廓大小、使用分區或商業使用強度之不同訂定不同深度。
6. 路線價區段之宗地地價計算，應合併評價單元。

貳、路線價係數法

一、意義

日本市地重劃係採路線價係數法。路線價之設定，是以路線價係數為基礎，此項係數包括街道係數、接近係數與宅地係數。亦即：

路線價係數＝街道係數＋接近係數＋宅地係數。

二、結構

1. 街道係數：表示宅地所鄰接街道之利用價值（如街道寬度、系統、結構等）。
2. 接近係數：表示宅地與公共設施（如公園、學校、郵局、上下水道等）之相對距離關係，由此所引起正面或負面利用價值之係數。
3. 宅地係數：表示宅地本身利用狀況、自然環境、社會環境、行政等所形成之係數。

由上述計算各路線價係數後，以往以係數最高者（即價值最高者）為 1000 點，而將各路線價係數換成指數附設於各路線上。各路線價指數附設後，即可根據各種修正率計算各宗地地價。

◆考古題◆

1. 設甲地為雙面臨街地，請依據下列資料計算甲地之地價（69普）

深度（m）	指數（％）
6以下	125
6~8未滿	120
8~10未滿	115
10~12未滿	110
12~15未滿	105
15~20未滿	100
20~25未滿	95
25~30未滿	90
30以上	85

```
┌─────────────────────────────────┐
│ 3,000 元                         │
└─────────────────────────────────┘
              20m
         30m
┌─────────────────────────────────┐
│ 1,000 元                         │
└─────────────────────────────────┘
```

答：

（一）重疊價值估價法

　　1. 求合致線：高價街影響地段深度

　　　　3,000／(3,000＋1,000)× 30＝22.5m

　　2. 求低價街影響深度＝30－22.5＝7.5m

　　3. 求高價街影響地段價格

　　　　3,000× 95%＝2,850 元/m²

　　　　2,850× 22.5× 20＝1,282,500 元

4. 求低價街影響地段價格

   $1,000 \times 120\% = 1,200$ 元/m²

   $1,200 \times 7.5 \times 20 = 180,000$ 元

5. 甲地之雙面臨街地地價

   $1,282,500 + 180,000 = 1,462,500$ 元

6. 甲地之雙面臨街地單價

   $1,462,500 / 600 = 2437.5$ 元/m²

（二）平均估價法

1. 平均劃分為前後兩部分，深度各 15m
2. 前半部之單位地價：$3,000 \times 100\% = 3,000$ 元
3. 後半部之單位地價：$1,000 \times 100\% = 1,000$ 元
4. 求甲地之單價：$(3,000 + 1,000) / 2 = 2,000$ 元/m²
5. 甲之總價：$2,000 \times 20 \times 30 = 1,200,000$ 元

（三）如以台北市地政機關之規定估價，應以正街臨街地價加計背街路線價，再加重疊價值之三成。

2. 何謂路線價估價法？試簡要說明意義及評估步驟。（70丙特）

3. 假定某宗臨街地之臨街面（寬度）為 35 呎，深度為 55 呎，其所面臨街道之路線價為每平方呎新台幣壹萬元，請按「4.3.2.1 法則」計算該宗土地之總地價是多少？（75丙特）

4. 試述四三二一法則與九八七六法則之意義及其優缺點。（75普）

5. 在市地重劃地區，如何進行土地估價。（83高）

6. 台灣地區之深度指數呈遞減現象，但歐美之深度指數呈遞增現象，為何有此種差別？並請說明編製深度指數時，應該注意哪些事項。（72高、84公升、84政大）

7. 何謂路線價估價法？試舉簡例說明之。（84高）

8. 在何種場合可以適用路線價估價法？並請扼要說明路線

價估價法之要領。（89 高）

9. 依地價調查估計規則第 18 條之規定，「……已開闢道路及其二側或一側帶狀土地，其地價與一般地價區段之地價有顯著差異者，得就具有顯著商業活動的繁榮地區，依當地發展及地價高低情形，劃設繁榮街道路線價區段。……」證明公部門大量估價仍有參採路線價估價法之精神。試申述路線價估價法之意義、基本理論及運用要領？（95 估價師理論）

10. 何謂路線價估價法？目前各縣市有關路線價估價之規定有何問題？請詳述之。（102 原住民特考）

11. 路線價估價法之意義及基本原理為何？又深度指數表的編製，應注意那些事項？另請就臺灣地區深度指數表編製的結果加以評述之。（105 估價師理論）

第三節　公有財產及農地估價

壹、國有財產估價

一、國有財產法授權規定

依據國有財產法第 58 條規定，國有財產計價方式，經國有財產估價委員會議訂，由財政部報請行政院核定之。依此規定，國有財產署訂有「國有財產計價方式[5]」。

二、估價標準與用途

國有財產估價之標準，應參考市價查估。所稱市價，係指市場正常交易價格。但依國有非公用不動產交換辦法規定與其他公有土地辦理交換者，依財政部核定交換日之當期公告土地現值計算其價值。

依本計價方式查估評定或計算之國有財產價格，得為讓售價格、標售底價、贈與價格、交換價格或其他計算國有財產之價格；並得作為計算租金或地上權權利金之基礎。

三、計價方式

（一）國有土地之價格，應逐筆查估。

（二）屬於取得開發許可範圍內之國有土地，其價格以開發後之價值計估，並得按國有土地占整體開發面積之比例減除開發成本；所減除之金額，不得超過該國有土地計估價格之百分之三十。

---

[5] 以下所引用為 102 年 6 月 26 日修正版本。

（三）國有建築改良物之價格，應逐棟（戶）按其重建價格減除折舊後之餘額估計。但已超過耐用年限者，得依照稅捐稽徵機關提供之當年期現值計算。

四、國有財產評定程序

依國有財產法施行細則第 74 條規定訂定之作業程序，有關國有財產價格之評估，依下列程序辦理：

（一）查估：國有財產價格，本署各分署應自行或委託查估。

（二）審核：經查估之價格，應由本署各分署彙整提報估價案後，提請該分署國有財產估價小組會議（以下簡稱估價小組）審核。

（三）評定：經估價小組審核之價格或他機關（構）查估之國有財產價格經行政院或財政部交付複估者，應由本署提請國有財產估價委員會評定。

五、國有財產估價方法

（一）一般國有土地：

1. 辦理一般國有土地估價時，估價人員應赴現場調查，以了解土地之座落位置、坵形狀況、土地使用管制與現況、土地改良利用、地理環境、公共設施開闢等情形，及影響土地價格之各項因素後辦理查估。
2. 估價方法以所選擇之可比較買賣實例價格為基礎，推算勘估標的之合理價格為原則，並得由估價人員視勘估標的之特性，參採其他方法。
3. 運用二種估價方法分析互核者，採用較高者。
4. 國有土地如屬應與鄰接土地合併使用者，應以合併範圍之土地整體使用效益，查估國有土地價格。
5. 都市更新範圍國有土地，以實施都市更新範圍，整體

合併使用之效益予以查估。
6. 國有土地之使用方式與都市計畫使用分區或非都市土地之土地使用編定之容許使用不符者，應依國有土地最佳使用型態或性質辦理查估，再視其土地使用現況性質及使用強度與法定管制之差異等因素進行調整。
7. 被占用之國有土地，於查估土地之正常價格後，得就被占用之情形分析其影響地價因素及影響程度，予以減價修正。
8. 都市計畫使用分區證明書載有依回饋要點及處理原則辦理，得允許變更為使用強度較高之使用分區之國有土地，應以變更後之效用予以查估，再就變更所需回饋金額或價值予以修正。

（二）國有房地估價：國有基地及其建築改良物之價格，應一併查估。

六、區分所有建物及其基地估價

（一）區分所有建物及其基地之價格，應按各區分所有建物及其基地一併查估。於房地價格估定後，再減除建築改良物之價格，所得餘數即為基地之價格。私有區分所有建物使用之國有基地，其價格之查估亦同。有關建築改良物之估價，依照本作業程序第十一點規定辦理。

（二）依前述規定查估之基地價格，低於當期公告土地現值時，得將房地總價依建物所在地之稅捐稽徵機關提供之該建物當年期現值與公告土地現值總額之比例，分算建物價格與基地價格。但分算後之基地價格如高於當期公告土地現值時，以當期公告土地現值為基地價格，而房地總價減除該基地價格後之餘額為建物價格。

七、土地開發分析

國有土地估價於都會地區，實務作業多用土地開發分析法，公式如下：

$$P = [P1 \div (1+R) - C1] \times V \times (1+V1) \times (1+V2) \times 0.3025 \times (1+V3(1\text{-}共負比))$$

P（price）：勘估土地每平方公尺價格

P1：查估房地每坪價格

R（rate）：利潤及管銷費用率，按25～30%。

C1（cost）：建物每坪造價

C2：國有土地地上物每平方公尺處理費用（103.7起不再扣減此項目）

V（volume fraction）：法定容積率

V1：機電設備、梯間、機道、排煙室、管理委員會使用空間等設備空間及地下室開挖面積、屋突等不計入容積之比率。國有土地或國有土地與鄰接土地應合併使用面積之和在 330 平方公尺以下者，按 20%；面積在 330 平方公尺（含）以上者，按 25%。

V2：陽台梯廳等不計入容積之比率，按 15%。

V3：都市更新獎勵容積率。

該法與不動產估價技術規則操作不同，係以單價觀點計算，慣以簡易型土地開發分析稱之。

八、農作改良物估價

國有農作改良物之價格，參照當地方政府規定之徵收補償標準查估。國有林產物之價格，依照林業主管機關之規定查估。天然資源之價格，依照有關法令查估。

貳、地方公產估價

以臺北市為例，市有財產管理自治條例規定比照國有以市價查估，大面積多以標設地上權為主，對畸零地、59年3月27日以前占用及都更協議合建小於150m2等方得讓售。

叁、農地估價

參考日本對農地估價介紹，有以下方法：

一、評分法

1. **意義**：將形成地價的各種因素，按其重要性分別賦予不同分數，再將各分數綜合，以分數折算為地價之方法。本法通常適用於農地估價。
2. **估價程序**：
   (1). 查估影響土地價格各項因素。
   (2). 評估每一因素對地價之影響程度，並賦予其最高點數。
   (3). 總計各項因素之最高點數為100點（稱滿點）。
   (4). 估計欲查估宗地之各項因素之點數和。
   (5). 以該宗地點數和與滿點之百分比，按比率折算為地價。

二、標準田法

1. **意義**：就農地於各地區內選定一標準田，以比較法或收益法估價並設定評分數，再據此標準田評定一區內之其他各筆土地分數，最後由分數換算成地價。
2. **估價程序**：
   (1). 區分狀況相似地區。
   (2). 選定標準田。

(3). 評定標準田價格。
(4). 求標準田評分數。
(5). 求各筆土地分數。
(6). 以分數換算成價格。

三、評分（等級）法

1. **意義**：針對影響農地收益的各項因素加以評分，並將該評分加以總計，得出總分數後，用以判定該農地之等級，然後換算成價格的方法。
2. **估價程序**：
   (1). 列出影響農地收益各項因素。
   (2). 對上開各項因素加以計分，總分為 100 分。
   (3). 復就該項因素予以細分，再按該細分情形在原配分下給予不同分數。
   (4). 估價時將勘估標的各項因素分數加總求得總分數。
   (5). 依該總分數判定勘估標的等級。
   (6). 將該等級農地單價乘以勘估標的面積即求得價格。

四、購買年法

（一）**意義**：將淨收益乘以購買年，所得之積即為收益價格，運用此法得到勘估標的之收益價格，稱為購買年法。此方法不僅適用於農地估價，建地亦可使用。國外多稱之為 Gross Rent Multiplier (GRM)。

（二）**公式**：收益價格 P＝淨收益 a×購買年 Y。

◆考古題◆

1. 在市地重劃地區，如何進行土地估價。（83 高考）
2. 何謂農地之評分估價法？其要領如何？並請說明此種估價方法之基本原理。（89 基特）

※估價進階補充：

本書前四章多以不動產估價師估價所依循之「不動產估價技術規則」為內容，第四章宗地估價並引用「土地徵收補償市價查估辦法」。至於本章地政機關區段價法又以「地價調查估計規則」為本，以下就三種比較如下：

三種估價規範比較

項目	一	二	三
名稱	不動產估價技術規則（90年訂定）	土地徵收補償市價查估辦法（101年訂定）	地價調查估計規則（35年訂定）
適用	地價基準地 民間估價	徵收補償市價	公告土地現值 公告地價 （課徵土地增值稅、地價稅用）
性質	宗地地價、個案估價	1. 區段地價結合宗地個別因素 2. 宗地地價為主，公共設施保留地為區段地價	1. 區段地價估價制 2. 僅繁榮街道路線價區段（4%）考量部分個別因素
	個案	個案	全面
主辦	不動產估價師 地價基準地多為政府主辦	各直轄市、縣（市）政府 及地政事務所 或不動產估價師	各直轄市、縣（市）政府 及地政事務所
時機	受託辦理	需用土地人提出	主動查估
拆分與否	房地合體為主 房地價拆分為輔	房地價拆分	房地價拆分
方法差異	應兼採2種以上估價方法，不能採取2種以上估價方法於估價報告書中敘明	1. 以買賣實例為主（買賣實例比較法） 2. 無買賣實例得查估市場收益價格	1. 以買賣實例為主（買賣實例比較法） 2. 無買賣實例得查估市場收益價格

附錄一　估價數學六大公式

1. 複利終價率（Amount of one）

$$A_n = (1+r)^n$$

現在存入 1 元，以複利計算到第 n 年後，這 1 元連本帶利合計多少。

例 1：如果年利率為 8%，試問現在投資 1,000 元，5 年後之本利和為 1,469 元。

2. 複利現價率（Present worth one）

$$V_n = \frac{1}{(1+r)^n}$$

n 年後以複利計算的 1 元，現在值多少。

例 2：如果年利率為 8%，5 年後的 1,469 元現值為 1,000 元。

3. 複利年金終價率（Amount of one per period）

$$M_n = \frac{(1+r)^n - 1}{r}$$

每一年存入 1 元，以複利計算到第 n 年後，總共連本帶利合計多少。

例 3：如果每年年底投資 5,000 元，當年利率為 6%時，9 年期滿之本利和有 57,457 元。

4. 償債基金率（Sinking fund factor）

$$F_n = \frac{r}{(1+r)^n - 1}$$

每一年年底要存多少錢，以複利計算後，在第 n 年後可以得到 1 元。

例 4：預計 9 年期滿籌足 57,457 元，當年利率為 6%時，現在起每年年底應存 5,000 元。

5. 複利年金現價率（Present worth one per period）

$$P_n = \frac{(1+r)^n - 1}{r(1+r)^n}$$

在未來的 n 年，每一年都可得到 1 元，把這些 1 元折算為現在價值總計。

例 5：甲地設有為期 9 年之租賃權，每年年底承租人需付所有權人 4,000 元。設類似土地之年租金為 9,000 元，當該類不動產投資報酬率為 6%，試問該租賃權權利價值為何？

租賃權價值＝（9,000 元－4,000 元）×複利年金現價率＝34,008 元

6. 本利均等年賦償還率（Partial payment）

$$R_n = \frac{r(1+r)^n}{(1+r)^n - 1}$$

現在向銀行借 1 元，在未來的 n 年內本利均等償還，每一年要還多少。

例 6：如果投資人要求之投資報酬率為 6%，試問現在投資 34,008 元，所購買剩 9 年生命之不動產，每年最少應收多少房租始划算？

34,008 元×本利均等年賦償還率＝5,000 元

種類	財務投資用語	公式
複利終價率	終值利率因子 Future Value Interest Factor 【FVIF】	$A_n = (1+r)^n$
複利現價率	現值利率因子 Present Value Interest Factor 【PVIF】	$V_n = \dfrac{1}{(1+r)^n}$
複利年金終價率	年金終值利率因子 Future Value Interest Factor Of Annuity 【FVIFA】	$M_n = \dfrac{(1+r)^n - 1}{r}$
償債基金率	沉入基金因子 Sinking Fund Factor 【SFF】	$F_n = \dfrac{r}{(1+r)^n - 1}$
複利年金現價率	年金現值利率因子 Present Value Interest Factor Of Annuity 【PVIFA】	$P_n = \dfrac{(1+r)^n - 1}{r(1+r)^n}$
本利均等年賦償還率	貸款常數 Mortgage Constant 【MC】	$R_n = \dfrac{r(1+r)^n}{(1+r)^n - 1}$

附錄二　不動產估價測驗題集錦

113年11月不動產經紀人估價概要考題(節錄)

1. (B) 不動產市場循環受到諸多經濟因素的影響，評估不動產價格時都訂有價格日期，依價格日期評估時必須掌握那項原則？
   (A)預測原則　(B)變動原則　(C)收益分配原則　(D)外部性原則

2. (B) 王小姐住家旁有一個高壓電塔，電塔周遭的房子不太容易售出，價格也比較低，不動產估價師評估該嫌惡設施對於房屋價格的影響是基於那一項原則？
   (A)適合原則　(B)外部性原則　(C)貢獻原則　(D)競爭原則

3. (D) 下列何者非屬於不動產估價範疇？
   (A)大鵬灣濕地　(B)地上權房屋，如101大樓　(C)種植在山上的果樹　(D)從果樹上摘下來的果實

4. (B) 某預售建案因取得綠建築黃金級標章，每坪開價比附近未取得標章之建案貴，建商申請綠建築標章的行為是基於不動產估價之何種經濟原則？
   (A)最高最有效原則　(B)貢獻原則　(C)供需原則　(D)外部性原則

5. (B) 下列有關租金估計的敘述何者錯誤？
   (A)租金估價的價格種類包括正常租金與限定租金兩種
   (B)名目租金，指承租人每期支付予出租人之租金，加計押金或保證金、權利金及其他相關運用收益之總數
   (C)續訂租金與正常市場租金不同，故續訂租金屬於限定租金
   (D)積算法用於評估正常租金

6. (C) 不動產估價技術規則對不動產估價方法運用的規定，下列何者錯誤？
   (A)不動產估價師應兼採二種以上估價方法推算勘估標的價

格

(B)不動產估價師應就不同估價方法估價所獲得之價格進行綜合比較，就其中金額顯著差異者重新檢討

(C)評估證券化不動產清算價格時，對於折現現金流量分析法之收益價格應賦予相對較大之權重

(D)對於各方法試算價格應視不同價格所蒐集資料可信度及估價種類目的條件差異，考量價格形成因素之相近程度，決定勘估標的價格，並將決定理由詳予敘明

7. (A) 有關比較法的敘述下列何者錯誤？

(A)比較標的價格經情況調整、價格日期調整、區域因素調整及個別因素調整後所獲得之價格稱為比較價格

(B)比較法指以比較標的價格為基礎，經比較、分析及調整等，以推算勘估標的價格之方法

(C)價格日期調整是指比較標的之交易日期與勘估標的之價格日期因時間之差異，致價格水準發生變動，應以適當之變動率或變動金額，將比較標的價格調整為勘估標的價格日期之價格

(D)比較標的與勘估標的不在同一近鄰地區內時，為將比較標的之價格轉化為與勘估標的同一近鄰地區內之價格水準的調整稱為區域因素調整

8. (D) 不動產估價技術規則第 26 條第 1 項：經比較調整後求得之勘估標的試算價格，應就價格偏高或偏低者重新檢討，經檢討確認適當合理者，始得作為決定比較價格之基礎。檢討後試算價格之間差距仍達百分之二十以上者，應排除該試算價格之適用。若比較標的一、二、三之試算價格分別為 79 萬元/坪， 77 萬元/坪及 95 萬元/坪，下列敘述何者正確？

(A)三個試算價格之間皆符合排除條件
(B)三個試算價格之間皆不符合排除條件
(C)比較標的一與三之間符合排除條件
(D)比較標的二與三之間符合排除條件

9. (C) 下列何者非屬營造或施工費的內含項目？
   (A)直接人工費　(B)間接材料費　(C)開發商的合理利潤　(D)資本利息
10. (A) 有關營造或施工費的敘述何者錯誤？
   (A)營造或施工費屬於建物總成本的一部分，房屋愈舊，營造或施工費就愈低
   (B)勘估標的之營造或施工費，得按直接法或間接法擇一求取之。功能性退化造成的折舊屬於房屋折舊的一部分
   (C)淨計法屬於直接法的一種，是指就勘估標的所需要各種建築材料及人工之數量，逐一乘以價格日期當時該建築材料之單價及人工工資，並加計管理費、稅捐、資本利息及利潤
   (D)單位工程法也屬於直接法，係以建築細部工程之各項目單價乘以該工程施工數量，並合計之

112年11月不動產經紀人估價概要考題(節錄)

1. (D) 不動產售屋廣告中「面對公園第一排」，對不動產之影響，是屬於不動產估價影響因素中之何種因素？
   (A)一般因素　(B)市場因素　(C)區域因素　(D)個別因素
2. (B) 不動產估價師受託評估總統府價值，此屬於何種價格種類？
   (A)申報價格　(B)特殊價格　(C)特定價格　(D)限定價格
3. (A) 各直轄市、縣（市）國土計畫於110年4月30日公告實施，此為影響不動產價格之何種因素？
   (A)一般因素　(B)市場因素　(C)區域因素　(D)個別因素
4. (C) 收益性不動產價值是由現在至將來所能帶給權利人之利潤總計，估價師求取將來的收益據以評估不動產價值，應重視何種不動產估價原則？
   (A)期日原則　(B)外部性原則　(C)預測原則　(D)內部性原則
5. (B) 老舊公寓因加裝電梯設備，價格也因此提升，此為何種不動產原則？

(A)收益分配原則　(B)貢獻原則　(C)均衡原則　(D)供需原則

6. (A)依不動產估價技術規則規定，比較標的為父親賣給兒子之交易，應進行何種調整？ (A)情況調整 (B)價格日期調整 (C)區域因素調整 (D)個人因素調整

7. (D)下列之建物殘餘價格率，何者符合不動產估價技術規則之規定？
(A)20% (B) 18% (C)12% (D)8%

8. (C)有一不動產平均每年每坪之淨收益為 3,000 元，若收益資本化率為 5%，該不動產每坪之收益價格為：
(A)8 萬元 (B) 7 萬元 (C)6 萬元 (D)5 萬元

9. (C)下列何者不是收益法推算勘估標的總費用之項目？
(A)地價稅 (B)房屋稅 (C)土地增值稅 (D)維修費

10. (B)有一幢公寓每坪平均售價為 60 萬元，1 樓每坪售價為 75 萬元，4 樓每坪售價為 50 萬元，建物價格占不動產價格之 40%，若 4 樓之樓層別效用比為 100%，則 1 樓之樓層別效用比為何？
(A)175% (B)150% (C)120% (D)102%

102 年 11 月不動產經紀人估價概要考題(節錄)

1. (A)特種貨物與勞務稅（俗稱奢侈稅）近日研議之修法動向，對不動產市場之影響，是屬於下列何種因素？
(A)一般因素 (B)區域因素 (C)個別因素 (D)期待因素

2. (D)下列何者較接近不動產估價價格種類中之正常價格？
(A)臺北市精華區標售國有土地價格 (B)實價登錄之價格
(C)奢侈稅經主管機關認定低報之銷售價格 (D)土地徵收補償所查估之市價

3. (D)不動產估價應先確定價格種類，如估價師受託辦理釣魚台估價，你認為應屬於何種價格？
(A)正常價格 (B)限定價格 (C)特定價格 (D)特殊價格

4. (C)在不考慮時間、高風險或不便利等因素下,審慎的消費者不會支付高於財貨或勞務成本之代價,以取得一相同滿意度的替代性財貨或勞務。以上觀念是屬於何種估價原則?
(A)競爭原則　(B)供需原則　(C)替代原則　(D)預測原則

5. (D)依不動產估價技術規則規定,不動產估價師蒐集比較實例應依據之原則,下列敘述何者錯誤?
(A)實例價格形成日期與勘估標的之價格日期接近者
(B)與勘估標的使用性質或使用分區管制相同或相近者
(C)與勘估標的位於同一供需圈之近鄰地區或類似地區者
(D)實例之價格與勘估標的價格種類相同之特定或限定價格者

6. (D)因應財政部查稅及不動產資本利得稅改採實價認定之議題發酵,投資客黃先生於兩個月前,以低於當時市價 1 成急忙出售房地產一筆,成交價格為新臺幣 1000 萬元。如近兩個月房價又下跌5%,則目前市價行情為何?
(A)新臺幣 950 萬元　(B)新臺幣 1100 萬元　(C)新臺幣 1045 萬元　(D)新臺幣 1056 萬元

7. (C)某份不動產估價報告書比較法三個比較標的價格為:新臺幣 12.9、12.6、13.7 萬元／坪,所推估勘估標的之試算價格分別為:新臺幣 10、9、11.5 萬元／坪,下列敘述何者正確?
(A)比較標的一調幅違反規定
(B)比較標的二調幅違反規定
(C)比較標的二及比較標的三試算價格差距違反規定
(D)勘估標的整體條件較比較標的佳

8. (C)依不動產估價技術規則規定,以不動產證券化為估價目的,採折現現金流量分析估價時,下列敘述何者錯誤?
(A)各期淨收益應以勘估標的之契約租金計算為原則
(B)因情況特殊不宜採契約租金估價者得敘明
(C)契約租金未知者,應以限定租金推估淨收益
(D)總費用應依信託計畫資料加以推算

9. (D)依不動產估價技術規則規定,收益法估價程序有六個項目如下:(1)計算收益價格(2)推算有效總收入(3)蒐集總收入、總費用及收益資本化率或折現率等資料(4)推算總費用(5)計算淨收益(6)決定收益資本化率或折現率。其估價步驟順序以下何者正確?
    (A)531642   (B)215643   (C)643152   (D)324561
10. (C)不動產估價收益法之總費用估算項目,不包含下列何者?
    (A)地價稅或地租   (B)房屋稅   (C)所得稅   (D)維修費
11. (B)收益資本化率之擇定如採風險溢酬法,下列敘述何者錯誤?
    (A)應考慮銀行定期存款利率、政府公債利率、不動產投資之風險性、貨幣變動狀況及不動產價格之變動趨勢等因素
    (B)選擇最具特殊性財貨之投資報酬率為基準
    (C)比較觀察該投資財貨與勘估標的個別特性之差異
    (D)需就流通性、風險性、增值性及管理上之難易程度等因素加以比較決定之
12. (D)若某不動產之建物經濟耐用年數 50 年、經歷年數 20 年、殘價率 10%,於收益法估價時,建物價格日期當時價值未來每年折舊提存率為何?
    (A)0.018   (B)0.036   (C)0.05   (D)0.028
13. (A)土地徵收補償估價時,因無買賣實例而採徵收區段內透天租賃實例,如折舊前房地淨收益每年新臺幣 25 萬元、建物價格日期當時價值未來每年折舊提存率 2.5%、建物淨收益推算為每年新臺幣 10 萬元、土地收益資本化率 3%,則土地收益價格為新臺幣多少萬元?
    (A)500 萬元   (B)833 萬元   (C)455 萬元   (D)273 萬元
14. (B)成本法操作中,使用與勘估標的相同或極類似之建材標準、設計、配置及施工品質,於價格日期重新複製建築所需之成本,係指下列何者?
    (A)重造成本   (B)重建成本   (C)重置成本   (D)提撥成本
15. (A)不動產估價成本法總成本各項推估中,下列敘述何者錯誤?
    (A)規劃設計費按總成本之百分之二至百分之三推估

(B)廣告費、銷售費按總成本之百分之四至百分之五推估
(C)管理費按總成本之百分之三至百分之四推估
(D)稅捐按總成本之百分之零點五至百分之一點二推估

16. (B)建物累積折舊額之計算，以採下列何種方法之建物成本價格結果最低？

    (A)定額法　(B)定率法　(C)償債基金法　(D)逆年數合計法

17. (B)某建物於 10 年前興建，面積 50 坪，目前建材單價新臺幣 10 萬元／坪，殘餘價格率 4%、經濟耐用年數 40 年，請問該建物累積折舊額為新臺幣多少萬元？

    (A)140 萬元　(B)120 萬元　(C)100 萬元　(D)80 萬元

18. (A)某建商擬開發建地，預計興建樓板面積 1000 坪，另雨遮外加 50 坪，若推定銷售單價平均新臺幣 60 萬元／坪，利潤率 20%、資本利息綜合利率 5%、直接成本新臺幣 2 億元、間接成本新臺幣 5 千萬元，則土地開發分析價格為新臺幣多少萬元？

    (A)22619 萬元　(B)23480 萬元　(C)25000 萬元　(D)26814 萬元

19. (B)下列不動產權利估價之相關敘述，何者錯誤？

    (A)地上權估價，應考慮其用途、權利存續期間、支付地租之有無、權利讓與之限制及地上權設定之空間位置等因素
    (B)抵押權估價，應直接以實際債權額為基礎，考慮其他順位抵押權設定狀況、流通性、風險性、增值性及執行上之難易程度等因素調整
    (C)租賃權估價，應考慮契約內容、用途、租期、租金支付方式、使用目的及使用情形等因素
    (D)容積移轉估價，應考慮容積送出基地、接受基地及其他影響不動產價格及相關法令等因素

20. (A)權利變換後區分所有建物及其土地應有部分，應考量都市更新權利變換計畫之建築計畫、建材標準、設備等級、工程造價水準及更新前後樓層別效用比關聯性等因素，以都市更新評價基準日當時之何種類型價格查估之？

    (A)新成屋價格　(B)預售屋價格　(C)中古屋價格　(D)徵收

補償價格

21. (B)T 市東區某店面於 5 年前出租經營，現到期擬續租，當年簽約契約租金每年新臺幣 250 萬元，目前市場經濟租金每年可達新臺幣 350 萬元，若分析此租金上漲應有 60%歸功於承租經營者，在相關必要費用不增加情況下，最合理之續租租約年租金為何？
(A)新臺幣 250 萬元 (B)新臺幣 290 萬元 (C)新臺幣 310 萬元 (D)新臺幣 350 萬元

22. (B)請問下列對價格日期的敘述，何者正確？
(A)不動產價格的委託日期 (B)不動產價格的基準日期
(C)不動產價格的查估日期 (D)不動產價格的交易日期

23. (B)請問下列何者非屬區域因素調整的考量項目？
(A)交通條件 (B)樓層別條件 (C)商圈發展條件 (D)學區條件

24. (D)某建商欲以土地開發分析法評估某土地作為住宅銷售個案之土地價值，請問下列何者非建商運用該方法應蒐集的資料？
(A)資本利率 (B)廣告費 (C)利潤率 (D)資本化率

25. (C)依不動產估價技術規則規定，以計量模型分析法建立一有 10 個自變數的模型，應至少使用多少比較案例？
(A)3 個 (B)10 個 (C)50 個 (D)100 個

26. (B)勘估標的距離變電所遠近為以下何種影響因素？
(A)特殊因素 (B)個別因素 (C)區域因素 (D)一般因素

27. (D)請問折現現金流量分析之公式，$P = \sum_{k=1}^{n'} CFk/(1+Y)k + Pn'/(1+Y)n'$，n'為下列何者？
(A)物理耐用年數 (B)經濟耐用年數 (C)殘餘耐用年數 (D)折現現金流量分析期間

28. (A)有關不動產估價之最有效使用原則，下列敘述何者錯誤？
(A)為消費者主觀效用之認知
(B)具有良好意識及通常之使用能力者之認知
(C)需以合法、實質可能、正當合理、財務可行為前提
(D)得以獲致最高利益之使用

29. (D)不動產估價由三大方法所推估之價值，於綜合決定勘估標的

價格時，下列敘述何者錯誤？

(A)屬於不動產估價程序之後段步驟

(B)過程中應就其中金額顯著差異者重新檢討

(C)應視不同價格所蒐集資料可信度及估價種類目的條件差異，考量價格形成因素之相近程度判斷

(D)以經濟租金作為不動產證券化受益證券信託利益分配基礎者，折現現金流量分析之收益價格應視前項情形賦予相對較大之權重

30. (A)依不動產估價技術規則規定，某建商蓋到一半的建案，其建物應如何估價？

(A)依實際完成部分估價

(B)以總銷售金額扣除土地管銷成本及利潤率，再扣除剩餘建築費用

(C)以總銷售金額扣除土地管銷成本及利潤率，再扣除延遲損失及剩餘建築費用

(D)無法估價

31. (C)臺北市政府最近發布之 5 月份住宅價格指數，中山、松山、南港區標準住宅總價新臺幣 1224 萬元，萬華、文山、北投區新臺幣 1079 萬元，其價差達新臺幣 145 萬元。該價差屬於下列何種方法之運用？

(A)定額法　(B)差異法　(C)差額法　(D)量化法

32. (D)依不動產估價技術規則第 7 條規定：「依本規則辦理估價所稱之面積，已辦理登記者，以登記之面積為準；其未辦理登記或以部分面積為估價者，應調查註明之。」因此房地產買賣實價登錄時，如屬未登記建物，辦理申報登錄時，應如何辦理？

(A)仍選擇房地合併申報　(B)如有車位，則選擇房地加車位申報　(C)單純以土地申報即可　(D)以土地申報並應於備註欄註明之

33. (D)成本法總成本中營造施工費之求取，估價實務上最常用的方法為何？

(A)淨計法 (B)單位工程法 (C)工程造價比較法 (D)單位面（體）積比較法

34. (C)請問試算價格之調整運算過程中，區域因素或個別因素調整之任一單獨項目之價格調整率大於多少，即應排除該比較案例之適用？

    (A)5% (B)10% (C)15% (D)20%

35. (D)以下何者為不動產估價技術規則所稱之勘估標的？(1)地上權(2)專利權(3)蘋果樹上的蘋果(4)堆置田中已採收之稻穀(5)未登記建物

    (A)234 (B)124 (C)125 (D)135

36. (D)土地開發分析法公式 V＝[S÷(1＋R)÷(1＋i)－(C＋M)]，其中 i 為開發或建築所需總成本之資本利息綜合利率，則 R 為：

    (A)資本化率 (B)土地價值率 (C)營業稅率 (D)適當之利潤率

37. (A)依不動產估價技術規則規定，實際建築使用的容積率超過法定容積率時，應如何估價？
    (A)以實際建築使用合法部分之現況估價
    (B)以法定容積之使用方式估價，再依使用狀況調整
    (C)僅能依法定容積估價
    (D)實際使用部分全部均可以估價

38. (B)某房屋受地震損害經鑑定無法居住使用，下列估價原則何者較能掌握其房地價格？
    (A)先估計重建價格，再以重建後房地價格扣掉重建所花費金額
    (B)以素地價格估價，並扣除拆除建物費用
    (C)以比較法估計一般正常未受損價格，再以特殊情況調整
    (D)無法估價

39. (B)依不動產估價技術規則規定，建物殘餘價格率之上限為多少？
    (A)5% (B)10% (C)15% (D)20%

40. (C)依中華民國不動產估價師公會全國聯合會第四號公報規定，目前住宅用鋼筋混凝土造房屋之經濟耐用年限為多少年？

(A)35 年　(B)40 年　(C)50 年　(D)60 年

101 年 12 月不動產經紀人估價概要

壹、申論題：

二、何謂經濟租金？何謂實質租金？何謂支付租金？某甲以低於市場行情一成的租金向某乙承租房屋一年，言明月租金 9,000 元、押金兩個月，於一年期定存利率 2% 下，請問年經濟租金、實質租金、支付租金各為多少？（25 分）

貳、測驗題

1. (B)以不動產所有權以外其他權利與所有權合併為目的，如地上權人向地主購買設定地上權之土地，評估該土地之價格稱之為：
   (A)正常價格　(B)限定價格　(C)特定價格　(D)特殊價格

2. (D)某甲以 1,200 萬元將其房屋移轉給弟弟，經判斷正常價格比這價格低二成；於一般不動產估價中，運用此案例進行情況調整後之價格為多少？
   (A)1,440 萬元　(B)1,400 萬元　(C)1,000 萬元　(D)960 萬元

3. (A)甲公司於 A 市擁有商業區土地一宗，擬將其分割為兩筆土地，一筆做為辦公大樓使用，另一筆做為百貨公司使用，以符合商業區土地的經濟效益。今如就前述兩筆土地進行估價，則價格種類為下列何者？
   (A)正常價格　(B)特殊價格　(C)限定價格　(D)特定價格

100 年 12 月不動產經紀人估價概要測驗題

1. (D)林君將其所有不動產賣給女兒，成交價格為 2,000 萬元，經判斷此一價格較正常價格便宜 2 成。請問在其他條件不變下，該不動產之正常價格為多少？
   (A)1,600 萬元　(B)1,666 萬元　(C)2,400 萬元　(D)2,500 萬元

2. (B) 有一棟公寓其平均樓層別效用比為 124%，全棟建物成本占全棟房地總價格之 60%，1 樓之樓層別效用比為 150% 1 樓之地價分配率為：
   (A)74.4%　(B)75.6%　(C)159%　(D)150%
3. (C) 應用直接資本化法估價時，已知獲利率為 5%、收益年增率為 2%，直接資本化率應採下列何者較佳？
   (A)7%　(B)5%　(C)3%　(D)2%
4. (C) 兩宗土地合併後整體利用，合併後價格為 1,000 萬元，其合併前價格分別為 300 萬元及 500 萬元，則對於原來 500 萬元之土地，其合併後價格應為：
   (A)600 萬元　(B)700 萬元　(C)625 萬元　(D)425 萬元

99 年 12 月不動產經紀人估價概要考題

4. (A) 直轄市或縣市政府對轄區內之土地，應經常調查其地價動態，繪製地價區段圖並估計區段地價，提經地價評議委員會評議之後，於每年 1 月 1 日公告，此乃何種價格？
   (A)公告現值　(B)公告地價　(C)拍賣地價　(D)收購地價
9. (X) 如果有一個不動產每年可以獲得的淨收益是 10 萬元，該不動產之建築物興建成本是 100 萬，根據調查，該不動產的土地部分之資本化率是 5%，建物部分之資本化率是 1%，請問該不動產的價格是多少呢？（本題送分）
   (A)100 萬　(B)130 萬　(C)160 萬　(D)190 萬
22. (A) 請問對於不動產估價而言，兩岸簽訂ＥＣＦＡ屬於何種因素？
    (A)一般因素　(B)區域因素　(C)個別因素　(D)特定因素
39. (A) 利用比較法進行估價時，若比較標的之個別因素較勘估標的差 5%，則個別因素調整率為多少？
    (A)100/95　(B)95/100　(C)100/105　(D)105/100

98 年 12 月不動產經紀人估價概要考題

壹、申論題

一、請依不動產估價技術規則說明區域因素調整與個別因素調整的意義。（15分）當估價師進行比較分析勘估標的與比較標的之區域因素調整與個別因素差異，同時採用百分率法進行調整，請以列式說明：「勘估標的之區域條件相較於比較標的好10%，然而個別條件差5%」。（10分）

貳、測驗題

1. (B) 對於大賣場等商用不動產，使用初期營收價值高、建物保養維護較佳者，宜採何種折舊方法？
   (A)定額法　(B)償還基金法　(C)定率法　(D)年數合計法

2. (D) 下列何者係以殘餘耐用年數為權數而加速折舊的方法？
   (A)償還基金法　(B)定額法　(C)定率法　(D)年數合計法

3. (B) 下列何者屬於不動產市場特徵？

4. (D) 有一棟 5 層樓公寓，各樓層之建築面積皆相同，其中 4 樓單價為每坪 20,000 元，5 樓單價為每坪 25,000 元，若 4 樓之樓層別效用比為 100%，請問 5 樓之樓層別效用比為多少？
   (A)150%　(B)130%　(C)115%　(D)125%

97 年 12 月不動產經紀人估價概要

1. (A) 比較標的因極老舊，使其較一般正常價格低 8%，而勘估標的裝潢特佳，此一因素使其較正常價格高 5%。若勘估標的與比較標的之其餘各項條件都相同，且已知比較標的之成交價為 500 萬元，則勘估標的之正常價格為何？
   (A)570.65 萬元　(B)438.10 萬元　(C)483.00 萬元
   (D)485.00 萬元
   計算式：$500 \times \dfrac{100}{92} \times \dfrac{105}{100} = 570.65$

2. (C) 一面積 300 坪之土地，年租金 30 萬元，租金每年調漲 2%，

資本化率為 5%，若租金收益年期為無窮時，此時土地之收益價格為何？

(A)428.6萬元　(B)600萬元　(C)1000萬元　(D)9000萬元

計算式：$\dfrac{30}{5\%-2\%}=1000$

3. (D) 房地折舊前淨收益為 10 萬元，土地淨收益為 4 萬元，建物收益資本化率為 5%，建物價格日期當時價值未來每年折舊提存率為 5%。請問建物收益價格為何？

(A)200萬元　(B)120萬元　(C)100萬元　(D)60萬元

計算式：$\dfrac{10-4}{5\%+5\%}=60$

4. (C) 某一不動產的貸款條件是貸款利率 5%，貸款金額是不動產總值的 70%，自有資金比例為 30%，自有資金報酬率為 3.5%，此時依貸款與自有資金比例求算資本化率時，其資本化率為何？

(A)3.5%　(B)3.95%　(C)4.55%　(D)5%

計算式：5%×70%＋3.5%×30%＝4.55%

附錄三　國際評價準則 2024 年版介紹

以往國際評價準則（IVS）分為三大環節：3 項準則（Standards）、3 項應用（Applications）及 15 項注意事項（Guidance Notes），最新 2024 年版已改變成如下架構：

大　綱	細　目
一般準則 (General Standards)	IVS 100 估價架構(Valuation framework) IVS 101 工作範圍(Scope of Work) IVS 102 價值基礎(Bases of Value) IVS 103 估價方法(Valuation Approaches) IVS 104 資料輸入(Data & input) IVS 105 估價模型(Valuation model) IVS 106 文件及報告(Documentation & Reporting)
資產準則 (Asset Standards)	IVS 200 企業和商業利益(Businesses and Business Interests) IVS 210 無形資產(Intangible Assets) IVS 220 非金融負債(Non-Financial Liabilities) IVS 230 存貨(Inventory) IVS 300 廠房及設備(Plant and Equipment) IVS 400 不動產權益(Real Property Interests) IVS 410 開發性財產(Development Property) IVS 500 金融工具(Financial Instruments)

（1）比較法

市場比較法（Market Approach Methods），內含比較交易方式（Comparable Transactions Method），比較調整項目除了國內四大調整，也強調資產獲利性、成長趨勢、報酬率、市場性、控制性、所有權屬性等影響因素。另外也有指引交易方式（guideline transactions method）適用在公開市場交易，此時須考慮缺乏市場性之折減，並可透過選擇權定價模式衡量。另公開市場之股票交易相較於封閉市場私下交易會比較迅速，有控制權溢酬之控制利益則能享有經濟利益。

（2）收益法

收益法（Income Approach）中收益資本化方式（income capitalisation method）類似直接資本化法。DCF 預測通常採預期財務資訊（prospective financial information（PFI）），評估之市場價值須考慮市場參與者觀點，相對而言投資價值則考慮特定投資人觀點。CF 各期不會相同，如考慮或然率加權之 CF，折現率即需反映所考慮所有可能情境。如果是單一最有可能 CF，則須有前提條件之界定。DCF 的期末價值（terminal value）可採高登穩定成長模型或市場法，如屬有限期耗竭性資產則採殘價法（salvage value），期末價值並得用相同之折現率。

（3）成本法

成本法（cost approach）主要適用於無法規限制下得以重置或重建，不適合採收益法或比較法之情形。於現代等效資產（採重置成本）成本高於原樣複製（重建成本），或當勘估標的僅能採複製品（重建成本）時，才會適用重建成本，其餘以重置成本為原則。折舊須考量三大因素，折舊估計須比較案例調整為之，非機械式地採用定額、定率等方法。物理因素折舊也提到可修復方式之修復成本，不可修復才採耐用年數法。

（4）評價模型

新版 IVS 加入了評價模型（IVS 105 Valuation Model），綜合性地考量質化、系統、技術、量化判斷，以估計及記錄價值。即使屬計量模型，IVS 仍強調須遵守 IVS 規範。

（5）最終決定

IVS 規範需用多重方法或方式查估再加權（weight）決定，但不能簡單平均，如試算價格分歧亦不能逕為加權。

新版的改版緣由及內容，讀者可上國際評價準則委員會 The International Valuation Standards Council (IVSC)網站 http://www.ivsc.org/查詢最新消息，或向該網站購書查詢。

附錄四　不動產證券化估價報告書範本

一、說明

　　依據不動產證券化條例第二十二條及第三十四條規定之估價報告書範本，專業估價者須依範本所規定之各說明事項。如係依據不動產證券化條例第八條及三十一條出具之「信託財產預期收益之評價方法、評估基礎及專家意見」，則應針對信託期間之折現現金流量進行分析，並應採用敏感度分析或模擬分析配合評估。

二、證券化不動產估價報告書範本（節錄）-內政部 98 年 10 月 2 日台內地字第 0980172168 號令修正發布

不動產估價報告書摘要
一、不動產估價報告書案號：＿＿＿＿＿＿＿＿＿＿＿＿。
二、委託人：＿＿＿＿＿＿＿＿＿＿＿＿＿＿＿＿＿＿。
三、基本資料：
　　（一）勘估標的：＿＿＿＿＿＿＿＿＿＿＿＿＿＿＿。
　　（二）土地面積：＿＿＿＿＿平方公尺（＿＿＿＿＿坪）。
　　（三）建物面積：＿＿＿＿＿平方公尺（＿＿＿＿＿坪）。
　　（四）不動產所有權人：＿＿＿＿＿＿＿＿＿＿＿＿。
　　（五）土地使用分區及使用編定：＿＿＿＿＿＿＿＿。
　　（六）建物法定用途：＿＿＿＿＿＿＿＿＿＿＿＿＿。
　　（七）勘估標的使用現況：＿＿＿＿＿＿＿＿＿＿＿。
　　（八）產品型態：＿＿＿＿＿＿＿＿＿＿＿＿＿＿＿。
　　（九）建築完成日期：＿＿＿＿＿＿＿＿＿＿＿＿＿。
　　（十）勘估標的租賃契約資料：＿＿＿＿＿＿＿＿＿。

出租率	
租約期間	
租金總額（元/年）	

四、估價前提：
　　（一）估價目的：＿＿＿＿＿＿＿＿＿＿＿＿＿＿＿。
　　（二）價格種類：＿＿＿＿＿＿＿＿＿＿＿＿＿＿＿。
　　（三）價格日期：民國○○年○○月○○日。
　　（四）勘察日期：民國○○年○○月○○日。

五、公告土地現值計算之土地增值稅與淨額：
　　（一）按當年度公告土地現值計算之土地增值稅總額：
　　　　　＿＿＿＿＿＿＿＿＿＿＿＿＿＿＿＿＿元。
　　（二）扣除土地增值稅淨額：
　　　　　＿＿＿＿＿＿＿＿＿＿＿＿＿＿＿＿＿元。
六、他項權利設定紀錄：
　　（一）抵押權設定本金最高限額總金額，新台幣
　　　　　＿＿＿＿＿＿＿＿＿＿＿＿＿＿＿＿＿元。
　　（二）其他他項權利情形：＿＿＿＿＿＿。
七、評估價值結論：
　　勘估標的係坐落於＿＿＿＿＿＿之不動產，本報告基於估價目的為不動產投資（資產）信託過程中不動產價值認定之參考，價格種類為＿＿＿＿＿＿，價格日期為民國〇〇年〇〇月〇〇日，考量委託人提供之勘估標的基本資料，評估勘估標的於現行不動產市場正常條件下之合理價值。

　　經針對勘估標的進行產權、一般因素、區域因素、個別因素、不動產市場及最有效使用之分析後，採用＿＿＿＿＿＿＿等估價方法進行評估，各方法評估結果及最終價格決定如下。
　　　　　（一）收益法之折現現金流量分析評估結果：
　　　　　　　　收　益　價　格　1　：　新　臺　幣
　　　　　　　　＿＿＿＿＿＿＿＿＿元
　　　　　（二）收益法之直接資本化法評估結果：
　　　　　　　　收　益　價　格　2　：　新　臺　幣
　　　　　　　　＿＿＿＿＿＿＿＿＿元
　　　　　（三）比較法評估結果：
　　　　　　　　比　較　價　格　：　新　臺　幣
　　　　　　　　＿＿＿＿＿＿＿＿＿元
　　　　　（四）成本法評估結果：
　　　　　　　　成　本　價　格　：　新　臺　幣
　　　　　　　　＿＿＿＿＿＿＿＿＿元
　　　　　（五）成本法土地開發分析價格評估結果：
　　　　　　　　土地開發分析價格：新臺幣＿＿＿＿＿＿元
　　　　　（六）最後決定之估價金額：
　　　　　　　　新　　　　　臺　　　　　幣
　　　　　　　　＿＿＿＿＿＿＿＿＿＿＿＿＿＿＿＿＿元

　　　　以上評估結果僅適用於勘估標的證券化價值參考。另由於不動產價值變動之特性，受託機構進行不動產交易契約成立日前估價者，其價格日期與契約成立日期不得逾六個月。

不動產估價師：○○○（簽名或蓋章）
不動產估價師證書字號：＿＿＿＿＿＿＿＿＿＿＿＿＿＿＿＿。
不動產估價師開業證書字號：＿＿＿＿＿＿＿＿＿＿＿＿＿＿。
不動產估價師公會會員證書字號：＿＿＿＿＿＿＿＿＿＿＿。

目　　錄

壹、序言
　　一、估價立場聲明
　　二、估價報告書之設定與限定條件
貳、估價基本事項
　　一、委託人
　　二、勘估標的內容
　　　　（一）標示
　　　　（二）權利內容
　　　　（三）產品型態
　　三、價格日期及勘察日期
　　四、價格種類及估價條件
　　五、估價目的
　　六、現況勘察情況說明
　　　　（一）領勘人及其說明
　　　　（二）現場勘察參考資料
　　　　（三）勘察結論
　　七、勘估標的出租租約及目前營運狀況說明
　　八、勘估標的建築或開發計畫內容說明（開發型不動產證券化）
　　九、估價資料來源說明
參、價格形成之主要因素分析
　　一、一般因素分析
　　　　（一）政策面
　　　　（二）經濟面
　　二、區域因素分析
　　　　（一）區域描述
　　　　（二）近鄰地區土地利用情形
　　　　（三）近鄰地區建物利用情形
　　　　（四）近鄰地區之公共設施概況

　　　　(五)近鄰地區之交通運輸概況
　　　　(六)區域環境內之重大公共建設
　　　　(七)近鄰地區未來發展趨勢
　　三、影響價格之個別因素分析
　　　　(一)土地個別條件
　　　　(二)土地法定使用管制與其他管制事項
　　　　(三)土地利用情況
　　　　(四)建物概況
　　　　(五)公共設施便利性
　　　　(六)建物與基地及周遭環境適合性分析
　　　　(七)個別因素綜合評析：
　　四、不動產開發計畫分析
　　五、最有效使用分析
　　　　(一)法定上最有效使用分析
　　　　(二)市場面最有效使用分析
　　六、勘估標的土地增值稅分析
　　七、不動產市場概況分析
　　　　(一)不動產市場發展概況
　　　　(二)不動產市場價格水準分析
肆、價格評估
　　一、估價方法之選定
　　二、價格評估過程
　　　　(一)收益法之折現現金流量分析評估過程
　　　　(二)收益法之直接資本化法評估過程
　　　　(三)比較法評估過程
　　　　(四)成本法評估過程
　　　　(五)成本法之土地開發分析價格評估過程
　　三、價格決定理由
　　　　(一)各種估價方法採用之理由
　　　　(二)各種估價方法權重及其決定說明
　　　　　　（若採用收益法者，內容應包含收
　　　　　　益資本化率或折現率）
　　　　(三)價格決定理由：
　　四、價格結論
伍、附件
　　(一)　土地增值稅計算明細表
　　(二)　他項權利分析設定表
　　(三)　勘估標的出租租約

（四）　勘估標的位置圖　份（　　）張
（五）　勘估標的分區示意圖　份（　　）張
（六）　土地、建物所有權狀影本　份（　　）張
（七）　土地、建物登記（簿）謄本　份（　　）張
（八）　地籍圖謄本　份（　　）張
（九）　建物平面圖　份（　　）張
（十）　土地使用分區證明書　份（　　）張
（十一）建造執照影本　份（　　）張
（十二）近五年所有權異動資料　份（　　）張
（十三）勘估標的及比較標的照片　頁
（十四）不動產開發計畫重要內容摘要（開發型）
（十五）不動產估價師證明文件

註：勘估標的與比較標的區域因素比較表：

主要項目	次要項目	比較標的一	比較標的二	比較標的三
交通運輸	主要道路寬度			
	捷運之便利性			
	公車之便利性			
	鐵路運輸之便利性			
	交流道之有無及接近交流道之程度			
	調整率合計			
自然條件	景觀			
	排水之良否			
	地勢傾斜度			
	災害影響			
	調整率合計			
公共設施	學校(國小、國中、高中、大專院校)			
	市場(傳統市場、超級市場、超大型購物中心)			
	公園、廣場、徒步區			
	觀光遊憩設施			
	服務性設施(郵局、銀行、醫院、機關等設施)			
	調整率合計			
其他	發展趨勢			
	其他影響因素(如治安、地方聲望等)			
	調整率合計			
區域因素總調整率				

勘估標的與比較標的個別因素比較表：

主要項目	次要項目	比較標的一	比較標的二	比較標的三
建物個別條件	面積			
	採光景觀			
	高度			
	屋齡			
	樓層別			
	建物內部公共設施狀況			
	結構			
	管理狀況			
	使用效益			
	其他（如格局、使用限制）			
	調整率小計			
道路條件	道路寬度			
	道路鋪設			
	道路種別（人行道、巷道、幹道）			
	其他			
	調整率小計			
接近條件	接近車站之程度			
	接近學校之程度（國小、國中、高中、大專院校）			
	接近市場之程度（傳統市場、超級市場、超大型購物中心）			
	接近公園之程度			
	接近停車場之程度			
	其他			
	調整率小計			
週邊環境條件	地勢			
	日照			
	嫌惡設施有無			
	停車方便性			
	其他：商業聚集度			
	調整率小計			
個別因素總調整率				

（說明）：1. 上表填載項目可視實際需要增刪調整。如需刪除該項目需加以說明。
2. 請將影響勘估標的及比較標的價格差異之因素逐項比較，並依優劣程度或高低等級所評定之差異進行價格調整。優劣細項等級劃分方式如下：分為九級:1:超極優 2:極優 3:優 4:稍優 5:普通 6:稍劣 7:劣 8:極劣 9:超極劣
3. 各主要項目之調整率合計應以各次要項目之修正率採用相加方式計算之，總調整率應以各主要項目調整率合計採用相加方式計算之。

（詳細報告書範本可洽內政部地政司網站查閱）

附錄五　不動產估價技術規則

中華民國102年12月20日台（102）內地字第1020367113號令修正版本

第一章　總則

第一條　（法源依據）

　　本規則依不動產估價師法第十九條第一項規定訂定之。

第二條　（用詞定義）

　　本規則用詞定義如下：

一、正常價格：指具有市場性之不動產，於有意願之買賣雙方，依專業知識、謹慎行動，不受任何脅迫，經適當市場行銷及正常交易條件形成之合理價值，並以貨幣金額表示者。

二、限定價格：指具有市場性之不動產，在下列限定條件之一所形成之價值，並以貨幣金額表示者：

　　以不動產所有權以外其他權利與所有權合併為目的。

　　以不動產合併為目的。

　　以違反經濟合理性之不動產分割為前提。

三、特定價格：指具有市場性之不動產，基於特定條件下形成之價值，並以貨幣金額表示者。

四、特殊價格：指對不具市場性之不動產所估計之價值，並以貨幣金額表示者。

五、正常租金：指具有市場性之不動產，於有意願之租賃雙方，依專業知識、謹慎行動，不受任何脅迫，經適當市場行銷及正常租賃條件形成之合理租賃價值，並以貨幣金額表示者。

六、限定租金：指基於續訂租約或不動產合併為目的形成之租賃價值，並以貨幣金額表示者。

七、價格日期：指表示不動產價格之基準日期。

八、勘察日期：指赴勘估標的現場從事調查分析之日期。

九、勘估標的：指不動產估價師接受委託所估價之土地、建築改良物（以下簡稱建物）、農作改良物及其權利。

十、比較標的：指可供與勘估標的間，按情況、價格日期、區域因素及個別因素之差異進行比較之標的。

十一、同一供需圈：指比較標的與勘估標的間能成立替代關係，且其價格互為影響之最適範圍。

十二、近鄰地區：指勘估標的或比較標的周圍，供相同或類似用途之不動產，形成同質性較高之地區。

十三、類似地區：指同一供需圈內，近鄰地區以外而與勘估標的使用性質相近之其他地區。

十四、一般因素：指對於不動產市場及其價格水準發生全面影響之自然、政治、社會、經濟等共同因素。

十五、區域因素：指影響近鄰地區不動產價格水準之因素。

十六、個別因素：指不動產因受本身條件之影響，而產生價格差異之因素。

十七、最有效使用：指客觀上具有良好意識及通常之使用能力者，在合法、實質可能、正當合理、財務可行前提下，所作得以獲致最高利益之使用。

第三條　（經常蒐集之資料）

不動產估價師應經常蒐集與不動產價格有關之房地供需、環境變遷、人口、居民習性、公共與公用設施、交通運輸、所得水準、產業結構、金融市場、不動產經營利潤、土地規劃、管制與使用現況、災變、未來發展趨勢及其他必要資料，作為掌握不動產價格水準之基礎。

第四條　（蒐集案例來源）

不動產估價師應經常蒐集比較標的相關交易、收益及成本等案例及資料，並詳予求證其可靠性。

前項資料得向當事人、四鄰、其他不動產估價師、不動產經紀人

員、地政士、地政機關、金融機構、公有土地管理機關、司法機關、媒體或有關單位蒐集之。

第五條　（客觀公正估價）

不動產估價師應力求客觀公正，運用邏輯方法及經驗法則，進行調查、勘察、整理、比較、分析及調整等估價工作。

第六條　（價格種類）

不動產估價，應切合價格日期當時之價值。其估計價格種類包括正常價格、限定價格、特定價格及特殊價格；估計租金種類包括正常租金及限定租金。

不動產估價，應註明其價格種類；其以特定價格估價者，應敘明其估價條件，並同時估計其正常價格。

第七條　（面積認定）

依本規則辦理估價所稱之面積，已辦理登記者，以登記之面積為準；其未辦理登記或以部分面積為估價者，應調查註明之。

第二章　估價作業程序

第八條　（估價作業程序）

不動產估價作業程序如下：

一、確定估價基本事項。

二、擬定估價計畫。

三、蒐集資料。

四、確認勘估標的狀態。

五、整理、比較、分析資料。

六、運用估價方法推算勘估標的價格。

七、決定勘估標的價格。

八、製作估價報告書。

第九條　（估價基本事項）

確定估價基本事項如下：

一、勘估標的內容。

二、價格日期。

三、價格種類及條件。

四、估價目的。

第十條 （擬定估價計畫）

擬定估價計畫包括下列事項：

一、確定作業步驟。

二、預估所需時間。

三、預估所需人力。

四、預估作業經費。

五、擬定作業進度表。

第十一條 （估價應蒐集之資料）

不動產估價應蒐集之資料如下：

一、勘估標的之標示、權利、法定用途及使用管制等基本資料。

二、影響勘估標的價格之一般因素、區域因素及個別因素。

三、勘估標的相關交易、收益及成本資料。

第十二條 （蒐集比較實例）

不動產估價師應依下列原則蒐集比較實例：

一、實例之價格屬正常價格、可調整為正常價格或與勘估標的價格種類相同者。

二、與勘估標的位於同一供需圈之近鄰地區或類似地區者。

三、與勘估標的使用性質或使用管制相同或相近者。

四、實例價格形成日期與勘估標的之價格日期接近者。

第十三條 （確認勘估標的狀態）

確認勘估標的狀態時，應至現場勘察下列事項：

一、確認勘估標的之基本資料及權利狀態。

二、調查勘估標的及比較標的之使用現況。

三、確認影響價格之各項資料。

四、作成紀錄及攝製必要之照片或影像檔。

委託人未領勘，無法確認勘估標的範圍或無法進入室內勘察時，

應於估價報告書敘明。

第十四條　（兼採二種以上方法）

不動產估價師應兼採二種以上估價方法推算勘估標的價格。但因情況特殊不能採取二種以上方法估價並於估價報告書中敘明者，不在此限。

第十五條　（決定勘估標的價格）

不動產估價師應就不同估價方法估價所獲得之價格進行綜合比較，就其中金額顯著差異者重新檢討。並視不同價格所蒐集資料可信度及估價種類目的條件差異，考量價格形成因素之相近程度，決定勘估標的價格，並將決定理由詳予敘明。

以契約約定租金作為不動產證券化受益證券信託利益分配基礎者，折現現金流量分析之收益價格應視前項情形賦予相對較大之權重。但不動產證券化標的進行清算時，不在此限。

第十六條　（估價報告書應載明事項）

不動產估價師應製作估價報告書，於簽名或蓋章後，交付委託人。估價報告書，應載明事項如下：

一、委託人。

二、勘估標的之基本資料。

三、價格日期及勘察日期。

四、價格種類。

五、估價條件。

六、估價目的。

七、估價金額。

八、勘估標的之所有權、他項權利及其他負擔。

九、勘估標的使用現況。

十、勘估標的法定使用管制或其他管制事項。

十一、價格形成之主要因素分析。

十二、估價所運用之方法與其估算過程及價格決定之理由。

十三、依本規則規定須敘明之情況。

十四、其他與估價相關之必要事項。

十五、不動產估價師姓名及其證照字號。

前項估價報告書應檢附必要之圖說資料。

因行政執行或強制執行委託估價案件,其報告書格式及應附必要之圖說資料,依其相關規定辦理,不受前二項之限制。

第十七條　（描述應真實確切）

估價報告書之事實描述應真實確切,其用語應明確肯定,有難以確定之事項者,應在估價報告書中說明其可能影響勘估標的權利或價值之情形。

第三章　估價方法

第一節　比較法

第十八條　（比較法定義）

比較法指以比較標的價格為基礎,經比較、分析及調整等,以推算勘估標的價格之方法。

依前項方法所求得之價格為比較價格。

第十九條　（比較法名詞定義）

本節名詞定義如下:

一、情況調整:比較標的之價格形成條件中有非屬於一般正常情形而影響價格時,或有其他足以改變比較標的價格之情況存在時,就該影響部分所作之調整。

二、價格日期調整:比較標的之交易日期與勘估標的之價格日期因時間之差異,致價格水準發生變動,應以適當之變動率或變動金額,將比較標的價格調整為勘估標的之價格日期之價格。

三、區域因素調整:所選用之比較標的與勘估標的不在同一近鄰地區內時,為將比較標的之價格轉化為與勘估標的同一近鄰地區內之價格水準,而以比較標的之區域價格水準為基礎,就區域因素不同所產生之價格差異,逐項進行之分析及調整。

四、個別因素調整：以比較標的之價格為基礎，就比較標的與勘估標的因個別因素不同所產生之價格差異，逐項進行之分析及調整。

五、百分率法：將影響勘估標的及比較標的價格差異之區域因素及個別因素逐項比較，並依優劣程度或高低等級所評定之差異百分率進行價格調整之方法。

六、差額法：指將影響勘估標的及比較標的價格差異之區域因素及個別因素逐項比較，並依優劣程度或高低等級所評定之差額進行價格調整之方法。

七、計量模型分析法：蒐集相當數量具代表性之比較標的，透過計量模型分析，求出各主要影響價格因素與比較標的價格二者之關係式，以推算各主要影響價格因素之調整率及調整額之方法。

第二十條　（計量模型分析法條件）

應用前條計量模型分析法應符合下列條件：

一、須蒐集應用計量模型分析關係式自變數個數五倍以上之比較標的。

二、計量模型分析採迴歸分析者，其調整後判定係數不得低於零點七。

三、截距項以外其他各主要影響價格因素之係數估計值同時為零之顯著機率不得大於百分之五。

第二十一條　（比較法估價程序）

比較法估價之程序如下：

一、蒐集並查證比較標的之相關資料。

二、選擇與勘估標的條件相同或相似之比較標的。

三、對比較標的價格進行情況調整及價格日期調整。

四、比較、分析勘估標的及比較標的間之區域因素及個別因素之差異，並求取其調整率或調整額。

五、計算勘估標的之試算價格。

六、決定勘估標的之比較價格。

前項第五款所稱之試算價格,指以比較標的價格經情況調整、價格日期調整、區域因素調整及個別因素調整後所獲得之價格。

第二十二條　(比較標的查證確認)

所蒐集之比較標的,應就下列事項詳予查證確認:

一、交易價格及各項費用之負擔方式。

二、交易條件;有特殊付款方式者,其方式。

三、比較標的狀況。

四、交易日期。

前項查證確有困難之事項,應於估價報告書中敘明。

第二十三條　(情況調整項目)

比較標的有下列情況,應先作適當之調整;該影響交易價格之情況無法有效掌握及量化調整時,應不予採用:

一、急買急賣或急出租急承租。

二、期待因素影響之交易。

三、受債權債務關係影響之交易。

四、親友關係人間之交易。

五、畸零地或有合併使用之交易。

六、地上物處理有糾紛之交易。

七、拍賣。

八、公有不動產標售、讓售。

九、受迷信影響之交易。

十、包含公共設施用地之交易。

十一、人為哄抬之交易。

十二、與法定用途不符之交易。

十三、其他特殊交易。

第二十四條　(價格調整呈現原則)

比較、分析勘估標的與比較標的之區域因素及個別因素差異並就其中差異進行價格調整時,其調整以百分率法為原則,亦得以差

額法調整，並應於估價報告書中敘明。

第二十五條　（比較法調整率限制）

試算價格之調整運算過程中，區域因素調整、個別因素調整或區域因素及個別因素內之任一單獨項目之價格調整率大於百分之十五，或情況、價格日期、區域因素及個別因素調整總調整率大於百分之三十時，則判定該比較標的與勘估標的差異過大，應排除該比較標的之適用。但勘估標的性質特殊或區位特殊缺乏市場交易資料，並於估價報告書中敘明者，不在此限。

第二十六條　（試算價格採用限制）

經比較調整後求得之勘估標的試算價格，應就價格偏高或偏低者重新檢討，經檢討確認適當合理者，始得作為決定比較價格之基礎。檢討後試算價格之間差距仍達百分之二十以上者，應排除該試算價格之適用。

前項所稱百分之二十以上之差距，指高低價格之差除以高低價格平均值達百分之二十以上者。

第二十七條　（決定比較價格）

不動產估價師應採用三件以上比較標的，就其經前條推估檢討後之勘估標的試算價格，考量各比較標的之蒐集資料可信度、各比較標的與勘估標的之價格形成因素之相近程度，決定勘估標的之比較價格，並將比較修正內容敘明之。

第二節　收益法

第二十八條　（收益法分類）

收益法得採直接資本化法、折現現金流量分析法等方法。

依前項方法所求得之價格為收益價格。

第二十九條　（直接資本化法定義）

直接資本化法，指勘估標的未來平均一年期間之客觀淨收益，應用價格日期當時適當之收益資本化率推算勘估標的價格之方法。

第三十條　（直接資本化法公式）

直接資本化法之計算公式如下：

收益價格＝勘估標的未來平均一年期間之客觀淨收益÷收益資本化率

第三十一條　（折現現金流量分析法定義）

折現現金流量分析法，指勘估標的未來折現現金流量分析期間之各期淨收益及期末價值，以適當折現率折現後加總推算勘估標的價格之方法。

前項折現現金流量分析法，得適用於以投資為目的之不動產投資評估。

第三十二條　（折現現金流量分析法公式）

折現現金流量分析法之計算公式如下：

$$P = \sum_{k=1}^{n'} CF_k/(1+Y)^k + P_{n'}/(1+Y)^{n'}$$

其中：

P：收益價格

CF_k：各期淨收益

Y：折現率

n'：折現現金流量分析期間

k：各年期

$P_{n'}$：期末價值

第三十三條　（契約及經濟租金）

客觀淨收益應以勘估標的作最有效使用之客觀淨收益為基準，並參酌鄰近類似不動產在最有效使用情況下之收益推算之。

以不動產證券化為估價目的，採折現現金流量分析法估價時，各期淨收益應以勘估標的之契約租金計算為原則。但因情況特殊不宜採契約租金估價，並於估價報告書中敘明者，不在此限。

前項契約租金未知者，應以市場經濟租金推估客觀淨收益。

第三十四條　（收益法估價程序）

收益法估價之程序如下：

一、蒐集總收入、總費用及收益資本化率或折現率等資料。

二、推算有效總收入。

三、推算總費用。

四、計算淨收益。

五、決定收益資本化率或折現率。

六、計算收益價格。

第三十五條　（收益法蒐集資料原則）

收益法估價應蒐集勘估標的及與其特性相同或相似之比較標的最近三年間總收入、總費用及收益資本化率或折現率等資料。

前項蒐集最近三年間之資料有困難時，應於估價報告書中敘明。

蒐集第一項資料時，應就其合理性進行綜合研判，以確定資料之可用性，並得依其持續性、穩定性及成長情形加以調整。

前條蒐集總收入資料，得就其不動產之租金估計之，以確認總收入資料之合理性。

第三十六條　（有效總收入計算）

勘估標的之有效總收入計算方式如下：

一、分析並推算勘估標的之總收入。

二、推算閒置及其他原因所造成之收入損失。

三、第一款總收入扣除前款收入損失後之餘額為勘估標的之有效總收入。

前項第一款所稱總收入，指價格日期當時勘估標的按法定用途出租或營運，在正常情況下所獲得之租金或收入之數額。

第三十七條　（校核比較資料）

推算總收入及有效總收入時，應與下列相關資料校核比較：

一、勘估標的往年之總收入及有效總收入。

二、相同產業或具替代性比較標的總收入及有效總收入。

三、目前或未來可能之計畫收入。

第三十八條　（總費用之推算）

勘估標的總費用之推算，應根據相同或相似不動產所支出之費用

資料或會計報表所載資料加以推算，其項目包括地價稅或地租、房屋稅、保險費、管理費及維修費等。其為營運性不動產者，並應加計營運費用。

以不動產證券化為估價目的者，其折現現金流量分析法之總費用應依信託計畫資料加以推算。

第三十九條　（重置提撥費）

勘估標的總費用之推算，應推估不動產構成項目中，於耐用年數內需重置部分之重置提撥費，並按該支出之有效使用年期及耗損比率分年攤提。

第四十條　（建物折舊提存費或提存率）

勘估標的總費用之推算，除推算勘估標的之各項費用外，勘估標的包含建物者，應加計建物之折舊提存費，或於計算收益價格時，除考量建物收益資本化率或折現率外，應加計建物價格日期當時價值未來每年折舊提存率。

第四十條之一　（折舊提存費計算）

建物折舊提存費，得依下列方式計算：

一、等速折舊型：$C \times (1-s) \times \dfrac{1}{N}$。

二、償債基金型：$C \times (1-s) \times \dfrac{i}{(1+i)^N - 1}$

其中：

C：建物總成本。

s：殘餘價格率。

i：自有資金之計息利率。

N：建物經濟耐用年數。

前項建物總成本、殘餘價格率、自有資金之計息利率及建物經濟耐用年數依成本法相關規定估計之。

第四十一條　（折舊提存率計算）

建物價格日期當時價值未來每年折舊提存率，得依下列方式計算：

一、等速折舊型：$d=\dfrac{(1-s)/N}{1-(1-s)n/N}$

二、償債基金型：$d=\dfrac{i}{(1+i)^{n'}-1}$

其中：

d：建物價格日期當時價值未來每年折舊提存率。

$(1-s)\dfrac{1}{N}$：折舊率。

n：已經歷年數。

n'：剩餘可收益之年數。

i：自有資金之計息利率。

前項折舊率，依成本法相關規定估計之。

第四十二條　（淨收益計算）

有效總收入減總費用即為淨收益。

前項淨收益為營運性不動產之淨收益者，應扣除不屬於不動產所產生之其他淨收益。

第四十三條　（收益資本化率或折現率求取）

收益資本化率或折現率應於下列各款方法中，綜合評估最適宜之方法決定：

一、風險溢酬法：收益資本化率或折現率應考慮銀行定期存款利率、政府公債利率、不動產投資之風險性、貨幣變動狀況及不動產價格之變動趨勢等因素，選擇最具一般性財貨之投資報酬率為基準，比較觀察該投資財貨與勘估標的個別特性之差異，並就流通性、風險性、增值性及管理上之難易程度等因素加以比較決定之。

二、市場萃取法：選擇數個與勘估標的相同或相似之比較標的，以其淨收益除以價格後，以所得之商數加以比較決定之。

三、加權平均資金成本法：依加權平均資金成本方式決定，其計算式如下：

收益資本化率或折現率 $=\sum\limits_{i=1}^{n}w_{i}k_{i}$

其中：

w_i：第 i 個資金來源占總資金成本比例，$\sum_{i=1}^{n} w_i = 1$。

k_i：為第 i 個資金來源之利率或要求報酬率。

四、債務保障比率法：依債務保障比率方式決定，其計算式如下：

收益資本化率或折現率＝債務保障比率× 貸款常數× 貸款資金占不動產價格比率

五、有效總收入乘數法：考量市場上類似不動產每年淨收益占每年有效總收入之合理淨收益率，及類似不動產合理價格除以每年有效總收入之有效總收入乘數，以下列公式計算之：

收益資本化率或折現率＝淨收益率／有效總收入乘數

收益資本化率或折現率之決定有採取其他方法計算之必要時，應於估價報告書中敘明。

第四十四條　（土地收益價格計算）

土地收益價格依下列計算式求取之。

一、地上無建物者：

土地收益價格＝土地淨收益／土地收益資本化率

二、地上有建物者：

土地收益價格＝（房地淨收益－建物淨收益）／土地收益資本化率

建物淨收益依下列計算式求取之。

一、淨收益已扣除折舊提存費者：

建物淨收益＝建物成本價格× 建物收益資本化率

二、淨收益未扣除折舊提存費者：

建物折舊前淨收益＝建物成本價格×（建物收益資本化率＋建物價格日期當時價值未來每年折舊提存率）

第四十五條　（建物收益價格計算）

建物收益價格依下列計算式求取之：

一、淨收益已扣除折舊提存費者：

建物收益價格＝建物淨收益／建物收益資本化率

建物收益價格＝（房地淨收益－土地淨收益）／建物收益資本化率

二、淨收益未扣除折舊提存費者：

建物收益價格＝建物折舊前淨收益／（建物收益資本化率＋建物價格日期當時價值未來每年折舊提存率）

建物收益價＝（房地折舊前淨收益－土地淨收益）／（建物收益資本化率＋建物價格日期當時價值未來每年折舊提存率）

前項土地淨收益，可先以比較法求取土地比較價格後，再乘以土地收益資本化率得之。

第四十六條　（房地收益價格計算）

推算房地收益價格時，依下列方式計算之：

房地收益價格＝房地淨收益／房地綜合收益資本化率

房地綜合收益資本化率或折現率除依第四十三條決定外，亦得依下列計算式求取之。

一、淨收益已扣除折舊提存費者：

房地綜合收益資本化率＝土地收益資本化率× 土地價值比率＋建物收益資本率× 建物價值比率

二、淨收益未扣除折舊提存費者：

房地綜合收益資本化率＝土地收益資本化率× 土地價值比率＋（建物收益資本化率＋建物價格日期當時價值未來每年折舊提存率）× 建物價值比率

前項土地價值比率及建物價值比率，應參酌當地市場調查資料，運用估價方法計算之。

第四十七條　（一定期間收益價格計算）

一定期間之收益價格，依下列計算式求取：

$$P = a \times \frac{1 - \frac{1}{(1+r)^n}}{r}$$

其中：

P：收益價格

a：平均一年期間折舊前淨收益

r：收益資本化率

n'：可收益之年數

收益價格已知者，適用該公式反推平均一年期間折舊前淨收益。一定期間終止後，有期末價值者，收益價格得加計該期末價值之現值，期末價值並得扣除處分不動產所需之相關費用。

第三節　成本法

第四十八條　（成本法定義）

成本法，指求取勘估標的於價格日期之重建成本或重置成本，扣減其累積折舊額或其他應扣除部分，以推算勘估標的價格之方法。依前項方法所求得之價格為成本價格。

建物估價以求取重建成本為原則。但建物使用之材料目前已無生產或施工方法已改變者，得採重置成本替代之。

重建成本，指使用與勘估標的相同或極類似之建材標準、設計、配置及施工品質，於價格日期重新複製建築所需之成本。

重置成本，指與勘估標的相同效用之建物，以現代建材標準、設計及配置，於價格日期建築所需之成本。

第四十九條　（成本法估價程序）

成本法估價之程序如下：

一、蒐集資料。

二、現況勘察。

三、調查、整理、比較及分析各項成本及相關費用等資料。

四、選擇適當方法推算營造或施工費。

五、推算其他各項費用及利潤。

六、計算總成本。

七、計算建物累積折舊額。

八、計算成本價格。

第五十條　（申請資料）

　　成本法估價除依第十一條規定蒐集資料外，另得視需要申請及蒐集下列土地及建物所需資料：

一、土地開發及建築構想計畫書。

二、設計圖說。

三、相關許可或執照。

四、施工計畫書。

五、竣工圖。

六、使用執照。

七、登記（簿）謄本或建物平面位置圖。

第五十一條　（蒐集資料）

　　成本法估價應蒐集與勘估標的同一供需圈內之下列資料：

一、各項施工材料、人工之價格水準。

二、營造、施工、規劃、設計、廣告、銷售、管理及稅捐等費用資料。

三、資本利率。

四、開發或建築利潤率。

第五十二條　（總成本各項成本費用）

　　勘估標的之總成本應包括之各項成本及相關費用如下：

一、營造或施工費。

二、規劃設計費。

三、廣告費、銷售費。

四、管理費。

五、稅捐及其他負擔。

六、資本利息。

七、開發或建築利潤。

　　前項勘估標的為土地或包含土地者，總成本應加計價格日期當時之土地價格。

總成本各項計算過程應核實填寫於成本價格計算表內。

第五十三條　（營造或施工費項目）

勘估標的之營造或施工費，項目如下：

一、直接材料費。

二、直接人工費。

三、間接材料費。

四、間接人工費。

五、管理費。

六、稅捐。

七、資本利息。

八、營造或施工利潤。

第五十四條　（營造或施工費求取方式）

勘估標的之營造或施工費，得按下列方法擇一求取之：

一、直接法：指就勘估標的之構成部分或全體，調查其使用材料之種別、品級、數量及所需勞力種別、時間等，並以勘估標的所在地區於價格日期之各種單價為基礎，計算其營造或施工費。

二、間接法：指就同一供需圈內近鄰地區或類似地區中選擇與勘估標的類似之比較標的或標準建物，經比較與勘估標的之營造或施工費之條件差異並作價格調整，以求取勘估標的營造或施工費。

第五十五條　（直接法分類）

直接法分為下列二種：

一、淨計法：指就勘估標的所需要各種建築材料及人工之數量，逐一乘以價格日期當時該建築材料之單價及人工工資，並加計管理費、稅捐、資本利息及利潤。

二、單位工程法：係以建築細部工程之各項目單價乘以該工程施工數量，並合計之。

第五十六條　（間接法分類）

間接法分為下列二種：

一、工程造價比較法：指按工程概算項目逐項比較勘估標的與比較標的或標準建物之差異，並依工程價格及工程數量比率進行調整，以求取勘估標的營造或施工費。

二、單位面積（或體積）比較法：指以類似勘估標的之比較標的或標準建物之單位面積（或體積）營造或施工費單價為基礎，經比較並調整價格後，乘以勘估標的之面積（或體積）總數，以求取勘估標的營造或施工費。

前項所稱標準建物，指按營造或施工費標準表所營造或施工之建物。

前項營造或施工費標準表應由不動產估價師公會全國聯合會（以下簡稱全聯會）按不同主體構造種類及地區公告之。未公告前，應依直轄市或縣（市）政府發布地價調查用建築改良物標準單價表為準。

第五十七條　（規劃設計費）

勘估標的為建物時，規劃設計費按內政部所定建築師酬金標準表及直轄市或縣（市）政府發布之建造執照工程造價表計算之，或按實際營造施工費之百分之二至百分之三推估之。

第五十八條　（資本利息計算）

勘估標的之資本利息應依分期投入資本數額及資本使用年數，按自有資金與借貸資金分別計息，其自有資金與借貸資金比例，應依銀行一般放款成數定之。

前項資本利息之計算，應按營造施工費、規劃設計費、廣告費、銷售費、管理費、稅捐及其他負擔之合計額乘以利率計算。

第一項勘估標的為土地或包含土地者，前項合計額應另加計土地價格。

第五十九條　（利率認定原則）

資金中自有資金之計息利率應不高於一年期定存利率且不低於活

存利率；借款則以銀行短期放款利率計息；預售收入之資金應不計息。

第六十條　（利潤計算）

勘估標的之開發或建築利潤應視工程規模、開發年數與經濟景氣等因素，按營造或施工費、規劃設計費、廣告費、銷售費、管理費、資本利息、稅捐及其他負擔之合計額乘以適當利潤率計算之。

前項利潤率應由全聯會定期公告；未公告前依營造或建築業之平均經營利潤率為準，並得依開發或建物形態之不同，考量經營風險及開發或建築工期之長短酌予調整之。

前項建築工期指自申請建造執照開始至建築完成達到可交屋使用為止無間斷所需之時間。

第一項勘估標的為土地或包含土地者，合計額應另加計土地價格。

第六十一條　（費率計算標準）

廣告費、銷售費、管理費及稅捐，應按總成本乘以相關費率計算，相關費率應由全聯會定期公告之。

第六十二條　（不計入成本）

廣告費、銷售費、管理費、稅捐及開發或建築利潤，視勘估標的之性質，於成本估價時得不予計入。

第六十三條　（未完工建物估價）

未完工之建物應依實際完成部分估價，或以標準建物之營造或施工費標準表為基礎，參考建物工程進度營造費用比例表估算之。

前項建物工程進度營造費用比例表，由全聯會公告之。

第六十四條　（特殊狀況成本）

因特殊狀況致土地或建物投資無法產生相對正常報酬之成本，於成本估價時得不予計入或於折舊中扣除，並應於估價報告書中敘明。

第六十五條　（耐用年數認定）

建物折舊額計算應以經濟耐用年數為主，必要時得以物理耐用年數計算。

經濟耐用年數指建物因功能或效益衰退至不值得使用所經歷之年數。

物理耐用年數指建物因自然耗損或外力破壞至結構脆弱而不堪使用所經歷之年數。

建物之經歷年數大於其經濟耐用年數時，應重新調整經濟耐用年數。

第六十六條　（經濟耐用年數表）

建物經濟耐用年數表由全聯會依建物之經濟功能及使用效益，按不同主體構造種類及地區公告之。

第六十七條　（殘餘價格率）

建物之殘餘價格率應由全聯會公告之，並以不超過百分之十為原則。

建物耐用年數終止後確實無殘餘價格者，於計算折舊時不予提列。

第一項所稱殘餘價格率，指建物於經濟耐用年數居滿後，其所賸餘之結構材料及內部設備仍能於市場上出售之價格占建物總成本之比率。

依第一項殘餘價格率計算建物殘餘價格時，應考量建物耐用年數終止後所需清理或清除成本。

第六十八條　（累積折舊額計算）

建物累積折舊額之計算，應視建物特性及市場動態，選擇屬於等速折舊、初期加速折舊或初期減速折舊路徑之折舊方法。

建物累積折舊額之計算，除考量物理與功能因素外，並得按個別建物之實際構成部分與使用狀態，考量經濟因素，觀察維修及整建情形，推估建物之賸經濟耐用年數，加計已經歷年數，求算耐用年數，並於估價報告書中敘明。

第六十九條　（成本價格計算）

成本價格之計算公式如下：

一、土地價格＝土地總成本。

二、建物成本價格＝建物總成本－建物累積折舊額。

三、房地成本價格＝土地價格＋建物成本價格。

前項土地價格之求取有困難者，得以比較法或收益法計算之，並於估價報告書中敘明。以比較法或收益法計算土地價格者，並需考量土地部分之廣告費、銷售費、管理費、稅捐、資本利息及利潤之合理性。

依第一項規定計算土地價格，得考量已投入土地開發改良因時間經過造成之減損，並於土地總成本中扣除。

第七十條　（土地開發分析法定義）

土地開發分析法，指根據土地法定用途、使用強度進行開發與改良所導致土地效益之變化，估算開發或建築後總銷售金額，扣除開發期間之直接成本、間接成本、資本利息及利潤後，求得開發前或建築前土地開發分析價格。

第七十一條　（土地開發分析法程序）

土地開發分析法之估價程序如下：

一、確定土地開發內容及預期開發時間。

二、調查各項成本及相關費用並蒐集市場行情等資料。

三、現況勘察並進行環境發展程度之調查及分析。

四、估算開發或建築後可銷售之土地或建物面積。

五、估算開發或建築後總銷售金額。

六、估算各項成本及相關費用。

七、選擇適當之利潤率及資本利息綜合利率。

八、計算土地開發分析價格。

第七十二條　（蒐集資料項目）

土地開發分析法進行估價除依第十一條規定蒐集資料外，另得視需要蒐集下列土地及建物所需資料：

一、開發構想計畫書。

二、建築設計圖說或土地規劃配置圖說。

三、建照申請書或建造執照。

四、營造或施工費資料。

五、規劃、設計、廣告、銷售、管理及稅捐等費用資料。

六、資本利率。

七、開發或建築利潤率。

第七十三條　（現況勘察）

現況勘察與環境發展程度之調查及分析包括下列事項：

一、調查影響總銷售金額、成本及費用等因素。

二、確認勘估標的之工程進度、施工及環境狀況並攝製必要照片或影像檔。

三、市場交易資料之蒐集、調查。

四、週遭環境土地建物及公共設施開發程度。

第七十四條　（開發或建築後可銷售面積）

開發或建築後可銷售之土地或建物面積應依下列原則估算之：

一、依建造執照及建築設計圖說或土地開發許可文件及規劃配置圖計算之面積。

二、未取得建造執照或土地開發許可文件時應按相關法令規定下最有效使用之狀況，根據土地之地形、地勢並參酌當地市場狀況等因素估算其可銷售面積。

前項可銷售面積之計算過程應詳列計算式以便校核。

第七十五條　（預期總銷售金額）

開發或建築後預期總銷售金額應按開發或建築後可銷售之土地或建物面積乘以推定之銷售單價計算之。

可銷售面積中之各部分銷售單價不同時，應詳列各部分面積及適用之單價。

前項銷售單價應考量價格日期當時銷售可實現之價值，以比較法或收益法求取之。

第七十六條　（直接、間接成本項目）

土地建築開發之直接成本、間接成本項目如下：

一、直接成本：營造或施工費。

二、間接成本，其內容如下：

規劃設計費。

廣告費、銷售費。

管理費。

稅捐及其他負擔。

第七十七條　（費率認定標準）

廣告費、銷售費、管理費及稅捐，應按總銷售金額乘以相關費率計算，相關費率應由全聯會定期公告之。

第七十八條　（規劃設計費與利潤率）

土地開發分析法之規劃設計費與利潤率應依第五十七條及第六十條規定計算之。

第七十九條　（資本利息綜合利率計算）

土地開發分析法之資本利息綜合利率，應依第五十八條及第五十九條規定計算資本利息年利率，並參考下列公式計算之：

資本利息綜合利率＝資本利息年利率×（土地價值比率＋建物價值比率$\times\frac{1}{2}$）×開發年數。

勘估標的資本利息負擔特殊，或土地取得未立即營造施工者，資本利息綜合利率得再就前項規定之二分之一部分調整計算，並於估價報告書中敘明。

第一項建物價值比率之建物價值，得以營造施工費加計規劃設計費計算之。

第八十條　（開發年數估計）

開發年數之估計應自價格日期起至開發完成為止無間斷所需之時間。

第八十一條　（土地開發分析法計算公式）

土地開發分析法價格之計算公式如下：

V＝S÷(1＋R)÷(1＋i)－(C＋M)

其中：

V：土地開發分析價格。

S：開發或建築後預期總銷售金額。

R：適當之利潤率。

C：開發或建築所需之直接成本。

M：開發或建築所需之間接成本。

i：開發或建築所需總成本之資本利息綜合利率。

第八十二條　（公告資料備查）

全聯會依第五十六條、第六十條、第六十一條、第六十三條、第六十六條、第六十七條及第七十七條公告之資料，應先報請中央主管機關備查。

第四章　宗地估價

第一節　通則

第八十三條　（合併或分割）

以合併或分割為前提之宗地估價，應考慮合併或分割前後之價格變動情形，而予酌量增減。

第八十四條　（合併估價原則）

數筆土地合併為一宗進行土地利用之估價，應以合併後土地估價，並以合併前各筆土地價值比例分算其土地價格。

非以合併一宗進行土地利用為目的之數筆相連土地，其屬同一土地所有權人所有者，比照前項規定計算。

第八十五條　（不同法定用途）

一宗土地內有數種不同法定用途時，應考量其最有效使用及各種用途之相關性及分割之難易度後，決定分別估價或依主要用途估價。

第八十六條　（附有建物之宗地）

附有建物之宗地估價，應考慮該建物對該宗地價格造成之影響。但以素地估價為前提並於估價報告書敘明者，不在此限。

第八十七條　（即將開發宗地）

對以進行開發為前提之宗地，得採土地開發分析法進行估價，並

參酌比較法或收益法之評估結果決定其估價額。

第八十八條　（區分地上權）

土地之上下因有其他設施通過，致使用受限制之宗地，應先估算其正常價格，再考量該設施通過造成土地利用之影響，並計算其地價減損額後，從正常價格中扣除之，以其餘額為該宗地之價格。

第八十九條　（土壤或地下水污染）

受有土壤或地下水污染之土地，應先估算其未受污染之正常價格，再依據委託人提供之土壤污染檢測資料，考量該土壤或地下水污染之影響，並計算其地價減損額後，從正常價格中扣除之，以其餘額為該宗地之價格。

第二節　特殊宗地估價

第九十條　（溫泉地估價）

溫泉地之估價，應考慮溫泉地之水權內容、開發成本、水量、水質、水溫、當地之交通情形、相關設施及遊客人數等影響溫泉地價格之因素。

第九十一條　（高爾夫球場估價）

高爾夫球場之估價，應考慮會員制度、球場設施、開發成本、收益及營運費用等因素。

第九十二條　（林地估價）

林地之估價，得視林木之成長情形而分別採取比較法、收益法及成本法估計之。於採成本法估價時，其總費用之計算，應考量造林費、林地改良費及道路開挖費用。

第九十三條　（農場或牧場估價）

農場或牧場之估價，以比較法估價為原則。無買賣實例者，得以附近土地價格為基礎，考慮其位置、形狀、地形、土壤特性及利用狀況等差異，比較推估之。

第九十四條　（鹽田估價）

鹽田之估價，以比較法估價為原則。無買賣實例者，得以附近土地價格為基礎，考慮其日照、通風、位置及形狀等差異，比較推估之。

第九十五條　（池沼估價）

池沼、墓地之估價，以比較法估價為原則。無買賣實例者，得以附近土地價格為基礎，考慮位置、形狀、利用狀況等差異，比較推估之。

第九十六條　（刪除）

第九十七條　（公共設施用地估價）

公共設施用地及公共設施保留地之估價，以比較法估價為原則。無買賣實例者，得比較其與毗鄰土地使用分區及使用強度差異，及土地價值減損情況，並斟酌毗鄰土地平均價格為基礎推算之。

第五章　房地估價

第九十八條　（區分所有建物估價）

區分所有建物之估價，應就專有部分、共用部分之比例及基地權利合併估價，並考量其與比較標的之樓層別效用比及位置差異作適當之調整。

前項樓層別效用比，由全聯會按不同地區所蒐集之案例公告，供前項調整之參考，並依市場行情及地方習慣推估之。

第九十九條　（房地推估基地單價-透天）

以勘估標的之房地價格推估其基地單價時，得以下列方式估計之：

一、勘估標的之基地價格＝勘估標的之房地價格－勘估標的之建物成本價格。

二、勘估標的之基地單價＝勘估標的之基地價格／勘估標的之基地面積。

勘估標的之土地價值比率及建物價值比率已知者，以勘估標的之

房地價格推估其基地單價時，亦得以下列方式估計之：

一、勘估標的之基地價格＝勘估標的之房地價格× 土地價值比率

二、勘估標的之基地單價＝勘估標的之基地價格／勘估標的之基地面積。

前項所稱土地價值比率及建物價值比率，應參酌當地市場調查資料，運用估價方法計算之。

第一百條　（房地推估基地單價——區分所有建物）

前條勘估標的屬區分所有建物時，以其房地價格推估該區分所有建物基地單價時，得以下列方式估計之：

一、該區分所有建物基地權利價格＝該區分所有建物房地價格－該區分所有建物之建物成本價格。

二、該區分所有建物之基地權利單價＝該區分所有建物基地權利價格／該區分所有建物之基地持分面積。

三、基地單價＝該區分所有建物之基地權利單價× 平均地價分配率／該區分所有建物之地價分配率。

前項第三款該區分所有建物之地價分配率公式如下：

該區分所有建物之地價分配率＝該區分所有建物之樓層別效用比－平均樓層別效用比× 全棟建物成本價格占全棟房地總價格比率。

第一百零一條　（房地推估基地單價——區分所有建物）

勘估標的之土地價值比率及建物價值比率已知者，前條以房地價格推估該區分所有建物基地單價，亦得以下列方式估計之：

一、該區分所有建物基地權利價格＝該區分所有建物房地價格× 土地價值比率

二、該區分所有建物之基地權利單價＝該區分所有建物基地權利價格／該區分所有建物之基地持分面積。

三、該區分所有建物之基地單價＝該區分所有建物之基地權利單價× 平均樓層別效用比／該區分所有建物之樓層別效用比

前項所稱土地價值比率及建物價值比率，應參酌當地市場調查資

料，運用估價方法計算之。

第一百零一條之一　（房地推估建物價格）

勘估標的之土地價值比率及建物價值比率已知者，以勘估標的之房地價格推估其建物價格時，得以房地價格乘以建物價值比率計算之。

第一百零二條　（超容積情形）

實際建築使用之容積率超過法定容積率之房地估價，應以實際建築使用合法部分之現況估價，並敘明法定容積對估值之影響。

第一百零三條　（附有違章建築）

附有違章建築之房地估價，其違建部分不予以評估。但委託人要求評估其價值，並就合法建物及違建部分於估價報告書中分別標示各該部分之價格者，不在此限。

第一百零四條　（未達最有效使用狀態）

未達最有效使用狀態之房地估價，應先求取其最有效使用狀態之正常價格，再視其低度使用情況進行調整。

第一百零五條　（建物用途改變）

建物原核定用途與現行土地使用管制不符之合法建物，應以現行土地使用分區管制允許之建物用途估價，並就其與建物法定用途估價之差額於估價報告書中敘明。

第一百零六條　（建物拆除成本）

建物已不具備使用價值，得將其基地視為素地估價。但應考量建物拆除成本予以調整之。

第六章　土地改良物估價

第一百零七條　（土地改良物分類）

土地改良物之分類，依土地法第五條規定。

第一百零八條　（建物估價原則）

建物估價，以成本法估價為原則。

辦理建物估價時，其附屬設施得一併估計之。

第一百零九條　（農作改良物種類）

本規則所稱農作改良物之估價，指附著於土地之果樹、茶樹、竹類、觀賞花木、造林木及其他各種農作物之估價。

第一百十條　（農作改良物估價因素）

農作改良物之估價，應依其類別，考量其生產環境、農業災害、生產技術、生產期間、樹齡大小、生長情形、結果習性、管理狀況及農業設施等因素估計之。

第一百十一條　（農作改良物估價方式）

農作改良物之估價方式如下：

一、農作改良物幼小且距孳息成熟期尚長者，依其種植及培育費用，並視作物生長情況估計之。

二、農作改良物接近孳息成熟期者，應估計其收穫量及市場價格，必要時得扣減價格日期至作物孳息成熟期間收成所應投入之費用。

三、農作改良物距成熟期一年以上，且有期待收穫價值者，得以產地價格為基礎，推估未來收穫價格後，折算為價格日期之價格。但應扣除價格日期至作物孳息成熟期間收成所應投入之費用。

第一百十二條　（工事及水利土壤改良）

附著於土地之工事及水利土壤之改良，以成本法估價為原則。但得斟酌比較法及收益法估價之結果，決定其估價額。

第一百十三條　（土壤或地下水污染之建物）

受有土壤或地下水污染之建物，應先估算其未受污染之正常價格，再依據委託人提供之土壤污染檢測資料，考量該土壤或地下水污染之影響，並計算其減損額後，從正常價格中扣除之，以其餘額為該建物之價格。

第七章　權利估價

第一百十四條　（權利估價種類）
　　權利估價，包括地上權、典權、永佃權、農育權、不動產役權、耕作權、抵押權、租賃權、市地重劃、容積移轉及都市更新權利變換之估價。

第一百十五條　（權利估價因素）
　　權利估價，應考慮契約內容、權利存續期間、權利登記狀況、相關法令規定、民間習俗及正常市場權利狀態等影響權利價值之因素估計之。

第一百十六條　（地上權估價因素）
　　地上權估價，應考慮其用途、權利存續期間、支付地租之有無、權利讓與之限制及地上權設定之空間位置等因素估計之。

第一百十七條　（典權估價因素）
　　典權估價，應考慮權利存續期間、權利讓與之限制等因素，以典價為基礎估計之。

第一百十八條　（永佃權估價因素）
　　永佃權估價，應考慮佃租支付情形、民間習俗等因素估計之。

第一百十八條之一　（農育權估價因素）
　　農育權估價，應考慮設定目的、約定方法、權利存續期間、支付地租之有無及高低、權利讓與之限制、民間習俗、得為增加土地生產力或使用便利之特別改良等因素估計之。

第一百十九條　（地役權估價因素）
　　地役權估價，應考慮需役地與供役地之使用情況、權利存續期間、地役權使用性質、民間習俗等因素估計之。

第一百二十條　（耕作權估價因素）
　　耕作權估價，應考慮耕作期間、權利登記狀況、相關法令規定等因素估計之。

第一百二十一條　（抵押權估價因素）

抵押權估價，應估計價格日期當時勘估標的正常價格，以實際債權額為基礎，考慮其他順位抵押權設定狀況、流通性、風險性、增值性及執行上之難易程度等因素調整估計之。

第一百二十二條　（租賃權估價因素）

租賃權估價，應考慮契約內容、用途、租期、租金支付方式、使用目的及使用情形等因素估計之。

第一百二十二條之一　（市地重劃估價）

市地重劃估價，其重劃前、後地價評估項目應依平均地權條例及其施行細則、市地重劃實施辦法及獎勵土地所有權人辦理市地重劃辦法等相關法令規定辦理。

第一百二十三條　（容積移轉估價因素）

容積移轉估價，應考慮容積送出基地、接受基地及其他影響不動產價格及相關法令等因素估計之。

第一百二十四條　（權利變換評估項目）

都市更新權利變換估價，其評估項目應依都市更新條例及都市更新權利變換實施辦法等相關法令規定辦理。

第一百二十五條　（權利變換區分建物估價房地分離）

權利變換前為區分所有建物者，應以全棟建物之基地價值比率，分算各區分所有建物房地總價之基地權利價值，公式如下：

各區分所有建物之基地權利價值＝各區分所有建物房地總價× 基地價值比率

前項基地價值比率之計算公式如下：

$$基地價值比率 = \frac{素地單價 \times 基地總面積}{素地單價 \times 基地總面積 + [營造或施工費單價 \times (1-累積折舊率) \times 全棟建物面積]}$$

區分所有建物情況特殊致依第一項計算之基地權利價值顯失公平者，得依第一百二十六條之二計算之基地權利價值予以調整。

第一百二十六條　（權利變換估價以較高素地價）

權利變換前區分所有建物之基地總價值低於區分所有建物坐落基地之素地總價值者，各區分所有建物之基地權利價值，計算方式如下：

一、依前條規定計算基地價值比率。

二、各區分所有建物基地權利價值＝各區分所有建物房地總價×基地價值比率。

三、各區分所有建物基地權利價值比率＝各區分所有建物基地權利價值／Σ（各區分所有建物基地權利價值）。

四、各區分所有建物調整後基地權利價值＝區分所有建物坐落基地之素地總價值× 各區分所有建物基地權利價值比率。

第一百二十六條之一　（權利變換透天分離地價）

權利變換前為非屬區分所有之建物者，應以該建物之房地總價乘以基地價值比率計算基地權利價值。但基地權利價值低於素地價值者，以素地價值為準。

第一百二十六條之二　（有地無屋所有權人之估價）

權利變換前地上有區分所有建物之基地所有權人未持有該區分所有建物產權者，其土地權利價值計算方式如下：

一、該基地所有權人持有之土地持分可確認其對應之區分所有建物者，依第一百二十五條或第一百二十六條計算其對應區分所有建物之基地權利價值，再扣除該合法區分所有建物權利價值。

二、該基地所有權人持有之土地持分無法確認其對應之區分所有建物者，依下列方式計算：

　依第一百二十五條或第一百二十六條計算同一建築基地平均單價。

　前目平均單價乘以無持分建物權屬之基地持分面積。

　計算地上建物全棟之權利價值。

　前目乘以無持分建物權屬之基地持分比例。

第二目扣除前目之餘額。

前項無持分建物權屬之基地所有權人與其地上建物所有權人自行協議者，依其協議辦理。

第一百二十七條　（基地以素地價查估）

權利變換前之基地未建築使用者，以素地價值推估其土地權利價值。

第一百二十八條　（權利變換後估價）

權利變換後區分所有建物及其土地應有部分，應考量都市更新權利變換計畫之建築計畫、建材標準、設備等級、工程造價水準及更新前後樓層別效用比關聯性等因素，以都市更新評價基準日當時之新成屋價格查估之。

第八章　租金估計

第一百二十九條　（租金估計考慮因素）

不動產之租金估計應考慮契約內容、租期長短、使用目的、稅費負擔、租金水準、變遷狀態、租約更新、變更條件及其他相關因素估計之。

第一百三十條　（實質租金計算）

不動產租金估計，以估計勘估標的之實質租金為原則。

前項所稱實質租金，指承租人每期支付予出租人之租金，加計押金或保證金、權利金及其他相關運用收益之總數。

第一百三十一條　（租金分類）

不動產租金估計，應視新訂租約與續訂租約分別為之。

第一百三十二條　（新訂租約估價）

新訂租約之租金估計，得採下列方式為之：

一、以新訂租約之租賃實例為比較標的，運用比較法估計之。

二、以勘估標的價格乘以租金收益率，以估計淨收益，再加計必要費用。

三、分析企業經營之總收入，據以估計勘估標的在一定期間內之

淨收益，再加計必要費用。

第一百三十三條　（續訂租約估價）

續訂租約之租金估計，得採下列方式為之：

一、以續訂租約之租賃實例為比較標的，運用比較法估計之。

二、以勘估標的於價格日期當時之正常價格為基礎，乘以續租之租金收益率，以估計淨收益，再加計必要費用。

三、以勘估標的原契約租金之淨收益，就其租金變動趨勢調整後，再加計必要費用。

四、分析勘估標的原契約租金與市場經濟租金之差額中，應歸屬於出租人之適當部分，加計契約租金。

第九章　附則

第一百三十四條　（施行日）

本規則自發布日施行。

附錄六　地價調查估計規則

102 年 12 月 31 日台內地字第 1020379573 號令修正版本

第一條　（訂定依據）

本規則依土地法施行法第四十條規定訂定之。

依本規則所為之地價調查估計，應符合平均地權條例有關規定。

第二條　（主辦機關）

直轄市或縣（市）地政機關為地價調查估計之主辦機關。

第三條　（辦理程序）

地價調查估計之辦理程序如下：

一、蒐集、製作或修正有關之基本圖籍及資料。

二、調查買賣或收益實例、繪製地價區段草圖及調查有關影響區段地價之因素。

三、估計實例土地正常單價。

四、劃分或修正地價區段，並繪製地價區段圖。

五、估計區段地價。

六、計算宗地單位地價。

第四條　（調查實例）

地價調查應以買賣實例為主，無買賣實例者，得調查收益實例。

前項收益實例，係指租賃權或地上權等他項權利，且具有租金或權利金等對價給付之實例。

第五條　（基本圖籍及資料）

第三條第一款所定基本圖籍及資料如下：

一、不動產相關資料、都市計畫地籍套繪圖、非都市土地使用分區圖、街道圖、都市計畫圖說、禁限建範圍圖、河川管制範圍圖。

二、地籍圖檔。

三、上期地價分布圖及地價區段略圖。

四、其他有關圖籍及資料。

第六條　（調查估價表之填寫）

調查買賣實例或收益實例時，應依買賣實例調查估價表或收益實例調查估價表之項目調查並填寫之。

前項調查得採用不動產成交案件申報登錄之實際資訊，或採用當事人、四鄰、不動產估價師、不動產經紀人員、地政士、金融機構、公有土地管理機關、司法機關或有關機關（構）提供之資訊。

第七條　（買賣實例需修正情形）

買賣或收益實例如有下列情形之一，致價格明顯偏高或偏低者，應先作適當之修正，記載於買賣或收益實例調查估價表。但該影響交易價格之情況無法有效掌握及量化調整時，應不予採用：

一、急買急賣或急出租急承租。

二、期待因素影響之交易。

三、受債權債務關係影響之交易。

四、親友關係人間之交易。

五、畸零地或有合併使用之交易。

六、地上物處理有糾紛之交易。

七、拍賣。

八、公有土地標售、讓售。

九、受迷信影響之交易。

十、包含公共設施用地之交易。

十一、人為哄抬之交易。

十二、與法定用途不符之交易。

十三、其他特殊交易。

第八條　（買賣實例查證確認事項）

買賣或收益實例除依前條規定辦理外，並應就下列事項詳予查證確認後，就實例價格進行調整，並記載於買賣或收益實例調查估

價表：

一、交易價格、租金或權利金等及各項稅費之負擔方式。

二、有無特殊付款方式。

三、實例狀況。

第九條　（影響區段地價因素）

第三條第二款所定影響區段地價之因素，包括土地使用管制、交通運輸、自然條件、土地改良、公共建設、特殊設施、環境污染、工商活動、房屋建築現況、土地利用現況、發展趨勢及其他影響因素之資料等。

前項影響區段地價之資料，應依地價區段勘查表規定之項目勘查並填寫。

第十條　（建物現值計算）

買賣或收益實例之土地上有建築改良物（以下簡稱建物）者，其建物現值，依第十一條至第十三條規定計算。

第十一條　（建物主體構造之種類）

建物主體構造之種類如下：

一、竹造。

二、土造、土磚混合造。

三、木造。

四、石造。

五、磚造。

六、加強磚造。

七、鋼鐵造或輕鋼架造。

八、鋼筋混凝土造。

九、鋼骨鋼筋混凝土造。

十、鋼骨造。

十一、其他。

第十二條　（建物現值估計程序）

建物現值之估計程序如下：

一、計算建物重建價格。其公式如下：
建物重建價格＝建物單價× 建物面積
二、計算建物累積折舊額。其公式如下：
建物累積折舊額＝建物重建價格× 建物每年折舊率× 經歷年數
三、計算建物現值。其公式如下：
建物現值＝建物重建價格－建物累積折舊額

前項建物單價，應以不同主體構造種類之建物標準單價為準。但建物之樓層高度、層數、材料、用途、設計及建築物設備等特殊者，應酌予增減計算之。

第一項建物現值之計算，得簡化為下列公式：
建物現值＝建物單價× 【1－（年折舊率× 經歷年數）】× 建物面積。

第十三條　（建物面積認定）

前條所稱建物面積，已辦理登記者，以建物登記之面積為準；其全部或部分未辦理登記者，以實際調查之面積為準。

第十四條　（買賣實例估計土地正常單價方法）

以買賣實例估計土地正常單價方法如下：

一、判定買賣實例情況，非屬特殊情況者，買賣實例總價格即為正常買賣總價格；其為特殊情況者，應依第七條及第八條規定修正後，必要時並得調查鄰近相似條件土地或房地之市場行情價格，估計該買賣實例之正常買賣總價格。

二、地上無建物者，計算土地正常買賣單價。其公式如下：
土地正常買賣單價＝正常買賣總價格÷ 土地面積

三、地上有區分所有建物，買賣實例為其中部分層數或區分單位者，其土地正常買賣單價之計算程序如下：
推估各樓層可出售面積、各樓層房地正常買賣平均單價、車位平均價格及車位數。
估算全棟房地可出售總價格。其公式如下：
全棟房地可出售總價格＝Σ〔（各樓層房地正常買賣平均

單價× 各樓層可出售面積）＋（車位平均價格× 車位數）〕

計算全棟建物現值，依第十二條規定辦理。

估算全棟建物之裝潢、設備及庭園設施等費用。

估算全棟建物買賣正常利潤。

計算土地可出售總價格。其公式如下：

土地可出售總價格＝全棟房地可出售總價格－全棟建物現值－全棟建物之裝潢、設備及庭園設施等費用－全棟建物買賣正常利潤

計算土地正常買賣單價。其公式如下：

土地正常買賣單價＝土地可出售總價格÷基地面積

四、地上有建物，且買賣實例為全部層數者，其土地正常買賣單價之計算程序如下：

計算全棟建物現值，依第十二條規定辦理。

估算全棟建物之裝潢、設備及庭園設施等費用。

估算全棟建物買賣正常利潤。

計算土地正常買賣總價格。其公式如下：

土地正常買賣總價格=全棟房地正常買賣總價格－全棟建物現值－全棟建物之裝潢、設備及庭園設施等費用－全棟建物買賣正常利潤

計算土地正常買賣單價。其公式如下：

土地正常買賣單價=土地正常買賣總價格÷基地面積

前項所稱全棟建物買賣正常利潤，應視實際情況敘明理由估計。

第十五條　（拆除費用不予計入）

建物已不具備使用價值，得將其基地視為素地估價。但應考量建物拆除成本予以調整之。

第十六條　（收益實例估計土地正常單價）

以收益實例估計土地正常單價之方法，依不動產估價技術規則第

三章第二節規定辦理。

第十七條　（調整至估價基準日）

地價實例估計完竣後，應將估計之土地正常單價調整至估價基準日。

前項調整後之單價及其調查估價表之編號，應以鄉（鎮、市、區）為單位，製作地價分布圖。

第一項估價基準日指每年九月一日，案例蒐集期間為前一年九月二日至當年九月一日。

第十八條　（劃分地價區段）

劃分地價區段時，應攜帶地籍圖、地價分布圖及地價區段勘查表實地勘查，以鄉（鎮、市、區）為單位，斟酌地價之差異、當地土地使用管制、交通運輸、自然條件、土地改良、公共建設、特殊設施、環境污染、工商活動、房屋建築現況、土地利用現況、發展趨勢及其他影響地價因素，於地籍圖上將地價相近、地段相連、情況相同或相近之土地劃為同一地價區段。

已開闢道路及其二側或一側帶狀土地，其地價與一般地價區段之地價有顯著差異者，得就具有顯著商業活動之繁榮地區，依當地發展及地價高低情形，劃設繁榮街道路線價區段。繁榮街道以外已開闢之道路，鄰接該道路之土地，其地價顯著較高者，得於適當範圍劃設一般路線價區段。

非建築用地中經依法允許局部集中作建築使用且其地價有顯著差異時，應就該建築使用之土地單獨劃分地價區段。非都市土地及都市計畫農業區、保護區之零星建築用地，或依規定應整體開發而未開發之零星已建築用地，在同一區段範圍內，得將地價相近且使用情形相同而地段不相連之零星建築用地，視為一個地價區段另編區段號。

公共設施保留地應單獨劃分地價區段。但其毗鄰之非公共設施保留地均屬相同區段地價之地價區段時，得併入毗鄰之非公共設施保留地劃為同一地價區段。

帶狀公共設施保留地穿越數個地價不同之區段時，得視二側非保留地地價區段之不同，分段劃分地價區段。

第十九條　（地價區段界線）

地價區段之界線，應以地形、地貌等自然界線、道路、溝渠等界線或使用分區、編定使用地類別等使用管制之界線或適當之地籍線為準。繁榮街道路線價區段，應以裡地線為區段界線。路線價區段之界線，應以距離臨街線適當深度範圍為準。

第二十條　（地價區段圖產製）

地價區段圖以地籍圖繪製或由電腦產製，應以紅線標示地價區段界線，並註明區段號、區段地價、主要街道及重要公共設施位置與名稱。

第二十一條　（估計區段地價方法）

估計區段地價之方法如下：

一、有買賣實例或收益實例估計正常單價之區段，以調整至估價基準日之實例土地正常單價，求其中位數為各該區段之區段地價。

二、無買賣實例及收益實例之區段，應於鄰近或適當地區選取二個以上使用分區或編定用地相同，且依前款估計出區段地價之區段，作為基準地價區段，按影響地價區域因素評價基準表及影響地價區域因素評價基準明細表，考量價格形成因素之相近程度，修正估計目標地價區段之區段地價。無法選取使用分區或編定用地相同之基準地價區段者，得以鄰近使用性質類似或其他地價區段之區段地價修正之。

估計區段地價之過程及決定區段地價之理由，應填載於區段地價估價報告表。

第一項第一款所稱之中位數，指土地正常單價調整至估價基準日之單價，由高而低依序排列。其項數為奇數時，取其中項價格為中位數；其項數為偶數時，取中間二項價格之平均數為中位數；實例為一個時，以該實例之土地正常單價為中位數。

影響地價區域因素評價基準，由內政部定之。

第二十二條　（區段地價尾數）

區段地價，應以每平方公尺為計價單位，其地價尾數依下列規定計算：

一、區段地價每平方公尺單價在新臺幣一百元以下者，計算至個位數，未達個位數四捨五入。

二、區段地價每平方公尺單價逾新臺幣一百元至一千元者，計算至十位數，未達十位數四捨五入。

三、區段地價每平方公尺單價逾新臺幣一千元至十萬元者，計算至百位數，未達百位數四捨五入。

四、區段地價每平方公尺單價逾新臺幣十萬元者，計算至千位數，未達千位數四捨五入。

公共設施保留地地價區段，其區段地價之尾數，計算至個位數，未達個位數四捨五入。

第二十三條　（宗地單位地價計算方法）

宗地單位地價之計算方法如下：

一、屬於繁榮街道路線價區段之土地，由直轄市或縣（市）地政機關依繁榮街道路線價區段宗地單位地價計算原則計算。

二、其他地價區段之土地，以區段地價作為宗地單位地價。

三、跨越二個以上地價區段之土地，分別按各該區段之面積乘以各該區段地價之積之和，除以宗地面積作為宗地單位地價。

四、宗地單位地價應以每平方公尺新臺幣元表示，計算至個位數，未達個位數四捨五入。

第二十四條　（直轄市或縣（市）地政機關訂定事項）

下列事項應由直轄市或縣（市）地政機關訂定：

一、實施地價調查估計作業規定。

二、繁榮街道路線價區段宗地單位地價計算原則。

三、建物標準單價表。

四、建物耐用年數及每年折舊率。

五、全棟建物之裝潢、設備及庭園設施等費用。

六、土地每單位種植農作改良物面積標準單價或農作改良物每株標準單價。

七、土地收益資本化率及建物收益資本化率。

八、調整至估價基準日地價用之比率。

九、依影響地價區域因素評價基準製作各直轄市、縣（市）或鄉（鎮、市、區）影響地價區域因素評價基準明細表。

前項規定之事項，於地價調查估計授權地政事務所辦理之地區，得部分授權地政事務所定之。

第二十五條　（編製地價指數表）

內政部應對都市土地商業區、住宅區、工業區，依直轄市或縣（市）地政機關調查之地價，每年編製地價指數表二次。

前項編製地價指數表，得委託民間機構辦理。

第二十六條　（書表格式由內政部定之）

本規則所定書、表格式，由內政部定之。

第二十七條　（發布日施行）

本規則自發布日施行。

本規則修正條文，除中華民國103年1月修正發布之第九條及第十八條施行日期另定外，自發布日施行。

附錄七　土地徵收補償市價查估辦法

103 年 11 月 14 日台內地字第 1031302454 號令修正
101 年 6 月 5 日台內地字第 1010199193 號令訂定

第一條　（法源依據）

本辦法依土地徵收條例（以下簡稱本條例）第三十條第四項規定訂定之。

第二條　（用詞定義）

本辦法用詞定義如下：

一、市價：指市場正常交易價格。

二、比準地：指地價區段內具代表性，以作為查估地價區段內各宗土地市價比較基準之宗地，或作為查估公共設施保留地毗鄰非公共設施保留地區段地價之宗地。

第三條　（得委託估價師查估）

直轄市或縣（市）主管機關依本辦法規定辦理土地徵收補償市價查估時，得將查估程序全部或一部委託不動產估價師辦理，委託費用由需用土地人負擔。

不動產估價師受託查估土地徵收補償市價者，應依本辦法辦理。

第四條　（市價查估辦理程序）

土地徵收補償市價查估之辦理程序如下：

一、蒐集、製作或修正有關之基本圖籍及資料。

二、調查買賣或收益實例、繪製有關圖籍及調查有關影響地價之因素。

三、劃分或修正地價區段，並繪製地價區段圖。

四、估計實例土地正常單價。

五、選取比準地及查估比準地地價。

六、估計預定徵收土地宗地單位市價。

七、徵收土地宗地單位市價提交地價評議委員會評定。

第五條　（基本圖籍及資料）

前條第一款所定基本圖籍及資料，包括下列事項：

一、不動產相關資料、都市計畫地籍套繪圖、非都市土地使用分區圖、街道圖、都市計畫圖說、禁限建範圍圖、預定徵收土地地籍圖、土地使用計畫圖、河川或排水圖籍。

二、地籍圖檔。

三、地價區段略圖。

四、其他有關圖籍及資料。

第六條　（蒐集買賣或收益實例）

依第四條第二款調查實例，以蒐集市場買賣實例為主，並得蒐集市場收益實例。調查實例應填寫買賣實例調查估價表或收益法調查估價表。

前項所稱收益實例，指租賃權或地上權等他項權利，且具有租金或權利金等對價給付之實例。

第一項調查得採用當事人、四鄰、不動產估價師、不動產經紀人員、地政士、金融機構、公有土地管理機關、司法機關或有關機關（構）之資訊。

第七條　（情況調整修正）

買賣或收益實例如有下列情形之一，致價格明顯偏高或偏低者，應先作適當之修正，記載於買賣實例或收益法調查估價表。但該影響交易價格之情況無法有效掌握及量化調整時，應不予採用：

一、急買急賣或急出租急承租。

二、期待因素影響之交易。

三、受債權債務關係影響之交易。

四、親友關係人間之交易。

五、畸零地或有合併使用之交易。

六、地上物處理有糾紛之交易。

七、拍賣。

八、公有土地標售、讓售。

九、受迷信影響之交易。

十、包含公共設施用地之交易。

十一、人為哄抬之交易。

十二、與法定用途不符之交易。

十三、其他特殊交易。

第八條　（查證確認事項）

買賣或收益實例除依前條規定辦理外，並應就下列事項詳予查證確認後，就實例價格進行調整，並記載於買賣實例或收益法調查估價表：

一、交易價格、租金或權利金等及各項稅費之負擔方式。

二、有無特殊付款方式。

三、實例狀況。

四、有無基本機電、裝修以外之其他建物裝潢費用。

第九條　（應調查之區域因素）

土地徵收補償市價查估應調查影響之區域因素，包括土地使用管制、交通運輸、自然條件、土地改良、公共建設、特殊設施、環境污染、工商活動、房屋建築現況、土地利用現況及其他影響因素之資料等。

前項影響區域因素之資料，應依地價區段勘查表規定之項目勘查並填寫。

第十條　（劃分地價區段）

劃分地價區段時，應攜帶地籍圖及地價區段勘查表實地勘查，原則以鄉（鎮、市、區）為單位，斟酌地價之差異、當地土地使用管制、交通運輸、自然條件、土地改良、公共建設、特殊設施、環境污染、工商活動、房屋建築現況、土地利用現況及其他影響地價因素，於地籍圖上將地價相近、地段相連、情況相同或相近之土地劃為同一地價區段。

非建築用地中經依法允許局部集中作建築使用且其地價有顯著差異時，應就該建築使用之土地單獨劃分地價區段。非都市土地及都市計畫農業區、保護區之零星建築用地，或依規定應整體開發而未開發之零星已建築用地，在同一區段範圍內，得將地價相近且使用情形相同而地段不相連之零星建築用地，視為一個地價區段另編區段號。

公共設施保留地應單獨劃分地價區段，並得視臨街情形或原建築使用情形再予細分。

帶狀公共設施保留地穿越數個地價不同之區段時，得視二側非保留地地價區段之不同，分段劃分地價區段。

同一公共設施保留地分次徵收時，得視為同一公共設施保留地劃

設地價區段。

第十一條　（地價區段界線）

地價區段之界線，應以地形地貌等自然界線、道路、溝渠或使用分區、編定使用地類別等使用管制之界線或適當之地籍線為準。

第十二條　（地價區段圖產製）

地價區段圖以地籍圖繪製或由電腦產製，應以紅線標示地價區段界線，並註明區段號、比準地位置、比準地地價、主要街道與重要公共設施位置及名稱。

第十三條　（估計土地正常單價）

以買賣實例估計土地正常單價方法如下：

一、判定買賣實例情況，非屬特殊情況者，買賣實例總價格即為正常買賣總價格；其為特殊情況者，應依第七條及第八條規定修正後，必要時並得調查鄰近相似條件土地或房地之市場行情價格，估計該買賣實例之正常買賣總價格。

二、地上無建築改良物（以下簡稱建物）者，計算土地正常買賣單價。其公式如下：

土地正常買賣單價＝正常買賣總價格÷土地面積

三、地上有區分所有建物，買賣實例為其中部分層數或區分單位者，其土地正常買賣單價之計算程序如下：

該買賣實例土地權利價格＝該買賣實例房地價格－該買賣實例建物成本價格。

該買賣實例土地權利單價＝該買賣實例土地權利價格÷該買賣實例土地持分面積。

土地正常買賣單價之估計，以前目土地權利單價為準，並考慮樓層別效用價差調整。

四、地上有建物，且買賣實例為全部層數者，其土地正常買賣單價之計算程序如下：

該買賣實例土地價格＝該買賣實例房地價格－該買賣實例建物成本價格。

土地正常買賣單價＝該買賣實例土地價格÷該買賣實例土地面積。

第十四條　（收益實例查估比準地）

以收益實例查估比準地收益價格之方法，依不動產估價技術規則

第三章第二節規定辦理。

第十五條　（建物成本價格估計）

買賣或收益實例之土地上有建物者，其建物成本價格之估計，依不動產估價技術規則第三章第三節規定辦理。

第十六條　（登記面積認定）

依本辦法辦理查估之建物面積，已辦理登記者，以建物登記之面積為準；其全部或部分未辦理登記者，以實際調查之面積為準。

第十七條　（價格日期調整至估價基準日）

依第十三條估計之土地正常單價或第十四條採用之收益實例租金或權利金應調整至估價基準日。

前項估價基準日為每年九月一日者，案例蒐集期間以當年三月二日至九月一日為原則。估價基準日為三月一日者，案例蒐集期間以前一年九月二日至當年三月一日為原則。

前項案例蒐集期間內無適當實例時，得放寬至估價基準日前一年內。

第十八條　（地價區段內選取比準地）

比準地應於預定徵收土地範圍內各地價區段，就具代表性之土地分別選取。都市計畫區內之公共設施保留地毗鄰之地價區段，亦同。

第十九條　（比準地比較價格查估）

比準地比較價格之查估，應填載比較法調查估價表，其估計方法如下：

一、就第十七條估價基準日調整後之土地正常單價中，於同一地價區段內選擇一至三件比較標的。

二、將前款比較標的價格進行個別因素調整，推估比準地試算價格。

三、考量價格形成因素之相近程度，決定比準地地價。

地價區段內無法選取或不宜選取比較標的者，得於其他地區選取，估計時應進行區域因素及個別因素調整。

第一項第二款及前項區域因素及個別因素調整，分別依影響地價區域因素評價基準表及影響地價個別因素評價基準表之最大影響範圍內調整。

以收益法估計之比準地收益價格，與第一項估計之比較價格，經

綜合評估，視不同價格所蒐集資料之可信度，考量價格形成因素之相近程度，決定比準地地價。

比準地地價之決定理由應詳予敘明於比準地地價估計表。

第二十條　（宗地條件填寫及個別因素調整）

預定徵收土地宗地市價應以第十八條選取之比準地為基準，參酌宗地條件、道路條件、接近條件、周邊環境條件及行政條件等個別因素調整估計之。但都市計畫範圍內之公共設施保留地，不在此限。

前項宗地條件、道路條件、接近條件、周邊環境條件及行政條件等影響地價個別因素依影響地價個別因素評價基準表之最大影響範圍內調整。

依前二項估計預定徵收土地宗地市價，應填寫徵收土地宗地市價估計表。

第一項預定徵收土地其範圍內各宗地個別因素資料及地籍圖，以需用土地人函文通知直轄市、縣（市）主管機關者為準。

前項宗地個別因素資料之行政條件，依下列方式填寫：

一、非都市土地、都市計畫範圍內公共設施保留地、區段徵收範圍內土地：依徵收計畫報送時之土地使用管制規定填寫。

二、都市計畫範圍內非屬前款公共設施保留地之依法得徵收土地：依都市計畫變更為得徵收土地前之土地使用管制規定填寫；確無法追溯變更前之使用管制條件者，需用土地人應於清冊相關欄位或報送公文中註明。

第二十一條　（地價尾數進位）

比準地地價及宗地市價，應以每平方公尺為計價單位，其地價尾數依下列規定計算：

一、每平方公尺單價在新臺幣一百元以下者，計算至個位數，未達個位數無條件進位。

二、每平方公尺單價逾新臺幣一百元至一千元者，計算至十位數，未達十位數無條件進位。

三、每平方公尺單價逾新臺幣一千元至十萬元者，計算至百位數，未達百位數無條件進位。

四、每平方公尺單價逾新臺幣十萬元者，計算至千位數，未達千位數無條件進位。

依第二十七條土地市價變動幅度調整之宗地市價單價尾數無條件進位至個位數。

第二十二條　（公設地區段地價計算）

都市計畫區內公共設施保留地區段地價以其毗鄰非公共設施保留地之區段地價平均計算。帶狀公共設施保留地穿越數個地價不同之區段時，得分段計算。

前項非公共設施保留地地價區段，以其比準地地價為區段地價，其尾數進位方式依前條規定辦理。

第一項所稱平均計算，指按毗鄰各非公共設施保留地地價區段之區段線比例加權平均計算。毗鄰為公共設施用地區段，其區段地價經納入計算致平均市價降低者，不予納入。

都市計畫農業區、保護區之零星建築用地，或依規定應整體開發而未開發之零星已建築用地，經劃屬公共設施保留地地價區段，其區段地價以與該保留地地價區段距離最近之三個同使用性質地價區段為基準，並得參酌區域因素調整估計之區段地價平均計算結果定之。計算結果較高者，應從高計算。

公共設施保留地宗地市價以依第一項計算之區段地價為準，宗地跨越二個以上地價區段者，分別按各該區段之面積乘以各該區段地價之積之和，除以宗地面積作為宗地單位地價，其地價尾數無條件進位至個位數。

區段徵收範圍內之公共設施保留地區段地價計算方式，以同屬區段徵收範圍內之非公共設施保留地區段地價平均計算為原則。但同一區段徵收範圍內無毗鄰非公共設施保留地者，依第一項規定查估區段地價。

第二十三條　（加權平均計算步驟）

前條第三項公共設施保留地區段地價加權平均計算作業步驟如下：

一、依第四條規定蒐集、製作或修正有關之基本圖籍及資料。

二、以地籍圖繪製之地價區段圖作為作業底圖。

三、量測公共設施保留地區段毗鄰各非公共設施保留地區段線長度（以下簡稱各區段線長度）：以電腦量測為原則，其長度以公分為最小單位，未滿一公分者，以一公分計。未能由電腦量測者，得採人工作業，以比例尺、求積儀或坐標讀取儀等

工具量測,其長度以公尺為最小單位,未滿一公尺者,以一公尺計。
四、以各區段線長度之和為總長度。
五、以毗鄰各非公共設施保留地區段地價乘以各區段線長度,再除以總長度,加總計算公共設施保留地區段地價。

第二十四條 （毗鄰區段以點相接不計）
公共設施保留地區段毗鄰之非公共設施保留地,經量測確僅以點相接者,不計入加權平均計算。

第二十五條 （填寫加權平均計算表）
公共設施保留地區段地價計算作業應填寫公共設施保留地地價加權平均計算表。

第二十六條 （一併徵收查估方式）
一併徵收其徵收當期已逾原徵收案之徵收補償市價適用期間者,其徵收補償市價依第四條至前條規定查估;未逾原徵收案之徵收補償市價適用期間者,其徵收補償市價查估方式如下:
一、屬公共設施保留地者:依第二十二條至前條規定辦理。
二、非屬公共設施保留地,其土地使用性質與原被徵收土地相同者:按原被徵收土地之宗地地價辦理。
三、非屬公共設施保留地,其土地使用性質與原被徵收土地不同者:以所屬地價區段比準地市價進行個別因素修正或個案查估。

第二十七條 （市價變動幅度作業步驟）
直轄市、縣（市）主管機關計算被徵收土地市價變動幅度之作業步驟如下:
一、分二期蒐集去年九月二日至當年三月一日（現期）買賣實例、去年三月二日至去年九月一日（基期）買賣實例。
二、分期計算實例市價單價並排序。
三、分期計算排序後百分位數二十五至百分位數七十五間案例市價單價平均值。
四、現期市價單價平均值除以基期市價單價平均值,計算市價變動幅度。
前項市價變動幅度計算之作業分區,原則以鄉（鎮、市、區）為單位,並得將地價變動情形相近之鄉（鎮、市、區）合併計算;

鄉（鎮、市、區）內地價變動差異大之地區，得予分開計算。

第二十八條　（需用土地人送達時點）

需用土地人依第二十條第四項所為之通知，應於每年九月一日前送達直轄市、縣（市）主管機關，作為次年土地徵收補償查估之依據。但屬當年具急迫性或重大公共建設推動之需者，得於當年三月一日前送達。

需用土地人未及於前項期限前提供直轄市、縣（市）主管機關辦理徵收範圍市價查估作業所需資料者，應提供查估之市價予直轄市、縣（市）主管機關，或協調直轄市、縣（市）主管機關查估市價，提交地價評議委員會評定，所需費用並得由需用土地人負擔。

第二十九條　（查估成果通知時點）

依第二十一條計算之宗地市價應於依第二十條第四項所為通知之次年二月底前提供需用土地人，作為通知之次年報送徵收計畫計算徵收補償價額之基準。屬前條第一項但書規定者，應於當年七月底前提供需用土地人，作為當年七月至十二月報送徵收計畫計算徵收補償價額之基準。

第三十條　（變動幅度評定提供時限）

依第二十七條計算土地市價變動幅度結果應於每年六月底前送交地價評議委員會評定，於七月前提供需用土地人，作為七月至十二月間調整徵收補償地價之依據。

第三十一條　（書表格式）

本辦法所需書、表格式，由中央主管機關定之。

第三十二條　（修法適用標準）

本辦法修正施行前已辦理查估案件，仍適用修正施行前之規定。

第三十三條　（施行日期）

本辦法施行日期另定之。

附錄八 房價推估調查估價表

房價比較法調查估價表-1

編號：-1

比較項目	勘估標的	比較標的1		比較標的2		比較標的3	
		條件	差異百分率	條件	差異百分率	條件	差異百分率
標的位置（建物門牌或土地坐落）	台北市中山區中山北路X段X號X樓	台北市中山區中山北路X段X號X樓		台北市中山區中山北路X段X號X樓		台北市中正區忠孝西路X段X號X樓	
標的交易總價（元）		42,500,000		48,000,000		14,000,000	0
標的交易中所含車位總價（元）		2,200,000		3,000,000			
標的交易總價(扣除車位)(元)		40,300,000		45,000,000		14,000,000	
登記面積(m²)	457.4		280.0		322.0		102.0
標的計算面積(扣除車位)(m²)	418.0		265.0		280.0		102.0
房地單價(元/坪)		502,731		531,289		453,737	
標樓樓層/總樓層數	8/16	10/12		12/16		5/5	
調整為基準層房地單價(元/坪)(A)		502,731		531,289		453,737	
情況調整百分率(B)	一般正常情況	一般正常情況	0.0%	一般正常情況	0.0%	急買	-10.0%
價格日期調整百分率	103/1/1	102/11/5	-1.0%	102/10/31	-1.0%	102/9/17	-2.0%
區域因素調整	交通運輸	稍優		稍優	0%	稍優	0%	優	0%
	自然條件	普通	普通	0%	普通	0%	普通	0%
	公共設施	稍優	優	0%	優	0%	普通	2%
	發展趨勢	稍優	稍劣	3%	優	0%	劣	3%
	其他	優	優	0%	優	0%	優	0%
調整百分率(C)			0.0%		0.0%		5.0%
個別因素調整	宗地條件	普通	普通	0%	稍優	-1%	優	-2%
	道路條件	稍優	稍劣	3%	優	0%	稍優	5%
	接近條件	稍優	優	-1%	稍優	-1%	劣	5%
	週邊環境條件	優	優	0%	優	0%	優	-3%
	行政條件	稍優	稍優	0%	優	-1%	稍優	0%
	建物條件	面積	457.4	280.0	0%	322.0	0%	102.0	0%
		屋齡	9	10	1.0%	4	-2.0%	34	10.0%
		其他	普通	優	-3%	較差	-4%	較差	4%
調整百分率(D)			-2.0%		-9.0%		14.0%
比較標的試算價格調整率E=(1+A)*(1+B)*(1+C)*(1+D)		97.0%		90.1%		105.6%	
試算價格		487,750		478,639		479,035	
差異百分率絕對值加總		11.0%		10.0%		41.0%	
比較標的加權數		40.0%		40.0%		20.0%	
比較法估值(元/坪)及權重	466,494	427,478		482,362		50%	
		收益法估值		成本法估值		485,347	20%
最終估值(元/坪)							

房價收益法調查估價表-2

編號：-2

收益實例	標的位置	標的收益面積(㎡)	標的月租金(元/㎡)	類型	分區	屋齡	總樓層	樓層別	情況調整	價格日期調整	區域因素調整	個別因素調整	近鄰地區	調整率絕對值加總	比較項目修正數	決定權數
1	台北市中山區中山北路X段X號X樓	524	469	5	2	10	16	10	100%	102%	100%	98%	是	4%	2	40%
2	台北市中山區中山北路X段X號X樓	613	499	5	2	6	24	18	100%	103%	100%	100%	是	3%	1	40%
3	台北市中正區忠孝西路X段X號X樓	100	500	3	2	26	5	3	100%	105%	100%	102%	是	7%	2	20%

勘估標的收益面積(㎡)	457.4	土地持分面積(㎡)	61	勘估標的樓層別	8	重建成本	20,795,623	成本價格	15,609,000

總收入	推估月租金(元/㎡)	500	權利金	推估未來平均一年租金	2,745,577
	年租金(月租金x12+權利金)x MCx面積	2,745,577	一年期定存利率(%)	1.36%
	押租金(保證金)	686,394	其他收入	0
	押租金(保證金)運用收益	9,335	每年閒置及其他原因之收入損失月數	1.2
	總收入合計	2,754,912	有效總收入	2,479,421

總費用	地價稅或地租	194,387	維修費	103,978
	房屋稅	129,341	重置提撥費	124,774
	營理費	27,549	其他費用	0
	保險費	8,585	建物未來每年折舊提存率	2.41%
	總費用合計			588,614

收益價格	房地淨收益	1,890,807	收益資本化率決定理由	依不動產估價技術規則第43條第2款規定，蒐集3個比較標的，以其淨收益除以價格所得商數比較決定
	收益資本化率	2.50%		
	依規則第42條扣除之淨收益	1,890,807		
	收益價格(元)	59,147,057	收益價格單價(元/坪)	427,478

備註

建物成本法調查估價表 -3

編號： -3

比較標的1基本資料

標的門牌	台北市中山區中山北路X段X巷X號X樓		
基地坐落	XX段X小段XXX地號		
建號	251	主要構造種類	6
總樓層數	地上層數 16	登記面積	457.4 ㎡
	地下層數 3	土地持分面積	61.0 ㎡
移轉樓層	地上第 8	建築工期	2.2 年
資金來源	利率	加權平均利率	
自有資金	1.36%	40%	0.54%
借貸資金	2.89%	50%	1.45%
預售收入	0%	10%	0.00%
分期投入資本數額及年數調整			50%
建築工期			2.27 年
綜合利率計算			2.19%

累積折舊額 (元/㎡)

建築完成年月	已經歷年數	剩餘耐用年數	總耐用年數
89 / 4	14	36	50
折舊方法	定額法	殘餘價格率	10%

計算式　重建成本×(1-殘價率)÷總耐用年數×已經歷年數　11,339

註備
1. 本標的的移轉樓層房價 (元/坪)：495,919
2. 本標的的營造單價 (元/坪)：113,455

成本價格計算

營造或施工費標準	調整單價調整率(%)		
以附表調整工費標準(0:是 1:否)		33,000	1.04
1. 營造或施工費調整單價			34,320
2. 規劃設計費	2.5%	:為營造施工費之	858
		累計投入額(1)	35,178
3. 廣告銷售費	4.5%	:勘估標的總成本之	2,046
4. 管理費	4.5%	:勘估標的總成本之	2,046
5. 稅捐及其他負擔	1.0%	:勘估標的總成本之	455
	10%	累計投入額(2)	39,724
6. 資本利息	2.19%	:為累計投入之	869
		102.19%	40,594
2.27 開發或建築利潤	12%		4,871
	112%		
標的重建成本 (元/㎡)			45,465
標的建物成本價格 (元/㎡)			34,126
標的建物成本價格 (總價)			15,609,000
土地開發分析價格 (總價)			51,545,000
房地成本價格 (總價)			67,154,000
房地成本價格 (元/坪)			485,347

附錄八　房價調查推估表

土地開發分析調查估價表-4

編號：　　　-4

基本資料

土地坐落	台北市中山區中山北路X段X號X樓			
土地面積	1303 m²	394.16 坪	使用分區	商三
建蔽率%	65%		容積率%	560%
容積面積	7297 m²	2207.28 坪	營造面積(坪)	3,830.2
規劃樓層數	地上 9　地下 3		結構種類	RC
(0:樓層依市場型態規劃 1:假設推算)	1 開發年數(年)			1.8
地下室開挖率	80%	利潤率(R)	20% 營造施工費標準單價(元/m²)	33,000

總銷售金額計算

樓層	用途	可銷售面積(坪)	平均銷售單價(元/坪)	b 總銷售金額(元)
1F	住宅	324.3	1,000,000	324,347,827
2F以上	住宅	2594.8	510,000	1,323,339,135
屋突	共同使用	92.0	564,444	51,912,003
其他可銷售面積		520.6		293,821,935
地下層	停車場	804.08	2,500,000	167,500,000
	停車位數	67	…	0
合計		4,335.7		2,160,920,900

銷售金額是否以比較法蒐集之相同案例推估(0:否 1:是)　2

價格型態：1.揭露賽價 2.未揭露賽價 3.待售價

銷售金額決定說明：銷售金額係以同一供需圈內之新成屋案例作為比較標的進行推估

資本利息綜合利率計算

資金來源	利率	資金比例	年利率	c 資金分期比
自有資金	1.36%	40%	1.99%	85.50%
借貸資金	2.89%	50%		
預售收入	0.0%	10%		
資金分期比	價值	比率	土地	房地
建物	449,697,605	29.00%	1,100,940,470	1,550,638,076
		71.00%	85.50%	綜合利率(i) 3.06%

成本計算

項目	細項	費率	金額(元)
直接成本(C)	調整率	105% 營造施工費調整單價	34,650
	以附表營造施工費推算(0:是 1:否)		1
			438,729,371
間接成本(M)	規劃設計費	2.5%	10,968,234
	廣告費銷售費	4.2%	90,758,678
	管理費	4.3%	92,919,599
	稅捐及其他負擔	0.6%	12,965,525
小計	間接成本費率	11.6%	207,612,036

土地開發分析價格= 2,160,920,900 ÷(1+ 20%)÷(1+ 3.06%) − (438,729,371 + 207,612,036)

$V = S \div (1+R) \div (1+i) \div (C+M)$

土地總價= 1,100,940,470　土地單價= 845,000 (元/m²)

備註欄：
1. 本標的2F以上平均房價(元/坪)：510,000
2. 本標的的營造單價(元/坪)：109,091
3. 可銷售面積與法定容積面積比值：1.6

附錄九

美國、歐盟、日本、韓國與我國之不動產估價制度比較

	美國	歐盟	日本	韓國	我國
負責機構	州不動產估價理事會，負責制定規則、考試、審查內容、審查資格、制定指導規則、制定技術標準	以英國為例，英國皇家特許測量師學會	國土交通省，土地估價委員會辦理前二階段考試業務。委由不動產估價師協會（聯合會）（JAREA）辦理第三階段實務檢定。	國土交通部，委由韓國產業人力公團辦理	內政部，由考選部辦理考試
應考資格	1.對申請估價師助理之教育要求是完成規定的150小時課程，包括R-5、R-6、USPAP、R-7、R-8、R-9、R-10；申請人沒有不動產評估經驗之要求。 2.對申請證照房地產估價師之教育要求是完成規定的150小時課程，包括R-5、R-6、USPAP、R-	1.擁有RICS認可的相關大學學位或等同的專業資格認證，可申請參加為期24個月的專業勝任能力評核（Assessment of Professional Competence, APC）。評核過程需在督導師的監察下完成。候選人須提交進度報表及自選專業領域的分析報告，並參加持續專業發展項	第一階段考試不限學歷均可應考，合格者才能參加第二試。	1.通過總統命令規定之鑑定評價師初步與主要的考試（preliminary and main examinations），及完成一定的實習期間。 2.在總統命令規定之機構從事估價相關業務5年或以上且通過主要考試者。至於鑑定評價師初步與主要考試與見習期等必要事務均應依總	高考， 1.專科以上學校科系或相當科系修習6科18學分以上者 2.經考選部審議通過並公告者

美國	歐盟	日本	韓國	我國
7、R-8、R-9、R-10；申請人還必須圓滿完成兩年的不動產評估經驗。申請人必須在不超過24個月之內，有至少2,000小時的不動產評估經驗。這方面的經驗，必須至少有75%的住宅評估經驗。 3.對申請特許住宅估價師之教育要求是完成規定的200小時課程，包括 R-5、R-6、USPAP、R-7、R-8、R-9、R-10、統計-建模與金融、R-11、A評價題材選修課；申請人還必須持有認可大學、大專、社區學院或大學的副學士學位，或更高學位；申請人還必須於認可學院、社區學院、大專或大	目（Continuing Professional Development, CPD）的培訓，兩年內最少96小時，並最終通過專家小組的面試。 2.擁有 RICS 認可的相關大學學位或專業資格後，並有不少於十年的相關工作經驗（或透過 RICS 認可的專業協會的特定安排），亦可加盟成為英國皇家特許測量師學會（RICS）的會員。候選人需研習 RICS 的專業操守課程，提交相關的履歷，其中包括候選人過去兩年內，在專業領域中的個人發展、案例研究及參加持續專業發展項目（CPD）的記錄等，並最終		統命令規定之。	

美國	歐盟	日本	韓國	我國
學成功完成學期制下的 21 小時以下課程：英語作文、經濟學原理、金融、代數、幾何、高等數學、統計、電腦科學和商業或房地產法。申請人必須在不超過 24 個月之內，擁有至少 2,500 小時的不動產評估經驗。這方面的經驗，必須至少有 75%的住宅評估經驗。住宅的經驗必須包括兩到四個家庭、合作社、公寓或其他住宅等經驗。必須至少有 80%的住宅的經驗，是在單一家庭類。 4.對申請特許總估計師之教育要求是完成規定的 300 小時課程，包括 R-5、R-6、USPAP、G-4、統計-建模	通過專家小組的面試。			

美國	歐盟	日本	韓國	我國
與金融、G-5、G-6、G-7、統計-建模與金融、G-8、GE-1、B評價題材選修課；申請人還必須持有認可學院或大學的學士學位，或更高學位；申請人還必須於認可大學、社區學院、大專或大學成功完成學期制下的 30 小時以下課程：英語作文、經濟學原理、金融、代數、幾何、高等數學、統計、電腦科學和商業或房地產法。申請人必須在不超過 30 個月之內，有至少 3,000 小時的經驗。這方面的經驗，必須至少有 75%的普通商品房經驗。一般的經驗必須包括多家庭、商業、工業或其他非				

	美國	歐盟	日本	韓國	我國
	住宅類的經驗。				
	外國人同	外國人同	外國人同	外國人同。並且，若持有外國執業估價師執照者，經由韓國政府授予許可證，且無任何不具資格之情況者，將可在國土交通部部長授權下經營評價等相關業務。而當授權機關認為有其必要性時，將會限制外國執業估價師部分業務。	外國人同
開業條件	1.與不動產經紀牌一樣，執照考試和證照由州政府執照處組織和核發，教育課程每一課都有考試，考試內容由執照處會同州不動產估價理事會確定。2.房地產估價牌照有效期兩年，兩年後要申請更新，申請人要參加20個小時的進修教育（或	經過RICS的考核與測試成為會員	1.前二階段考試及格後，須再經第三階段實務研習1年至3年後通過檢定，向日本國土交通省辦理登錄手續後，始得執業。2.欲經營不動產估價業者，可以估價師個人或聘僱估價師之形式營業，須在公司內設有1位以上專任估價	1.符合執業鑑定評價師資格者，欲從事業務時應向國土交通部部長辦理註冊登記（register）；且3年或以上後必須重新註冊登記。2.為經營估價業務，執業鑑定評價師須依規定向國土交通部部長報告設立持照鑑定評價師事務所（office）開展	1.檢附不動產估價師證書及實際從事估價業務達2年以上之估價經驗證明文件，向所在地直轄市或縣市主管機關申請，經審查登記後，發給開業證書。2.加入該管直轄市或縣（市）不動產估價師公會，方得執行業務。3.應設立不動

附錄九 美國、歐盟、日本、韓國與我國之不動產估價制度比較

	美國	歐盟	日本	韓國	我國
	者重新參加考試），並重新繳交執照費。		師。如在2個以上的都道府縣設有事務所，則應向國土交通省登記，其他則向事務所所在地之都道府縣登記。	業務，此亦適用暫停或關閉業務之情況。	產估價師事務所執行業務，或由2個以上估價師組織聯合事務所，共同執行業務。事務所以一處為限，不得設立分事務所。
業務內容	1.特許不動產總估計師（Certified General Real Estate Appraiser）：可以評估所有的房地產業務。 2.特許住宅估價師（Certified Residential Appraiser）：可以評估四個單位（包含四個單位）以下的任何住宅。 3.證照不動產估價師（Licensed Real Estate Appraiser）：可以估價一至四個單位，轉讓價值低於25萬的住宅房地產。	涵蓋17個專業領域包括：（1）文物及藝術品（Antiques and Fine Arts）（2）建築監管（Building control）（3）建築測量（Building Surveying）（4）商業地產（Commercial Property）（5）爭端解決（Dispute Resolution）（6）環境（Environment）（7）設施管理（Facilities Management）（8）測繪（Geometrics）（9）管理諮詢（Management	受委託進行不動產價值之客觀調查分析以及不動產相關投資諮詢。	1.鑑定評價是指對土地等資產進行鑑定和評估，估算經濟價值後，算出價額。鑑定評價的對象包括不動產、企業（工作機構）資產和礦業權、漁業權、有價證券等特殊物。 2.持照鑑定評價師可從事之業務包括：(1)參考地段價格及單一住宅（single-unit housing）價格的調查、評估與公告;(2)以參考地段價格公告之應用為目的的土地估價與評估;(3)個別地段價格與個別住房價	受委託人之委託，辦理土地、建築改良物、農作改良物及其權利之估價業務。

美國	歐盟	日本	韓國	我國
4.證照估價師助理（licensed real estate appraiser assistant）：估價助理必須在證照估價師或特許估價師手下工作，估價報告要由證照不動產估價師（或特許不動產估價師）出具。	Consultancy）（10）礦業及廢物管理（Minerals and Waste Management）（11）規劃及開發（Planning and Development）（12）廠房與機械（Plant and Machinery）（13）項目管理（Project Management）（14）工料測量及建造（Quantity Surveying and Construction）（15）住宅物業（Residential Property）（16）農村物業（Rural）（17）估價（Valuation）。		格公告之驗證；(4)於資產評價法（Assets Revaluation Act）下之土地估價等；(5)於訴訟等待法院或拍賣之土地估價等；(6)於他人要求下，如金融機構、保險公司與信託公司之土地估價等；(7)有關估價的輔導與諮詢；(8)對於土地的利用與發展之提供建議與資訊等；(9)在其他法律與法令下，鑑定評價師所實施之土地估價等。	

資料來源：102年度國際經貿政策研究中心計畫（WTO暨RTA中心計畫）我國建築設計服務業及不動產服務業等-專業人士市場開放之研究

附錄十　不動產估價實務參考解答

以一一三年不動產估價師高考估價實務考題為例，參考解答

※試題說明：
1. 請以下列給定之估價條件及勘估標的資料，分別計算比較法、土地開發分析法與收益法等三種勘估標的的價格，並依不動產估價技術規則之規定，說明不動產估價報告書撰寫價格評估過程與結果。
2. 價格推估過程請儘量根據試題內給定的條件試算，勿任意添加估價條件，如提供之資料有所欠缺，以致評估有所困難時，得進一步自行界定必要之估價條件，惟應特別加以說明。
3. 價格試算結果，除利率等相關率外，計算至整數，小數點以下四捨五入，並於千位數及百萬位數（含以上），以逗點標示之（例如 100,000,000）。
4. 價格日期：113 年 8 月 16 日。

一、比較法（30 分）
　　1. 民國113 年1 月到民國113 年8 月價格日期指數無調整皆為100%。
　　2. 勘估標的與比較標的位在同一個區域，區域因素一致。
　　3. 比較標的的價格為交易價格，無須進行情況調整。
　　4. 計算比較價格時，比較標的一的加權數34%、比較標的二的加權數33%、比較標的三的加權數33%。
　　5. 勘估標的及比較標的的資料，如下表

項目	勘估標的	比較標的一	比較標的二	比較標的三
地址	中正路1號12樓	中正路1號17樓	中正路3號12樓	中正路5巷1號5樓
價格型態		交易價格	交易價格	交易價格
交易價格		2,180 萬	3,370 萬	3,180 萬
勘察日期	113.8.16	113.8.16	113.8.16	113.8.16

價格日期	113.8.16	113.4.16	113.5.16	113.6.16
使用分區	第四種住宅區	第四種住宅區	第四種住宅區	第四種住宅區
屋齡	15 年	15 年	15 年	17 年
建物面積	133.56 m²	78.6 m²	134.4 m²	120.85 m²
結構	鋼筋混凝土	鋼筋混凝土	鋼筋混凝土	鋼筋混凝土
臨路情況	單面臨路	單面臨路	單面臨路	單面臨路
道路寬度	30 m	30 m	30 m	24 m

6. 勘估標的與比較標的個別因素比較調整率表,如下表。

主要項目	比較標的一 調整百分率%	比較標的二 調整百分率%	比較標的三 調整百分率%
宗地條件	100	100	100
行政條件	100	100	106
建物個別條件	101	100	102
道路條件	100	100	103
接近條件	100	100	100
週邊環境條件	100	100	100

二、土地開發分析法(30分)

1. 基地面積為600坪,預計開發興建住宅社區。根據相關都市計畫法、建築技術規則規定得知,基地興建樓地板面積為1,200坪,請依據不動產估價技術規則土地開發分析法計算、分析,並將運算過程予以逐一列出。

2. 有關可銷售房地產價格資料為如下所示:一樓可銷售面積240坪,一樓銷售價格每坪40萬;二樓以上可銷售面積960坪,二樓以上銷售價格每坪30萬。車位可銷售50個,每個車位100萬。

3. 相關土地開發成本如下所示:
   (1)營造施工費用:17萬/坪,營造施工面積1,200坪。
   (2)規劃設計費用:以營造施工費2%計算。
   (3)管銷費用:以總銷售金額3%計算。
   (4)稅捐及其他負擔費用:以總銷售金額3%計算。
   (5)開發者之適當利潤率:20%。
   (6)資本利息綜合利率:4%。

(7)開發計畫期間2年。

三、收益法（40分）

1. 民國113年1月到民國113年8月價格日期房租指數無調整皆為100%。
2. 勘估標的與比較標的位在同一個區域，區域因素一致。
3. 比較標的為成交租金，無須進行情況調整。
4. 勘估標的與比較租賃標的租金案例分析表，如下表。

項目	勘估標的	比較租賃標的一	比較租賃標的二	比較租賃標的三
地址	中正路100號12樓	中正路20號17樓	中正路40號12樓	中正路50巷1號5樓
建物面積（平方公尺）	133	145	77	180
年總租金（元/年）		170,520	101,640	216,000
空置率		2個月	2個月	2個月
押金		2個月	2個月	2個月
屋齡	15	15	16	11

5. 勘估標的及比較租賃標的資料及調整率表，如下表。

結構	鋼筋混凝土造	鋼筋混凝土造	鋼筋混凝土造	鋼筋混凝土造
建物條件		相當	相當	相當
區位條件		相當	相當	相當
勘察日期	113.8.16	113.8.16	113.8.16	113.8.16
租金價格日期	113.8.16	113.3.16	113.4.16	113.7.16
交易型態		交易租金	交易租金	交易租金
價格日期調整率		100%	100%	100%
區域因素調整率		100%	100%	100%
個別因素調整率		99%	103%	100%

6. 勘估標的其他相關資料說明：
   (1)勘估標的面積：土地10.58平方公尺、建物面積為133平方公尺。
   (2)租賃空置損失2個月的閒置率。
   (3)押金2個月，押金利率為1%。

(4)地價稅的申報地價10,648元/平方公尺,基本稅率2‰。
(5)房屋稅核定現值3,000元/平方公尺,房屋稅率為3.6%。
(6)房屋管理維修費每個月2,000元。
(7)收益資本化率請以加權平均資金法WACC 計算,自有資金30%,自有資金利率1%,貸款70%、貸款利率3%。
(8)不動產估價師在製作收益法估價報告書時,請說明不動產估價技術規則對於製作估價報告書要求應載明的事項。

113年不動產估價師估價實務參考解答

一、比較法

(一) 比較標的一：

2,180/78.6=28萬/m²，依情況調整、價格日期調整、區域因素調整及個別因素調整之順序，調整過程如下：

28×100/100×100/100×100/100×101/100=28萬/m²

(二) 比較標的二：

3,370/134.4=25萬/m²

同樣依四項調整之順序，調整過程如下：

25×100/100×100/100×100/100×100/100=25萬/m²

(三) 比較標的三：

3,180/120.85=26萬/m²

行政條件、建物個別條件、道路條件相加後，個別因素修正為11%，同樣依四項調整之順序，調整過程如下：26×100/100×100/100×100/100×111/100=29萬/m²

(四) 計算勘估標的之比較價格：

28 × 34% + 25 × 33% +29 × 33%=27萬/m²

27 × 133.56 = 3,606萬

比較價格每平方公尺27萬元，總價3,606萬元。

二、土地開發分析法

(一) 估算總銷售金額(S)：

一樓：40×240=9,600萬，二樓以上：30×960，

車位：100×50=5,000萬

9,600+28,800+5,000= 43,400萬

(二) 直接成本(C)：

直接成本為營造施工費。

17 × 1,200 = 20,400萬

(三) 間接成本(M)：

1.規劃設計費：20,400 × 2% = 408萬

2.管銷費用：43,400 × 3% = 1,302萬
3.稅捐及其他負擔：43,400 × 3% = 1,302萬
以上合計：408＋1,302＋1,302=3,012萬
(四) 資本利息綜合利率(i)：4%。
(五) 適當利潤率(R)：20%。
(六) 計算土地開發分析價格：V=S÷(1+R)÷(1+i)−(C+M)
= 43,400÷(1+20)÷(1+4%)−(20,400+3,012)=11,364萬
11,364÷600=19萬/坪

亦即土地開發分析價格每坪19萬元，總價11,364萬元。

三、收益法
(一) 計算總收入：
1.比較租賃標的一：
170,520÷145÷12= 98元/m²/月
依情況調整、價格日期調整、區域因素調整及個別因素調整之順序，調整過程如下：
98×100/100×100/100×100/100×99/100=97元/m²/月
2.比較租賃標的二：
101,640÷77÷12=110元/m²/月
依情況調整、價格日期調整、區域因素調整及個別因素調整之順序，調整過程如下：
110×100/100×100/100×100/100×103/100=113元/m²/月
3.比較租賃標的三：
216,000÷180÷12=100元/m²/月
依情況調整、價格日期調整、區域因素調整及個別因素調整之順序，調整過程如下：
100×100/100×100/100×100/100×100/100=100元/m²/月
4.計算勘估標的之總收入：
由於比較標的二調整最多，相近程度最差，比較標的一其次，故三者權重設為比較租賃標的一：33%、比較租賃標的二：30%、比較租賃標的三：37%。
97×33%+113×30%+100×37%=103元/m²/月
(1)勘估標的之年租金收入：103×133×12=164,388元

　　　　(2)勘估標的之押金利息年收入：103×133×2×1%=274元
　　　　(3)勘估標的之年總收入：164,388+274=164,662元
　(二)計算年有效總收入：164,662×(1-2/12)=137,219元
　(三)計算年總費用：
　　　　1.地價稅：10,648×10.58×0.2%=225元
　　　　2.房屋稅：3,000×133×3.6%=14,364元
　　　　3.管理維修費：2,000×12=24,000元
　　　　以上合計：225+14,364+24,000=38,589元
　(四)計算年淨收益a: 137,219-38,589=98,630元
　(五)計算收益資本化率r：採加權平均資金成本法(WACC)計算，1% × 30%+3%×70%=2.4%
　(六)計算收益價格：98,630/2.4%=4,109,583元
　　　4,109,583/133=30,899元/m^2
　　　因此收益價格每平方公尺30,899元，總價4,109,583元。

四、不動產估價師在製作收益法估價報告書時，請說明不動產估價技術規則對於製作估價報告書要求應載明的事項。

答：(一) 參依不動產估價技術規則第34條：「收益法估價之程序如下：
　　　1. 蒐集總收入、總費用及收益資本化率或折現率等資料。
　　　2. 推算有效總收入。
　　　3. 推算總費用。
　　　4. 計算淨收益。
　　　5. 決定收益資本化率或折現率。
　　　6. 計算收益價格。」
　　　　是應載明事項計有：總收入、有效總收入、總費用、淨收益、收益資本化率或折現率、收益價格等。

　(二) 總收入、有效總收入（不動產估價技術規則第36條）
　　　勘估標的之有效總收入計算方式如下：
　　　1. 分析並推算勘估標的之總收入。

2. 推算閒置及其他原因所造成之收入損失。
3. 第一款總收入扣除前款收入損失後之餘額為勘估標的之有效總收入。

　　前項第一款所稱總收入，指價格日期當時勘估標的按法定用途出租或營運，在正常情況下所獲得之租金或收入之數額。

(三) 總費用（不動產估價技術規則第38、39、40條）
1. 勘估標的總費用之推算，應根據相同或相似不動產所支出之費用資料或會計報表所載資料加以推算，其項目包括地價稅或地租、房屋稅、保險費、管理費及維修費等。其為營運性不動產者，並應加計營運費用。以不動產證券化為估價目的者，其折現現金流量分析法之總費用應依信託計畫資料加以推算。
2. 勘估標的總費用之推算，應推估不動產構成項目中，於耐用年數內需重置部分之重置提撥費，並按該支出之有效使用年期及耗損比率分年攤提。
3. 勘估標的總費用之推算，除推算勘估標的之各項費用外，勘估標的包含建物者，應加計建物之折舊提存費，或於計算收益價格時，除考量建物收益資本化率或折現率外，應加計建物價格日期當時價值未來每年折舊提存率。

(四) 淨收益（不動產估價技術規則第42條）
有效總收入減總費用即為淨收益。
前項淨收益為營運性不動產之淨收益者，應扣除不屬於不動產所產生之其他淨收益。

(五) 收益資本化率或折現率（不動產估價技術規則第43條）
收益資本化率或折現率應於下列各款方法中，綜合評估最適宜之方法決定：
1. 風險溢酬法

2. 市場萃取法
3. 加權平均資金成本法
4. 債務保障比率法
5. 有效總收入乘數法

(六)收益價格決定（不動產估價技術規則第28、29、30、31條）

收益法得採直接資本化法、折現現金流量分析法等方法。

依前項方法所求得之價格為收益價格。

1. 直接資本化法

直接資本化法，指勘估標的未來平均一年期間之客觀淨收益，應用價格日期當時適當之收益資本化率推算勘估標的價格之方法。

直接資本化法之計算公式如下：

收益價格＝勘估標的未來平均一年期間之客觀淨收益÷收益資本化率

2. 折現現金流量分析法

折現現金流量分析法，指勘估標的未來折現現金流量分析期間之各期淨收益及期末價值，以適當折現率折現後加總推算勘估標的價格之方法。

折現現金流量分析之計算公式如下：

$$P = CF_k/(1+Y)^k + P_{n'}/(1+Y)^{n'}$$

其中：
P：收益價格
CF_k：各期淨收益
Y：折現率
n'：折現現金流量分析期間
k：各年期
$P_{n'}$：期末價值

參考書目

參考文獻：

1. Appraisal Institute (2013), The Appraisal of Real Estate (14th Edition)
2. Appraisal Standard Board (2013), Uniform Standards of Professional Appraisal Practice, USPAP
3. Aro Woolery (1990), Property Tax Principles and Practice, Land Reform Training Institute
4. Dan Swango and Aro Woolery (1990), Appraisal of Property, International center for Land Policy Study and Training
5. Interagency Land Acquisition Conference (2000), Uniform Standards for Federal Land Acquisitions ,Appraisal Institute
6. International Valuation Standard Council (2024), International Valuation Standard
7. Japan Real estate institute (2008), Japanese Real Estate Appraisal Standards, Jutaku-Shimposha, Inc
8. Ventolo & William (2001), Fundamentals of Real Estate Appraisal 8th edition, Dear Born Real Estate Education
9. 中華徵信所企業股份有限公司，不動產估價——成本法理論與實務，民國八十五年。
10. 中華徵信所企業股份有限公司，鑑往知來——不動產估價避險手冊，民國八十九年。
11. 日本、新加坡、馬來西亞估價基準，台北市不動產估價師公會發行，民國九十二年。
12. 吳耿東，不動產投資分析，文笙書局出版，民國九十二年。
13. 宏大不動產鑑定顧問股份有限公司，不動產估價（The

Appraisal of Real Estate-Traditional Chinese Version），文笙書局總經銷，民國八十八年。

14. 林左裕，不動產投資管理（四版），智勝出版社，民國九十九年。

15. 林英彥，不動產估價（十一版），文笙書局出版，民國九十五年。

16. 林英彥，不動產估價技術規則解說（二版），文笙書局出版，民國九十三年。

17. 林英彥，不動產估價實務問題解答（二版），文笙書局出版，民國九十三年。

18. 政治大學陳奉瑤等，繁榮街道路線價標準之研究，內政部委託研究，民國九十三年。

19. 張金鶚，房地產投資與決策分析——理論與實務（二版），華泰書局發行經銷，民國九十二年。

20. 張金鶚，不動產證券化——理論與實務（二版），中華民國證券期貨，民國九十六年。

21. 梁仁旭、陳奉瑤，不動產估價，詹氏書局，民國九十五年。

22. 曾文龍，不動產行銷學，大日出版有限公司，民國八十五年。

23. 馮先勉，土地開發實務（二），基泰建設股份有限公司出版，民國八十六年。

24. 馮先勉、翁光輝，土地開發實務，基泰建設股份有限公司出版，民國八十二年。

25. 馮先勉、張玉貞，房地產行銷實務，基泰建設股份有限公司出版，民國八十六年。

26. 賴碧瑩，現代不動產估價——理論與實務，智勝出版社，民國一百年。

27. 顏堯山，建築規劃實務，基泰建設股份有限公司出版，民國八十二年。

參考法規及基準：

不動產估價技術規則、土地徵收補償市價查估辦法、地價調查估計規則、不動產估價技術準則、土地估價技術規範等。

作者相關估價著作：

不動產估價最終估值之形成——權重模式、估值差異與市場景氣之影響，政大博士論文。

➢ 學術期刊文章

1. "Weight Regression Model from the Sales Comparison Approach," Property Management, 27(5)：302-318.
2. 「部分調整行為之估價平滑——以地價基準地重估價為例」,『台灣土地研究』(TSSCI),16(2)，2014。
3. 「房地價格分離之剩餘歸屬探討——由產權結構之觀點」,『台灣土地研究』(TSSCI)，13(1), 2010。
4. 「不同估價方法之權重分析與模式建立——地價基準地之探討」,『台灣土地研究』(TSSCI)，13(2), 2010
5. 「成本法估價偏誤之探討——分量迴歸應用」,『住宅學報』(TSSCI)，19(2), 2010。
6. 「買賣實例比較法實例權重之分析與模式建立」,『都市與計劃』(TSSCI)，38(2), 2011。
7. 「不動產估價方法權重關係之探討——以地價基準地為例」,『土地經濟年刊』，18：86-88, 2007。

➢ 研究報告

- 不動產估價產業發展與願景之研究，2012.1，內政部自行研究
- 不動產估價相關參數應用之研究，2008.12，內政部自行研究
- 地價基準地結合區段地價制度之研究，2007.12，內政部自行

研究

📖 建立基準地地價制度之研究，2005.1，內政部自行研究

📖 研修「不動產證券化估價及基準地估價技術」出國報告，2004.9，經濟部九十三年度台日技術合作計畫

📖 改進地價制度之研究，2002.12，內政部自行研究

➢ 文章

1. 加入國際評價準則委員會 對國內評價產業之啟發，10/2024，會計研究月刊，第 467 期

2. 泰國、紐西蘭、美國拉斯維加斯等國財產稅與評價制度，09/2024，土地問題研究季刊，第 91 期

3. 參加 2023 年國際估價官協會會議對我國之啟發－臺北市房屋稅路段率調整，01/2024，財稅研究，第 53 卷第 1 期

4. 美國洛杉磯郡及鹽湖城估價辦公室估價對我國之啟發，12/2023，第 88 期

5. 公有財產土地開發估價差異分析，12/2023，財稅研究，第 52 卷第 2 期

6. 美國聯邦國土管理業務對國內公有財產管理之啟發，04/2023，財稅研究，第 51 卷第 4 期

7. 抵稅國有持分土地不易變價之處理探討，07/2021，財稅研究，第 50 卷第 4 期

8. 溫哥華空屋稅實施經驗及成效之啟發，01/2020，財稅研究，第 49 卷第 1 期

9. 國際間不動產估價因應 COVID 19 變化對我國之借鏡，土地問題研究季刊，第 20 卷第 3 期

10. 2020 版國際評價基準對我國不動產估價之啟發，03/2021，土地問題研究季刊，第 20 卷第 1 期

11. 揭開美加財產稅電腦估價面紗--臺灣可學的課題，12/2019，土地問題研究季刊，第 18 卷第 4 期

12. 美加財產稅電腦估價談國內地價精進方向，09/2019，土地問題研究季刊，第 18 卷第 3 期
13. 房地合一課徵不動產持有稅探討－英國經驗之借鏡，07/2018，財稅研究，第 47 卷第 4 期
14. 德國財政與統籌分配稅款設計，11/2016，財稅研究，Vol.45 No.6
15. 德國財政、地價制度與租金管制，9/2016，土地問題研究季刊，Vol.15 No.3
16. 台灣促參法 BOT 模式推動之未來方向，6/2016，2016 台灣地區房地產年鑑，頁 568-590。
17. 以荷蘭經驗談我國不動產評價與財產稅，12/2015，土地問題研究季刊，Vol.14 No.4，頁 74-85.
18. 房地課稅合理化實現居住正義，11/2014，財稅研究，Vol.43 No.6
19. 都市更新權利變換之估價規範，1/2014，現代地政，Vol.349
20. 實價登錄制度——平均地權之繼往開來，11/2013，現代地政，Vol.348
21. 不動產估價師產業發展現況分析，3/2013，土地問題研究季刊，Vol.12 No.1
22. 土地徵收地價補償與市價查估，9/2012，台灣環境與土地法學雜誌，Vol.3
23. 以澳洲墨爾本經驗談我國地價與實價登錄制度，2012，現代地政雜誌，No.344
24. 不動產估價最終估值之形成——權重模式、估值差異與市場景氣之影響，物業管理學報，2011，Vol 2 No1，頁 21-30
25. 英國不動產估價及財產課稅制度，3/2011，土地問題研究季刊，Vol.10 No.1
26. 英國土地登記制度與房地產政策，11/2010，現代地政/人與地，Vol.336

27. 不動產估價收益資本化率風險溢酬之實證分析，12/2010，中國房地產研究，Vol.6

28. 當前地籍清理相關課題之探討，4/2009，現代地政 Vol.330

29. 都市更新權利變換權利價值基礎與地價改算，1/2009，台北建築

30. 以澳大利亞新南威爾斯經驗談我國地價制度與基準地，12/2008，土地問題研究季刊，Vol.7 No.4

31. 不動產估價之房地成本估算之探討，3/2008，土地問題研究季刊，Vol.7 No.1

32. 地價基準地估價相關問題探討，3/2007，土地問題研究季刊，Vol.6 No.1

33. "A Study on the Correlation Weight of Appraisal Approach Reconciliaton Using Land Value Benchmark", 9/2006, 23rd Pan Pacific Congress of Real Estate Appraisers, Valuers and Counselors 論文集（Young Person's Prize Winner）

34. 以大陸房地產估價談我國新修正不動產估價技術規則，9/2006，土地問題研究季刊，Vol.5 No.3

35. 國際評價基準於我國不動產估價之應用，6/2006，土地問題研究季刊，Vol.5 No.2

36. 地價基準地估價定位探討，3/2006，土地問題研究季刊，Vol.5 No.1

37. 不動產估價爭議問題探討，12/2005，土地問題研究季刊，Vol.4 No.4

38. 不動產證券化估價課題及技術規則修法方向，9/2005，土地問題研究季刊，Vol.4 No.3

39. 台美日土地開發分析法之比較探討（一）（二），3.4/2005，人與地第 284.285 期

40. 國內不動產證券化估價個案之問題探討，12/2004，土地問題研究季刊，Vol.3 No.4

41. "The application of depreciation allowance in land residual technique- comparative discussion between Taiwan and Japan"，22nd Pan Pacific Congress of Real Estate Appraisers, Valuers and Counselors 論文集
42. 土地殘餘法中有關折舊提存之應用——台灣與日本做法之比較探討，9/2004，土地問題研究季刊，Vol.3 No.3
43. 收益法建物折舊提存之初探，3/2004，土地問題研究季刊，Vol.3 No.1
44. 不動產估價師法對建築師估價之規範，9/2003，土地問題研究季刊，Vol.2 No.3
45. 收益法重大修繕費之我見，6/2003，土地問題研究季刊，Vol.2 No.2
46. 地價及標準地價評議委員會功能定位之探討，2/2000，人與地第 206 期
47. 談地震後之地價，10/1999，地政通訊第二期
48. 不動產估價師立法再出發，6/1999，人與地第 186 期

另有研討會文章 40 篇，詳作者網頁 https://www.facebook.com/profile.php?id=100008432201329&sk=about_details

國立臺北科技大學
不動產估價師學分班

百年名校 | **金榜題名**

狂賀！曾文龍老師學員高中估價師

徐○駿（第一名）、張○華（第二名）、賴○甄（第三名）、陳○暉、傅○美…
宋○一、柯○環、林○瑜、林○廷、郭○鈺、邱○忠、黃○保、韋○桂…
張○鳳、王○猛、林○暉、林○娟、吳○秋、鄭○吟、李○塘、伍○年…

高地位、高收入，不動產行業中的 TOP 1！

◎報考資格：依考選部規定需大學專科以上畢業，並修習考選部規定相關學科至少六科，
自101年1月起，修習科目其中須包括不動產估價及不動產估價實務。
合計十八學分以上者(含四大領域)，即可取得報考不動產估價師考試資格。
(詳情依考選部公告為主)

◎上課資格：高中職以上畢業，對不動產估價之專業知識有興趣者。

◎班 主 任：**曾文龍** 博士

　簡　　歷：中華綜合發展研究院 不動產研究中心主任。
北科大、政大、北商大…不動產講座。
不動產教學、著作35餘年經驗。

◎師 資 群：由北科大、政大、北商大…
等名師及高考及格之不動產估價師聯合授課。

◎本期課程：❶ 不動產法規（含不動產估價師法）　❹ 土地利用
❷ 不動產估價　　　　　　　　　　　　❺ 不動產經濟學
❸ 不動產估價實務　　　　　　　　　　❻ 不動產投資

（輔導高考訣竅）

◎費　　用：每學分 **2,500** 元（不含教材費），報名費 **200** 元。
報名1門課程 **7700** 元；報名2門課程 **15,400** 元；全修3門課程 **23,100** 元。
◎上課時間：每週星期一、三、五（晚上 6:30～10:00）
◎上課地點：台北市忠孝東路三段1號（國立臺北科技大學第六教學大樓 626 教室）
◎報名方式：❶ 請先填妥報名表並先回傳　❷ 完成匯款後請務必將匯款收據傳真並來電確認
◎匯款繳費：報名完成後，系統自動寄發虛擬帳號至電子信箱，請依信件內容之虛擬帳號辦理繳費
（報名表上之電子信箱請務必確認正確）

【北科大推廣教育】

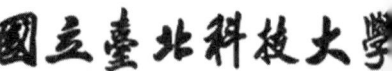

電話：(02) 2771-6949　　傳真：(02) 2772-1217
網址：http://www.sce.ntut.edu.tw/bin/home.php

國立臺北科技大學
National Taipei University of Technology

挑戰高收入・高地位
不動產估價師證照必備用書！

❶《考上估價師秘訣 法規・考古題》

曾文龍博士｜編著　定價 800 元

- 估價師應考秘訣大公開；立足於不動產領域頂點證照
- 證照在手，身價立刻高漲；考上不動產估價師之心得分享；就業・創業・生涯規劃優質選擇

❷《不動產投資・不動產經濟學 歷屆考古題解析》

施南學 不動產估價師｜編著　定價 690 元

- 近年不動產投資分析題目及解析
- 精心彙整近年考題，重點精闢解析
- 〈不動產投資・不動產經濟學〉應考要訣
- 全盤掌握答題秘訣、傳授效率讀書得分金鑰

❸《不動產估價學》

游適銘博士｜編著　定價 600 元

由淺而深，區別「不動產經紀人（估價概要）」與「不動產估價師（估價理論）」需研讀部分，層次分明

❹《不動產估價理論與實務 歷屆考題》

游適銘・楊曉龍｜編著　定價 470 元

★不動產估價用詞定義
★不動產估價計算方式
★估價數學六大公式
★歷年不動產估價實務題型分析

熱門暢銷書，四書合購原價 2,560 元
勢必考上估價師證照優惠價 **2,040** 元

購買方式

- 銀行帳號：101-001-0050329-5（永豐銀行 忠孝東路分行 代碼 807）
- 戶名：大日出版有限公司
- 網址：www.bigsun.com.tw
- 訂購電話：(02) 2721-9427
- 訂購傳真：(02) 2781-3202

LINE ID：@204fegvq

- 訂購 1,000 元以下者另加郵資 80 元，1,001 元以上另加郵資 100 元，2,000 元以上免運費。
- 匯款完成後，請傳真收據，並附上收件人/地址/聯絡電話/購買書名及數量，以便寄書。或加入 line 確認。

追求工作務實且收入穩定的事業生涯

地政士證照，隨著年齡而財富增值的行業！

台灣不動產證照權威曾文龍教授說：法條即是金條！雲端時代，光有一份工作是不夠的！
執照護體，多一分保障，處處有商機！

❶ 如何考上地政士？重要法規 VS. 考古題（定價 800 元） 　　　　　　曾文龍博士 編著
❷ 土地法規與稅法（定價 600 元） 　　　　　　　　　　　　　　　　曾文龍博士 編著
❸ 民法概要突破（定價 600 元） 　　　　　　　　　　　　　　　　　大日出版社 編著
❹ 不動產稅法 VS. 節稅實務（定價 700 元） 　　　　　　　　　　　　黃志偉 編著
❺ 土地登記實務突破（定價 500 元） 　　　　　　　　　　　　　　　大日出版社 編著
❻ 地政士歷屆考題解析（定價 550 元） 　　　　　　　　　　　　　　曾文龍博士 編著

全套6本原價 ~~3,750~~ 元，金榜題名衝刺價 **2,850** 元

另有雲端線上課程 有方法，有訣竅，順利衝關！有計畫讀書，如同親臨上課！
超效率！超秘笈！名師教學，高上榜率！黃金證照！

班主任：**曾文龍** 教授
簡歷：國立政治大學地政研究所畢業
不動產教學、演講、作家…35年
北科大、北商大、政大……不動產講座

主流師資群：
◎國立政治大學地政研究所博士、碩士
◎不動產專業名律師
◎輔導國家高考、普考名師

購買方式

■ 銀行帳號：**101-001-0050329-5** （永豐銀行 忠孝東路分行 代碼 807）
■ 戶名：大日出版有限公司　　　■ 網址：http://www.bigsun.com.tw
■ 訂購電話：(02) 2721-9527　　■ 訂購傳真：**(02) 2781-3202**

・訂購 1,000 元以下者另加郵資 80 元，1,001 元以上另加郵資 100 元，2,000 元以上免運費。
・匯款完成後，請傳真收據，並附上收件人 / 地址 / 聯絡電話 / 購買書名及數量，以便寄書。或加入 line 確認。　　LINE ID：Erik2

大日不動產經紀人考試用書．口碑最好！

拿一張不動產經紀人證照
開創事業第二春！

台灣不動產證照權威曾文龍教授說：
金條即是金條！雲端時代，光有一份工作是不夠的！
證照護體，多一分保障，處處有商機！

土地法規與稅法（定價600元）	曾文龍博士 編著
聯想圖解不動產估價概要（定價600元）	黃國保 估價師 編著
民法概要突破（定價600元）	大日出版社 編著
不動產經紀法規要論（定價590元）	曾文龍博士 編著
不動產常用法規（定價800元）	曾文龍博士 編著
不動產經紀人歷屆考題解析（定價550元）	曾文龍博士 編著

全套6本原價 ~~3,740~~ 元
金榜題名衝刺價 **2,850** 元

另有雲端線上課程

有方法，有訣竅，順利衝關！有計畫讀書，如同親臨上課！
超效率！超秘笈！名師教學，高上榜率！黃金證照！

班主任：曾文龍 教授
簡歷：國立政治大學地政研究所畢業
不動產教學、演講、作家…35年
北科大、北商大、政大……不動產講座

主流師資群：
◎國立政治大學地政研究所博士、碩士
◎不動產專業名律師
◎輔導國家高考、普考名師

購買方式

■ 銀行帳號：101-001-0050329-5（永豐銀行 忠孝東路分行 代碼807）
■ 戶名：大日出版有限公司
■ 網址：http://www.bigsun.com.tw
■ 訂購電話：(02) 2721-9427
■ 訂購傳真：**(02) 2781-3202**

・訂購1,000元以下者另加郵資80元，1,001元以上另加郵資100元，2,000元以上免運費。
・匯款完成後，請傳真收據，並附上收件人 / 地址 / 聯絡電話 / 購買書名及數量，以便寄書。或加入line確認。

LINE ID：Erik229

台灣不動產證照權威－曾文龍教授精心策畫

一次考上不動產經紀人證照的秘密武器！

《不動產經紀人歷屆考題解析》

不動產經紀人普考最佳應考工具書　　**定價550元**

- ◆ 系統完整，觀念清晰　◆ 編排順暢，目標明確
- ◆ 解析詳實，提高效率　◆ 事半功倍，金榜題名
- ◆ 考上不動產經紀人考生之心得分享
- ◇ 近年各科歷屆考古題 ◇

《不動產經紀人選擇題100分》

定價700元

- ◇ 近年各科歷屆選擇題考題 ◇
- ★ 歷年已考法條之考題編輯在一起，魔鬼訓練反覆記誦
- ★ 類似考題集中，便於舉一反三！
- ★ 快速進入考試焦點，事半功倍。
- ★ 快速提高選擇題拿高分機會，衝刺金榜題名！
- ★ 考上不動產經紀人考生之心得分享

兩書合購衝刺優惠價 ➡ 980元

不動產經紀人考照班學生 蘇同學考上心得分享

大日出版社出版的『不動產經紀人選擇題100分』及『不動產經紀人歷屆考題解析』，是我準備不動產經紀人最後階段最重要最關鍵的兩本書。我也會推薦給想要輕鬆考上不動產經紀人的各位！

曾文龍教授真心推薦

買一本大日出版社出版的『不動產經紀人選擇題100分』，然後把題目好好的做三次，最後做『不動產經紀人歷屆考題解析』的題目，確保歷屆選擇題都可以拿到45分以上。即使不一定會考高分，但是一定有很大機會考上不動產經紀人！

購買方式

- ■銀行帳號：**101-001-0050329-5**（永豐銀行 忠孝東路分行 代碼807）
- ■戶名：大日出版有限公司
- ■網址：http://www.bigsun.com.tw
- ■訂購電話：(02) 2721-9527
- ■訂購傳真：**(02) 2781-3202**

· 訂購1,000元以下者另加郵資80元，1,001元以上另加郵資100元，2,000元以上免運費。
· 匯款完成後，請傳真收據，並附上收件人／地址／聯絡電話／購買書名及數量，以便寄書。或加入line確認。　LINE ID：Erik

灣不動產證照權威~曾文龍 教授編著~

熱門判決案例三書

公寓大廈管理條例相關判決案例

20則公寓大廈管理條例相關判決案例

★賣屋時隱瞞屋前空地非約定專有事實，應否賠償?金額如何計算?
☆公寓大廈專有使用權的認定
★管理委員會會議是否有權修改社區裝潢管理辦法
☆已經繳交補償金和管理費，是否可以合法佔有使用公寓大廈分區所有權人之共有空間?
★公寓大廈與保全公司和清潔公司之間的委任契約以及給付酬勞的糾紛
☆區分所有權人會議因不足法定出席權術故所做成之決議，效力如何?可否事後追認?
★建商點交延遲以及公共設施未盡完善之處，住戶應如何救濟?
☆公寓大廈不得飼養寵物的規定

定價:390 元

動產租賃相關判決案例

銷書籍！出版不到一個月即暢銷強勢二刷
0則不動產租賃法院實務相關判決案例

房客將房子轉租給他人，房東可否據此終止租賃契約，請房客搬走?
違反租賃契約的違約金可否加計利息?
承租人將房屋轉租給他人，又不繳房租給出租人，出租人該怎麼辦?
房東如何依土地法第100條，將出租的房子收回自住或自用?
以營業目的之租賃，租賃標的之地下室不能供營業使用，出租人應否負責?
承租人為公司行號，則違反租賃契約時，其法定代理人是否應負連帶賠償責任?
定期一年的房屋租賃契約約定優先承租權，是否代表房客不必再和房東簽一年租賃契約，就可以直接擁有第二年的房屋租賃契約而不搬走?
房東、房客雙贏互利攻防戰略

定價:370元

奢侈稅實務判例研析

3則奢侈稅法院實務判決研究

定價:350 元

熱門暢銷書
原價1,110元
三書合購870元

大鼎文化出版有限公司

址:台北市大安區忠孝東路四段60號8樓
行帳號:101-001-0050329-5 （永豐銀行 忠孝東路分行）
名:大日出版有限公司 ▼網址 http://www.bigsun.com.tw
訂購電話:(02) 2721-9527 ▼訂購傳真:(02) 2781-3202

訂購1000元以下者另加郵資80元，1,001元者另加郵資100元，2000元以上免運費。
匯款完成後，請傳真收據，並附上 寄件地址/收件人/聯絡電話/購買書名及數量，以便寄書。或加line確認。

國寶級新書—宇宙讀書會 32 年操作實務 定價 500 元

內容簡介：宇宙讀書會從民國 75 年創辦到現在，是臺灣最早創立且最長壽的讀書會。『讀書會創造命運』由宇宙讀書會創會會長所主編，是國內第一本以讀書會為主體的書籍，除了闡述讀書會如何產生改變國家社會的重大力量之外，對於一個讀書會的誕生經營、如何順暢運作，以及如何多元化、活潑化的讓會員真正能將讀書內化自己的精神層次。期望本書的再版，能帶動社會愛讀書的良好風氣，並提供有興趣及熱情想舉辦讀書會的朋友一個參考與指導的方向。

本書特色：
1、讀書會的架構指導
2、讀書會的永續經營
3、讀書會規章與進行方式
4、32 年珍貴讀書會史料紀錄

4 本定價 1,470 元
合購 75 折特惠價 1,100 元

《風水創造財富》 盧尚 著

一本讓您風生水起好運生，輕輕鬆鬆招財納福的命理好書

★撥開風水神秘的外衣，突破不正確的風水迷信障礙！
★作者轉化艱澀的專業術語，力求大眾化與實用性。
★不論購屋、開店，都是風水與您實際行動的最佳有利組合。

定價 250 元

---

46 位房屋金仲獎得主 ＊推銷秘訣＊

曾文龍 教授主編   定價 300 元

★年薪千萬的仲介高手
 不斷創造銷售巔峰
 成交百分百的秘訣！
★46 位金仲獎得主
 成功經驗的分享

潛能激發管理兵法 企業界強力推薦

兩岸知名企管大師/楊望遠 著

企業競爭力十倍、百倍提升之關鍵

● 卓越的主管善用管理之手
● 尊重員工的自我選擇權；自主管理
● 有效管理一點通
● 教育訓練是一項投資
● 潛能無限勝過寶藏
● 由人性去激發潛能
● 成功管理煉金術秘訣大解析

提升企業競爭力 卓越領袖 管理兵法

定價 420 元

★購買方式：▼銀行帳號：101-001-0050329-5（永豐銀行 忠孝東路分行）
　　　　　　▼戶名：大日出版有限公司　　▼網址：http://www.bigsun.com.tw
　　　　　　▼訂購電話：(02) 2721-9527　▼訂購傳真：(02) 2781-3202
★訂購 1,000 元以下者另加郵資 100 元，1,001 元以上另加郵資 150 元。
★匯款完成後，請傳真收據，並附上收件人/地址/聯絡電話/購買書名及數量，以便寄書。

百歲太極傳奇

跨越一甲子之珍貴太極拳內功心法首次無私公開

【太極拳本義闡釋】·【太極拳透視】 陳傳龍 著

太極拳的玄奧，由於是內家拳，不同於一般觀念中所知的外家拳，全是內在運作。由於內在運作難知，所以難明太極拳，而致學而難成。

本著作是作者修習太極拳40年後開始記錄的心得筆記，全是內在運作之法，凡作者自認精奧者全予記下，毫不遺漏及保留，期間歷時凡20載，今修編完成筆記上中下卷共9冊，為作者精研太極拳60餘年累計上千條珍貴內在運作著法，透視了太極拳的玄奧面紗，實是指月之指，帶你進入真正太極拳的殿堂。

定價 3,000 元

定價 680 元

陳傳龍，拜崑崙仙宗 劉公培中為師，修習道功暨太極拳術，並於論經歌解深研太極理法，迄今已逾一甲子歲月。

作者前著《太極拳本義闡釋》一書，旨在說明太極拳本有的真實面貌。現今出版之《太極拳透視》筆記，則為珍貴的太極拳實際內在運作方法。

本書特色
- 全為內練心得筆記，非一般著作。
- 提供巧妙有效的內在運作著法。
- 透視太極拳的真奧。
- 自修學習的書籍。
- 是太極拳真正實體所在。

本書助益
- 揭開久學難成的原因。
- 了解太極拳的真義。
- 得以深入太極拳的勝境。
- 明白外在姿式無太極拳。
- 窺得太極拳的玄奧。

筆記共有九冊，分為上、中、下卷各三冊，全套為完整珍貴內功心法，層次漸進帶領習拳者拳藝漸上層樓的學習路徑。

購買陳傳龍老師 太極拳著作全集
原價 3,680 元，優惠價 **3,150** 元（含郵資150元）

購買方式
- 銀行帳號：101-001-0050329-5 （永豐銀行 忠孝東路分行 代碼807）
- 戶名：大日出版有限公司
- 網址：http://www.bigsun.com.tw
- 電話：(02) 2721-9527
- 傳真：(02) 2781-3202

★訂購 1,000 元以下者另加郵資 100 元， 1,001 元以上另加郵資 150 元。
★匯款完成後，請傳真收據，並附上收件人/地址/聯絡電話/購買書名及數量，以便寄書。

LINE ID：Erik229

楊氏太極拳一代宗師

鄭子太極拳宗師
鄭曼青極力推崇

太極拳・一代宗師
李雅軒修煉心法

楊氏太極拳以它舒展大方、動作優雅的特點，深受廣大群眾喜愛，此套太極拳練法，為楊氏太極拳宗師楊澄甫的得意高足一著名太極拳家李雅軒所傳授之楊氏大架太極拳，拳架規格嚴謹有法，動作舒展優美，氣勢雄偉渾厚。

本書珍藏李雅軒先生完整拳照，及一生精研拳藝所累積之內功心得及釋拳精論，其精闢入理，殊為珍貴。練拳不能不知拳理，仔細研讀李雅軒太極精論，相信必會增益您對太極拳的理解，並大大精進您的拳藝。

◆ 談太極拳功夫與太極拳運動
◆ 談太極拳鬆柔的練功方法對推手的作用
◆ 李雅軒宗師傳授的太極步法
◆ 李雅軒宗師太極拳精論
◆ 李雅軒楊氏太極拳43式

編著：陳龍驤・李敏弟・陳驪珠著
定價：320元

編著 陳龍驤 一代太極拳大李雅軒先生之嫡系傳人
中國武術八段・中國武術一級裁判
四川武協委員・成都市武協副主委

楊氏太極
刀槍劍修煉心法

作者：陳龍驤・李敏弟
定價：320元

1. 太極劍法概論、要領與圖解
2. 太極劍13字訣
3. 太極刀13要領、練法與圖解
4. 刀法十三字
5. 太極槍法全套練法

陳龍驤—
太極拳悟真

陳龍驤 著 定價：500元

**當代李雅軒太極拳衣缽傳人
楊氏太極拳名家**

◎ 李雅軒楊氏太極拳16要點之解
◎ 如何進入深妙奧絕之太極拳境
◎ 推手菁要之探索

三冊原價 ~~1,140~~ 元，特惠價 **900** 元

購買方式

- 銀行帳號：**101-001-0050329-5** （永豐銀行 忠孝東路分行 代碼807）
- 戶名：大日出版有限公司
- 網址：http://www.bigsun.com.tw
- 訂購電話：(02) 2721-9527
- 訂購傳真：**(02) 2781-3202**

・訂購 1,000 元以下者另加郵資 80 元，1,001 元以上另加郵資 100 元，2,000 元以上免運費。
・匯款完成後，請傳真收據，並附上收件人/地址/聯絡電話/購買書名及數量，以便寄書。或加入line確認。

LINE ID：Erik22

大日考試用書 口碑35年！

熱門暢銷書

不動產經紀人考試用書　　　　　特價 **2850**元

① 土地法規與稅法（定價600元）..................曾文龍博士 編著
② 聯想圖解不動產估價概要（定價600元）..........黃國保估價師 編著
③ 民法概要突破（定價600元）....................大日出版社 編著
④ 不動產經紀法規要論（定價590元）..............曾文龍博士 編著
⑤ 不動產常用法規（定價800元）..................曾文龍博士 編著
⑥ 不動產經紀人歷屆考題解析（定價550元）........曾文龍博士 編著

地政士考試用書　　　　　　　　特價 **2850**元

① 如何考上地政士？重要法規VS.考古題（定價800元）...曾文龍博士 編著
② 地政士歷屆考題解析（定價550元）..............曾文龍博士 編著
③ 土地法規與稅法（定價600元）..................曾文龍博士 編著
④ 民法概要突破（定價600元）....................大日出版社 編著
⑤ 土地登記實務突破（定價500元）................大日出版社 編著
⑥ 不動產稅法VS.節稅實務（定價700元）...........黃志偉教授 編著

不動產估價師考試用書　　　　　特價 **2760**元

① 考上估價師秘訣法規、考古題（定價800元）......曾文龍博士 編著
② 不動產投資‧不動產經濟學考古題解析（定價690元）.施甫學估價師 編著
③ 不動產估價理論‧不動產估價實務歷屆考題（定價470元）游適銘、楊曉龍 編著
④ 土地法規與稅法（定價600元）..................曾文龍博士 編著
⑤ 不動產估價學（定價600元）....................游適銘博士 編著
⑥ 民法概要考前得分衝刺（定價300元）............黃達元律師 編著

──另有考照班、函授班，歡迎來電洽詢

購買方式

■ 銀行帳號：**101-001-0050329-5**（永豐銀行 忠孝東路分行 代碼807）
■ 戶名：大日出版有限公司　　■ 網址：http://www.bigsun.com.tw
■ 訂購電話：(02) 2721-9527　■ 訂購傳真：**(02) 2781-3202**

‧訂購1,000元以下者另加郵資80元，1,001元以上另加郵資100元，2,000元以上免運費。
‧匯款完成後，請傳真收據，並附上收件人/地址/聯絡電話/購買書名及數量，以便寄書。或加入line確認。　LINE ID：Erik229

預告 新北市政府委託 班主任：曾文龍 博士

新北市都市更新推動師・推動人員培訓

超值充電 黃金證照

推動全民參與都市更新推動人員培訓，學習都市更新與危老防災最專業知識，協助老舊社區進行嶄新改造，展現城市最安全、美麗及現代化的建築風景線。

☐ 「都市更新」學程（共6天）課程費用：**7,000**元

☐ 「危老防災」學程（共5天）課程費用：**5,500**元

（仍以主管機關核准開課日期為準）

上課地點：新北市板橋區府中路 29-1 號（板橋農會 13 樓）捷運府中站（第 1 號出口）

參訓資格：
❶ 對都市更新具熱忱的民眾
❷ 持有中華民國身分證

2 學程一起報名優惠價
11,500元
完成 2 學程即可換取《新北市都更推動師證照》

	姓名	手機	E-mail
1			
2			

匯款方式
銀行：永豐銀行（代碼807）忠孝東路分行
戶名：**台灣不動產物業人力資源協會**
帳號：101-018-0002693-3

主辦單位：新北市政府城鄉發展局
委辦單位：台灣不動產物業人力資源協會

聯絡電話：02-2721-9572，信　箱：taiwantop1688@gmail.com
傳真專線：02-2777-1747，地　址：台北市忠孝東路四段 60 號 8 樓

～歡迎加 Line 詢問課程～
Line ID：bigsun77

台北市政府委託

臺北市危老重建推動師培訓

■班主任：**曾文龍** 博士

■上課地點：台北市大安區忠孝東路四段 60 號 8 樓 - 彩虹園大廈（捷運忠孝復興站 3 號出口）

■課程費用：3,500 元（團報另有優惠）

■培訓對象：

B組

領有建築師、土木技師、結構技師、都市計畫技師、不動產估價師、不動產經紀人、地政士、會計師等國家考試及格證書者。

C組

❶ 任職或從事：
都市更新、建築設計、都市計畫、都市設計、室內設計、景觀設計、建築經理、土地開發、營建土木、不動產估價、地政、不動產經紀、房屋仲介、不動產法務、金融機構、信託機構等相關領域之工作者。

❷ 大專院校相關科系所畢業者：
包含都市計畫、建築、營建、市政、地政、不動產估價、城鄉、室內設計、景觀、土地管理、土木、土地資源等。

	姓名	手機	E-mail
1			
2			
3			

匯款方式
銀行：永豐銀行（代碼807）忠孝東路分行
戶名：台灣不動產物業人力資源協會
帳號：101-018-0002693-3

台灣不動產物業人力資源協會　辦理
聯絡電話：02-2721-9572　信 箱：taiwantop1688@gmail.com
傳真線：02-2777-1747　地 址：台北市大安區忠孝東路四段 60 號 8 樓

～歡迎加 Line 詢問課程～
Line ID：@204fegvq

不動產估價學／游適銘編著. -- 第六版. -- 臺北市：大日出版有限公司，2025.01
面；　公分. --（房地產叢書；66）
ISBN 978-626-97086-9-7（平裝）
1.CST: 不動產業　2.CST: 不動產
554.89　　　　　　　　　　　　113018684

房地產叢書 66

不動產估價學

發　行　人／曾文龍
作　　　者／游適銘
編　　　輯／黃　萱
出　版　者／大日出版有限公司
　　　　　　台北市 106 大安區忠孝東路 4 段 60 號 8 樓
　　　網　　址／http://www.bigsun.com.tw
出版登記／行政院新聞局局版北市業字第 159 號
匯款銀行／永豐銀行忠孝東路分行（代碼 807）
　　帳　　號：101001-0050329-5
　　電　　話：（02）2721-9527
排　　　版／龍虎電腦排版（股）公司
　　　　　　電話：(02)8221-8866
製版印刷／松霖彩色印刷有限公司
　　　　　　電話：(02)2240-5000
總　經　銷／旭昇圖書有限公司
　　　　　　電話：(02)2245-1480

定　　　價／平裝 600 元
2025 年 1 月　第六版

版權所有　翻印必究